谨以此书

纪念钱学森诞辰 105 周年

纪念中国航天事业创建 60 周年

庆祝我国首个“中国航天日”

庆祝中国航天科技集团公司第十二研究院成立

谨以此书

纪念钱学森诞辰 105 周年

纪念中国航天事业创建 60 周年

庆祝我国首个“中国航天日”

庆祝中国航天科技集团公司第十二研究院成立

丰碑

中国航天系统科学与工程研究院 编著

中国宇航出版社
·北京·

图书在版编目（CIP）数据

丰碑 / 中国航天系统科学与工程研究院编著. -- 北京 : 中国宇航出版社， 2016.4（2016.8重印）

ISBN 978-7-5159-1101-4

Ⅰ. ①丰… Ⅱ. ①中… Ⅲ. ①钱学森（1911～2009）一传记 Ⅳ. ①K826.16

中国版本图书馆CIP数据核字(2016)第068369号

责任编辑　黄　莘

责任校对　牟宁宁　刘　凯　　**装帧设计**　宇星文化

出版发行	中国宇航出版社		
社址	北京市阜成路8号　　**邮编** 100830 (010)60286808　　(010)68768548	**版次**	2016年4月第1版 2016年8月第2次印刷
网址	www.caphbook.com	**规格**	787×1092
经销	新华书店	**开本**	1/16
发行部	(010)60286888　　(010)68371900 (010)60286887　　(010)60286804(传真)	**印张**	19.5
		字数	278千字
零售店	读者服务部 (010)68371105	**书号**	ISBN 978-7-5159-1101-4
		定价	68.00元
承印	北京中科印刷有限公司		

本书如有印装质量问题，可与发行部联系调换

《丰碑》编著委员会

1991年10月16日，钱学森获国务院、中央军委授予的“国家杰出贡献科学家”荣誉称号及中央军委授予的一级英雄模范奖章

纪念国家杰出贡献科学家

钱学森诞辰 105 周年

思想的先驅

科技的泰斗

育人的导師

做人的楷模

原中国人民解放军总后勤部政委张文台上将撰文、

著名书法家贺秉发（时年 86 岁）书写

纪念国家杰出贡献科学家
钱学森诞辰 105 周年

学习钱学森爱国奉献追求卓越的精神
研究钱学森思想智慧胸无俗尘的气节
践行钱学森严谨求实勤奋创新的学风
畅想钱学森尊严体面育人楷模的旋律

黄顺基

2015年7月14日

中国人民大学荣誉一级教授黄顺基（时年90岁）题词

纪念国家杰出贡献科学家
钱学森诞辰 105 周年

奠定航天强國之基
创建系统工程之理
弘扬总体设计之魂
开启科技创新之门

张履谦
二〇一五年七月廿三日

中国工程院院士、中国航天科技集团公司科技委顾问
张履谦院士（时年 89 岁）题词

向祖国致谢①

——钱学森归国感受广播讲话稿

首先让我对我的听众、祖国的人民，致由心中发出的感谢。没有人民的胜利，没有人民在中国共产党、毛主席领导下的胜利，就没有今天强大的中国；没有强大的中国，就不会有祖国在外交上的胜利；没有祖国在外交上的胜利，无论我个人如何地坚决地要回来，也是不能令美国政府放我回来的。所以我今天回到祖国来，我要向祖国的人民致谢！

在我回到祖国来短短的一月中，我的感受是很多的。但是其中有几点感受特别的深刻，我现在就把这几点谈一谈。

第一点，是祖国人民对尚留在美国的中国留学生十分关心。我已经收到约十封关于询问他们情况的信，其中有好几封是家属询问他们久不通讯的子女兄妹的。为什么久不通讯呢？这可以归根于中国在美留学生怕美国的特务，怕美国的移民局。为什么怕呢？因为他们经常用十分险恶的手段来阻止留学生回国。我个人就被他们软禁了五年。在一九五零年八月我准备回国，首先我接到了移民局的命令，说不许我出境，违令就要关起来和交钱。接着我要运回国的书籍被拘，说是内含机密文件。第三，移民局又说我是共产党，要驱逐我出境，而为

---

① 此稿是钱学森于1955年11月9日在中央人民广播电台发表的广播讲话稿，标题为编著者所加。

了要驱逐我出境，又把我关起来。关了十五天，放出来了，但是交了一万五千美元的保金。又过了三年，因仔细查了我的被拘的书籍，找不出什么机密文件，所以书是发回了；但是移民局的两个相互矛盾的命令，一个拘留我，一个驱逐我（的情况），仍然存在。同时特务看守着我，查我们的信，听我们的电话，盘问来看我们的友人。直到我们上船回来的时候，还有他们来监视。官样文章是说，拘留令取消了，所以我可以被驱逐出境了。其他中国同学也受到了同样的手段，例如有好几位同学当在交涉在香港过境和等待轮船的时候，护照加签到了期，立刻到移民局去请求延长，移民局却只作口头答复，说延长手续正在办理，少等（稍等）即能办好。等了两星期，延长尚未批准而命令却来了，说该同学非法住美过期，所以要关起来以便驱逐出境。这是何等下流，何等险恶的手段！在日内瓦中美大使会谈的前夕，移民局又来做预备工作，想证明中国留学生并不要回国，其方法是这样的：先来一封信说你十天之内，必需出美国境——这明明不可能，因为接洽轮船和（申）请香港的过境都需要时日。十天之内不出境，就要关起来。等再过几天，移民局的信又来了，这次说，如不能及时出境，可以申请作为难民，永久居住美国，但必须说自愿不回中国！这是什么圈套！其实，因为我们有外交上的胜利，一切有印度在美大使馆的协助，只要同学们自己认识清楚，自己有决心，美国政府这些手段，即使险恶也不能阻止他们回到祖国来。但是怎样才能认识清楚呢？他们不能看到祖国的书报呀！我想这只有一个办法：他们在祖国的友人，亲戚，应该多多写信给他们，介绍情况，也可以夹入人民日报的社论等，使他们渐渐了解祖国社会主义建设的实情。

第二点我感觉到很深刻的是现在祖国的工作人员，人人都十分努力，人人都完全发挥他们每个人的全部能力。老实说，我现在见过的人们中，有好几位是我在十几年前就认识的。他们在今天的成就是远远超过了我在从前对他们的估计，也就是说，他们做了我想不到他们能做的事。这不是他们发挥了他们的潜力吗？但是为什么他们现在能这样做呢？我想其原因是思想搞通了，做事有了正确的方向，有了英明的领导。我对这一点是有深深体会的。因为在美国，在这一点上是正相反，思想搞不通，每个美国人都天天顾虑着两个问题，一个是如何可以避免战争，特别是原子战争，因为他们已经知道打原子战争就会打坏他们的城市和工业。第二问题是如何避免经济恐慌和失业。他们的政府，为了要称霸世界，作帝国主义的侵略，所以对美国的人民说，和平及繁荣是不能兼有的。有了和平就没有繁荣。要繁荣，就不能有和平，就要备战。美国人民是想不相信这样的政府劝告，但又决不下心来，反抗政府的措施。所以许多美国人民，都感到他们前途不明，而采取了得过且过的人生观。我是一个技术科学和工程的研究及教学的工作者。我的同事中就有几位无心于研究及教学——因为研究的结果被用在战争的武器上，教出来的学生也是去备战工业中工作；因此就灰了心，以少做正经事为原则。有的回家种花，有的回家天天修理和油漆房子，有的努力于公益和慈善事业，作为他们精神上的寄托！敬爱的听众们，这样的美国人，不但不能发挥他们的潜力，而且有更多的固有能力会能变作潜力而消灭不见的！

第三点，我感觉到很深刻的是资本主义经济浪费物资，而美国现在又有了阻止生产技术进步的现象。反过来，我们伟大的祖国现在为了社会主义的建设，我们考究节约物资，欢迎生产技术的改进。美国的这种现象，并不是美国人本性如此，而是由资本主义的利润目标而来的。举个例子来说，一件衣服做好了卖，能使资本家得十块美金的利润，卖十件衣服，得一百美金，卖五十件衣服，得伍百元美金。显然的，卖五十件比卖十件好。但是一国人口是一定的，如何能多卖呢？要多卖必须要衣服破坏得快，破得快则人民不得不多买。美国的资本家一掌握这一点，所有的消费品都做的不经用，容易坏；原料是好的，可是设计制造方面，故意如此。所以浪费天然物资，不可胜记。再换一个方向来看，这种浪费在美国工商业每年花的广告费上也（可以）表现出来：美国每年广告费近来竟达三百亿美元，等于美国全年度联邦政府预算收入的一半。我们知道广告不是生产，这样大规模的消耗，真是使人吃惊的。

总结起来，我们知道虽然美国是资本主义国家中之第一强国，但他有了内在的、不能避免的矛盾，他必然走向没落的道路。敬爱的听众们，光明的将来是我们的，不是他们的，这是我归国后感到的最明显的、最深刻的一个道理。

钱学森

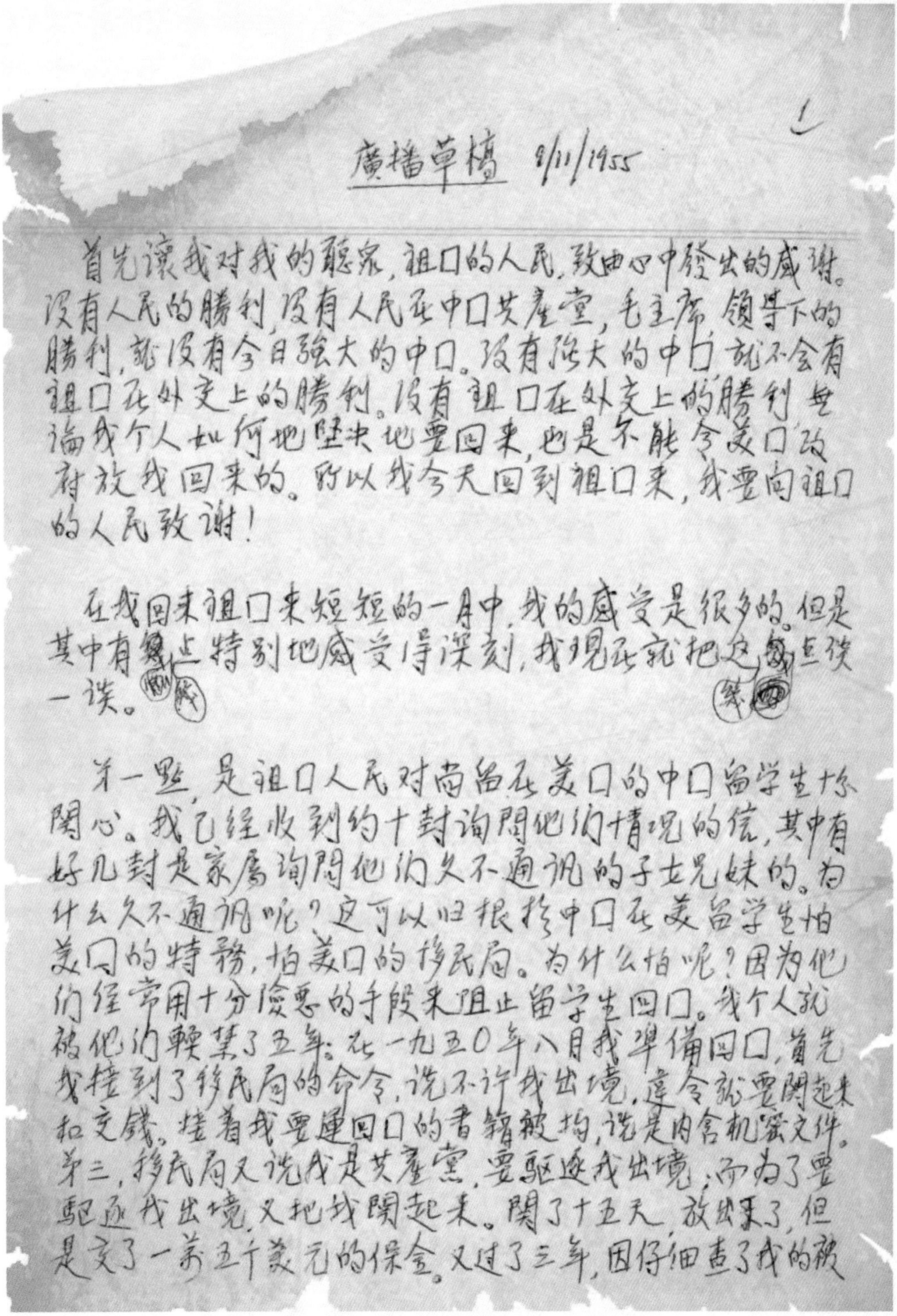
廣播草稿 9/11/1955

1

首先讓我对我的聽眾，祖国的人民，致由心中發出的感謝。没有人民的勝利，没有人民在中国共產黨，毛主席領導下的勝利，就没有今日強大的中国。没有強大的中国，就不会有祖国在外交上的勝利。没有祖国在外交上的勝利，無論我个人如何地堅决地要回来，也是不能令美国政府放我回来的。所以我今天回到祖国来，我要向祖国的人民致謝！

在我回来祖国来短短的一月中，我的感受是很多的。但是其中有幾点特别地感受得深刻，我現在就把這幾点談一談。

第一點，是祖国人民对尚留在美国的中国留学生的關心。我已经收到约十封詢問他们情况的信，其中有好几封是家屬詢問他们久不通訊的子女兄妹的。为什么久不通訊呢？这可以归根於中国在美留学生怕美国的特務，怕美国的移民局。为什么怕呢？因为他们经常用十分險惡的手段来阻止留学生回国。我个人就被他们軟禁了五年：在一九五〇年八月我準備回国，首先我接到了移民局的命令，說不許我出境，違令就要關起来和交錢。接着我要運回国的書籍被扣，說是内含机密文件。第三，移民局又說我是共產黨，要驅逐我出境；而为了要驅逐我出境，又把我關起来。關了十五天，放出来了，但是交了一萬五千美元的保金。又过了三年，因仔细查了我的被

钱学森手稿 1

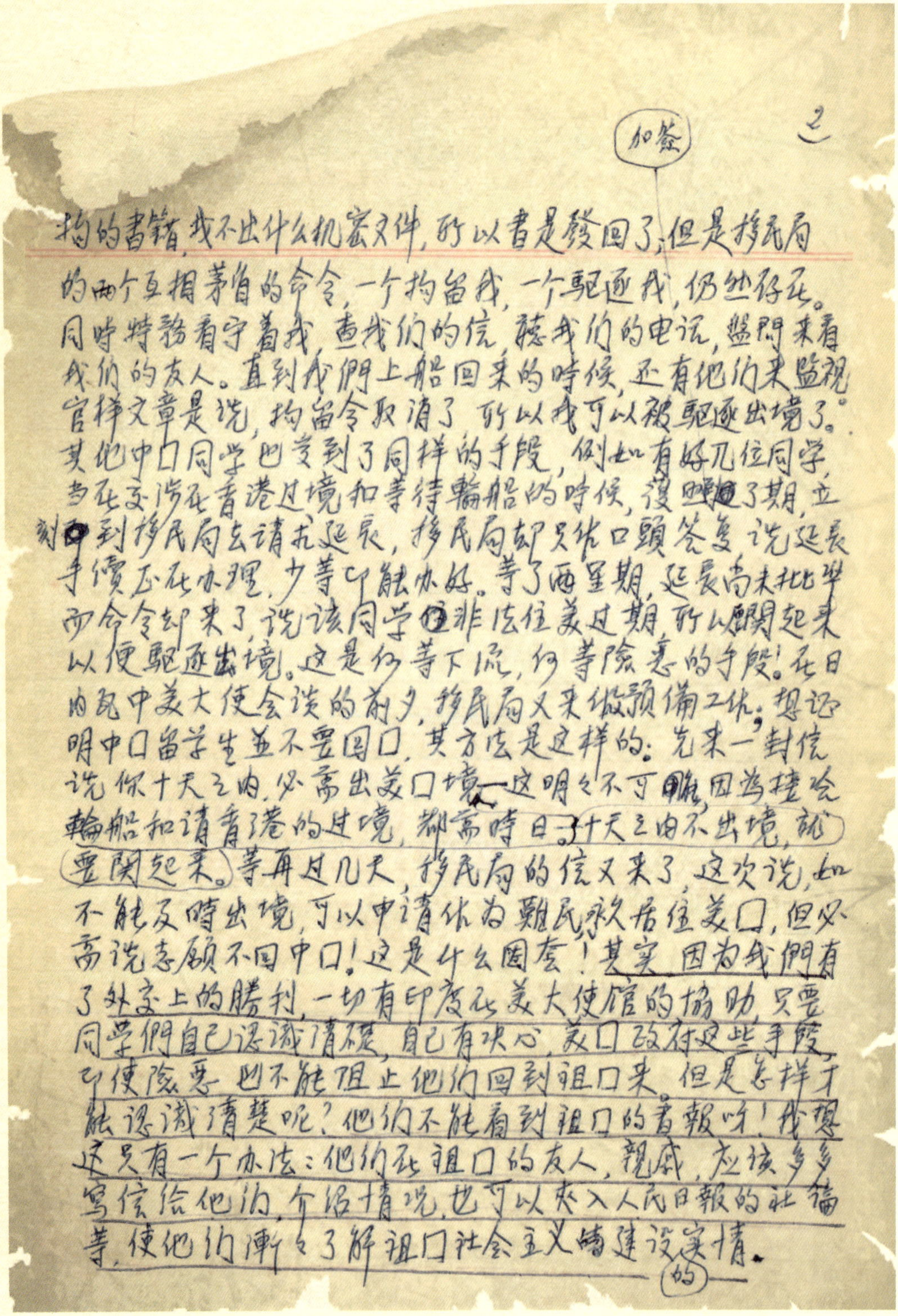
加签　2

扣的書籍，找不出什么机密文件，所以書是發回了；但是移民局的两个互相矛盾的命令，一个拘留我，一个驱逐我，仍然存在。同时特務看守着我，查我们的信，聽我们的电话，盤問来看我们的友人。直到我們上船回来的時候，还有他们来监视。官樣文章是说，拘留令取消了，所以我可以被驱逐出境了。其他中國同学也受到了同样的手段，例如有好几位同学，当在交涉在香港过境和等待輪船的时候，護照過了期，立刻到移民局去請求延長，移民局却只給口頭答复说延長手續正在办理，少等可能办好。等了两星期，延長尚未批準而命令却来了，说该同学非法住美过期，所以關起来以便驱逐出境。这是何等下流，何等陰恶的手段！在日内瓦中美大使会谈的前夕，移民局又来做預備工作，想证明中國留学生並不要回國。其方法是这样的：先来一封信说你十天之内必需出美國境——这明々不可能，因为接洽輪船和請香港的过境，都需時日。十天之内不出境，就要關起来。等再过几天，移民局的信又来了，这次说，如不能及时出境，可以申請作為難民永居住美國，但必需说志願不回中國！这是什么圈套！其实因为我們有了外交上的勝利，一切有印度在美大使館的協助，只要同学們自己認識清楚，自己有决心，美國政府这些手段何使陰恶，也不能阻止他们回到祖國来。但是怎样才能認識清楚呢？他们不能看到祖國的書報呀！我想这只有一个办法：他们在祖國的友人，親戚，应该多多寫信给他们，介绍情况，也可以夾入人民日報的社論等，使他们漸々了解祖國社会主义建设的实情。

钱学森手稿 2

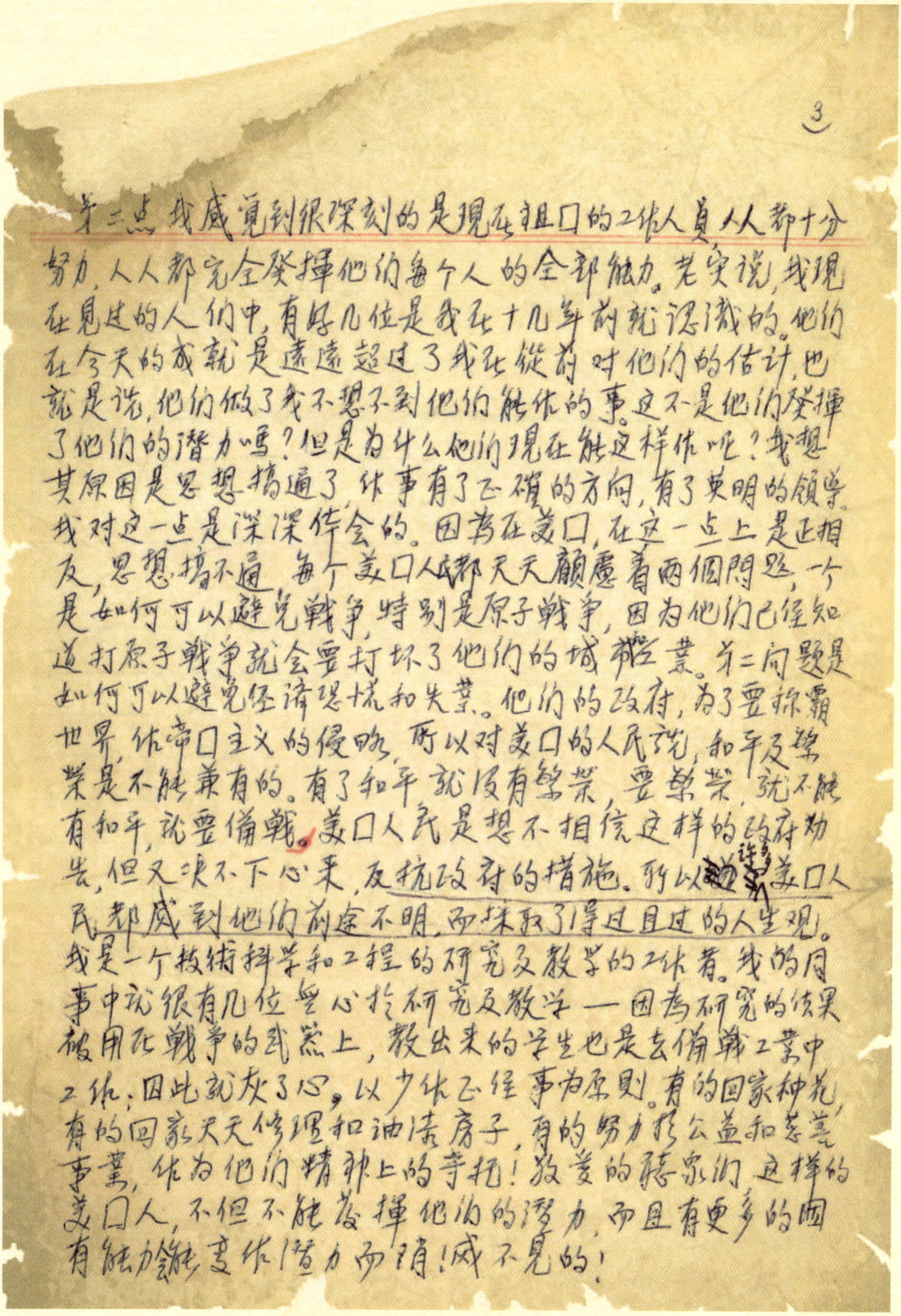
3

第二点我感觉到很深刻的是現在祖国的工作人員人人都十分努力，人人都完全發揮他们每个人的全部能力。老实说，我現在見过的人们中，有好几位是我在十几年前就認識的。他们在今天的成就是遠遠超过了我在從前对他们的估计，也就是说，他们做了我想不到他们能作的事。这不是他们發揮了他们的潛力吗？但是为什么他们現在能这样作呢？我想其原因是思想搞通了，作事有了正確的方向，有了英明的領導。我对这一点是深深体会的。因为在美国，在这一点上是正相反，思想搞不通，每个美国人都天天顧慮着兩個問題，一个是如何可以避免戰爭，特别是原子戰爭，因为他们已经知道打原子戰爭就会要打坏了他们的城市産業。第二问題是如何可以避免經濟恐慌和失業。他们的政府，为了要称霸世界，作帝国主义的侵略，所以对美国的人民说，和平及繁荣是不能兼有的。有了和平就没有繁荣，要繁荣，就不能有和平，就要備戰。美国人民是想不相信这样的政府劝告，但又决不下心来，反抗政府的措施。所以许多美国人民都感到他们前途不明，而採取了得过且过的人生观。我是一个技術科学和工程的研究及教学的工作者。我的同事中就很有几位是灰心於研究及教学——因為研究的结果被用在戰爭的武器上，教出来的学生也是去備戰工業中工作；因此就灰了心，以少作正经事为原则。有的回家种花，有的回家天天修理和油漆房子，有的努力於公益和慈善事業，作为他们精神上的寄托！敬爱的聽眾们，这样的美国人，不但不能發揮他们的潛力，而且有更多的固有能力就变作潛力而消滅不見的！

钱学森手稿 3

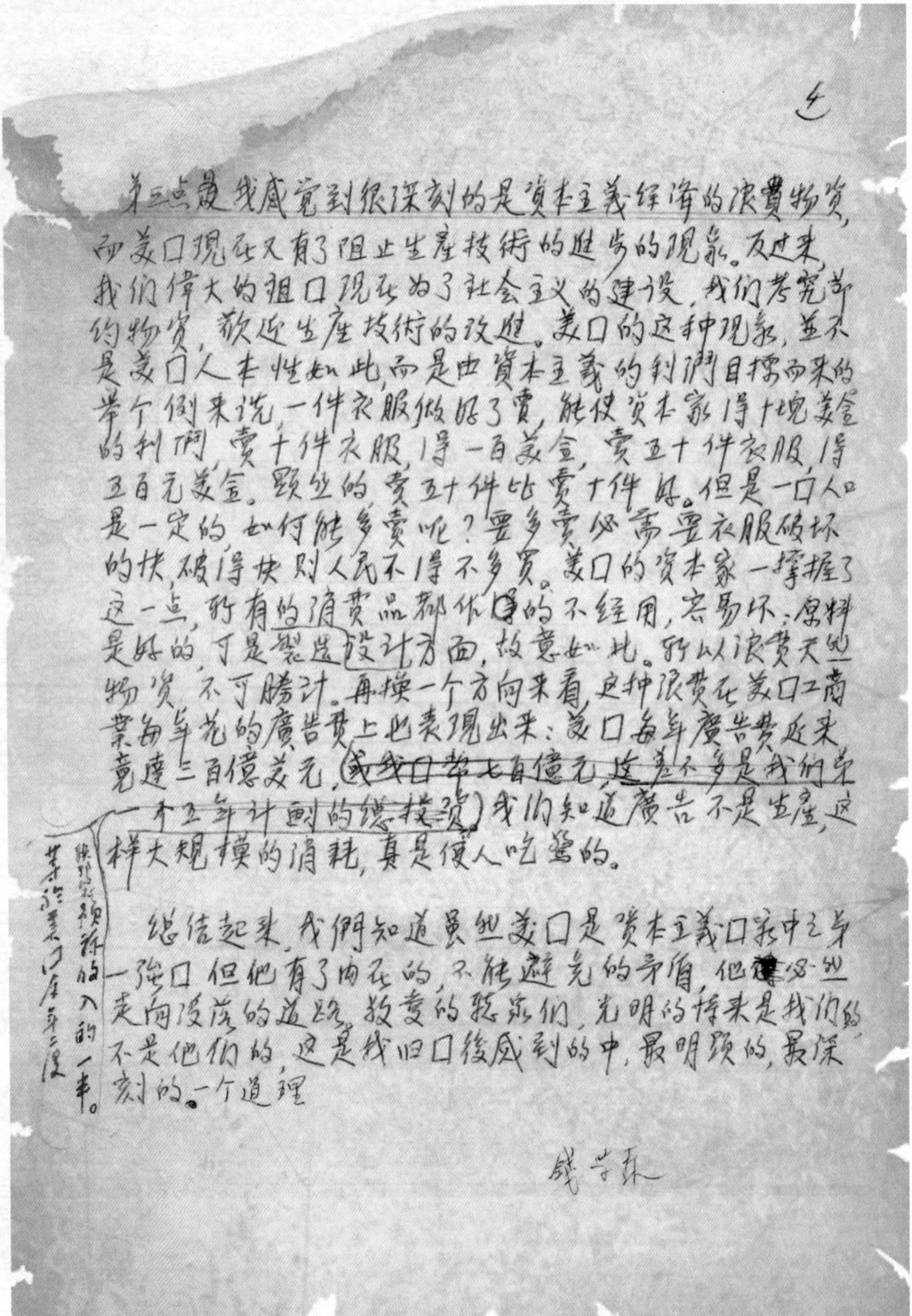

4

第三点最我感觉到很深刻的是资本主义经济的浪费物资，而美国现在又有了阻止生产技术的进步的现象。反过来，我们伟大的祖国现在为了社会主义的建设，我们考究节约物资，欢迎生产技术的改进。美国的这种现象，并不是美国人本性如此，而是由资本主义的利润目标而来的。举个例来说，一件衣服做好了卖，能使资本家得十块美金的利润，卖十件衣服，得一百美金，卖五十件衣服，得五百元美金。显然的卖五十件比卖十件好。但是一国人口是一定的，如何能多卖呢？要多卖必需要衣服破坏的快，破得快则人民不得不多买。美国的资本家一掌握了这一点，所有的消费品都作得的不经用，容易坏：原料是好的，可是制造设计方面，故意如此。所以浪费天然物资，不可胜计。再换一个方向来看，这种浪费在美国工商业每年花的广告费上也表现出来：美国每年广告费近来竟达三百亿美元，~~（我国每年七百亿元，这差不多是我们第一个五年计划的总投资）~~我们知道广告不是生产，这样大规模的消耗，真是使人吃惊的。

[illegible]预算收入的一半。

[illegible]

总结起来，我们知道虽然美国是资本主义国家中之第一强国，但他有了内在的，不能避免的矛盾，他必然走向没落的道路。敬爱的听众们，光明的将来是我们的，不是他们的，这是我回国后感到的中，最明显的，最深刻的一个道理。

钱学森

钱学森手稿 4

民族英雄钱学森①

宋　健

钱学森院士（1911–2009）离开我们转瞬已逾六年。国内外记述、忆颂、崇仰先生功勋和风范的书文如海似潮。观瞻纪念中国人民抗日战争暨世界反法西斯战争胜利70周年盛大阅兵后，更觉千章万端，意犹未尽。

20世纪50年代，中央关于研制"两弹一星"的决定和成功是划时代的伟大壮举，一举改变了国家面貌和国人心态，足以与解放战争三大战役媲美，永载史册。诚然如钱学森所说："这种大事业，一两个人是无法完成的，一切成就归功于党，归功于集体，我恰逢其时，做了应做的事。"即便如此，钱学森先生的贡献是不可替代的。时代风云，缘才相济，大爱如火，把他铸成中国科技界脊梁，精装百万雄师的民族英雄。他的名字将与日月同辉。

1. 周恩来总理："我们要回了一个钱学森，会谈是值得的，有价值的。"

新中国成立后，钱学森应祖国呼唤，决定回国。当时，美国"麦卡锡主义"反共恶潮盛行。1950年6月25日朝鲜战争爆发。联邦调

① 本文作者宋健同志为两院院士、中国工程院主席团名誉主席。曾任航天工业部副部长兼航天710所所长、国务委员兼国家科委主任、中国工程院院长、全国政协副主席。宋健同志在钱学森归国60周年之际撰此文忆颂民族英雄钱学森，本文原载于《光明日报》2015年11月27日第10版。

查局于1950年7月吊销了他领导和主持军事科研的安全许可。美国海军部副部长丹尼尔·金贝尔（Daniel A.Kimbel）打电话给司法部，要求阻挠他回中国："无论如何都不要让钱学森回国。他太有价值了，在任何情况下都抵得上3—5个师的兵力，我宁肯毙了他，也不要放他回共产党中国。"

史实表明，轻狂的金贝尔低估了钱学森的潜能，井底蛙嚣而已。1953年7月27日，美国被迫签署停战协议，抗美援朝战争结束。1955年8月1日中美在日内瓦再次举行大使级会谈，周恩来总理收到钱学森请求祖国营救回国的亲笔信，直接指示王炳南大使以此为据向美国要回钱学森和一批留美学者。7月31日中国释放了11名朝鲜战争中被俘的美国飞行员，以示善意。1955年8月5日钱学森终于收到美国移民局准许他回国的通知。1955年9月17日登船回国。10月8日抵香港。10月28日到北京。周恩来总理说："中美大使级谈判历时15年，没有实质效果。但我们要回了一个钱学森，会谈是值得的，有价值的。"

钱学森1955年底回国后，按总理建议，11月22日至12月21日去东北调研，期间访问了哈尔滨军事工程学院，与院长陈赓大将讨论研制导弹的可能性和必要性。12月下旬会见彭德怀、陈毅元帅，提议发展导弹武器。此后，他全身心投入建立中国的火箭、导弹和航天事业，夜以继日，连续奋斗了30多年。在周总理和聂荣臻元帅的直接关怀和领导下，他亲自点将聘贤，分别率领千军万马，从零开始，逐步实现了近程、中程、洲际、空防、海防、巡航导弹和各类卫星飞船的研制、试验和生产，形成了百万尖端产业大军，使军委1966年组建对抗核威胁的新战略导弹兵种——第二炮兵成为可能，为陆海空军装备现代化创造了条件。在短暂的30年中，中国从贫弱落后跃入世界强国之林，建立了巩固的现代战略防御和空防、海防体系。由导弹武器派生的航天运载火箭也为空间科学开辟了道路。

1986年4月，从科研一线退下后，钱学森连续当选为全国政协第六、七、八届副主席，中国科学技术协会第三届全国委员会主席，1988年担任国防科工委高级顾问。他继续关怀航天事业的发展，对载人飞船、探月工程等都及时给予指导。他的注意力转向研究系统工程、系统科学与马克思主义哲学、思维科学和人体科学，提出“大成智慧”教育思想，对现代农业、林业和沙业等重大问题，提出了很多值得后人参照的科学思想和创意。

为弘扬钱学森先生的卓越贡献，1986年国家授予他科技进步特等奖。1991年获“国家杰出贡献科学奖”，中央军委颁发“一级英模奖章”。1995年获首届“何梁何利优秀奖”。1999年获“两弹一星功勋奖章”。2001年获“霍英东杰出奖”。同年，国际天文联合会小行星委员会命名紫金山天文台发现的国际编号3763小行星为“钱学森星”。

2. 钱学森与中国航天事业30年荦荦大端

钱学森于1955年10月回国后，不顾劳累，立马登鞍，立即投入战斗。请看在短短30年内钱学森发起、主持和指挥的航天事业大战役荦荦大端：

1956年1月16日钱学森与钱伟长组建中科院力学研究所，分任所长、副所长。

1956年春，全力参与由时任副总理陈毅主持制定新中国《1956—1967年科学技术发展远景规划纲要》，钱学森任综合组组长，确定了 12 个重点领域，57 项重大任务，6 项紧急措施。钱亲自执笔第 37 项《建立喷气和火箭技术》任务计划。《规划纲要》确立了发展原子能、导弹、电子计算机、无线通信、自动化等现代科学技术的方针和行动计划。6 月 14 日毛主席和中央领导接见拟制规划的科学家。中科院院长郭沫若欣喜赋诗相赠：

大火无心云外流，望楼几见月当头。

太平洋上风波险，西子湖中景色幽。

突破藩篱归故国，参加规划献宏猷。

从兹十二年间事，跨箭相期星际游。

1956 年 2 月 27 日钱学森向中央提出《建立我国国防航空工业意见书》，建议立即组建研究机构，拟调专家名单，直报周总理。3 月 14 日周总理主持军委会，决定成立航空工业委员会，聂荣臻元帅为主任，钱学森为委员。5 月 10 日邓小平主持中央书记处会议批准实施。10 月 8 日聂帅宣布成立国防部第五研究院（五院），研制导弹武器，任命钱学森为院长。钱学森立即主持组建了空气动力、导弹设计、控制系统、火箭发动机等研究机构。

1957 年 7 月钱学森主持向军委写报告《关于建设导弹试验靶场的规划》，报毛主席、周总理批准。军委调 20 兵团从朝鲜回国组建酒泉试验基地，任命兵团副司令孙继先中将为基地司令员。军委又令解放军第三兵团组建罗布泊原子弹试验基地，调兵团参谋长张蕴钰任基地司令员。9 月，钱学森随聂帅访苏，参与中苏谈判，签订新技术协定。11 月 16 日中央军委任命钱学森兼一分院（今运载火箭技术研究院）院长。这一年钱学森增选为中科院学部委员（1994 年成为创建中国工程院首批院士）。

1958年决定从仿制苏制P-2地地导弹起步（德制V-2的改进型，代号1059，射程500千米，定名东风一号）。5月17日毛主席在八大二次会议上宣布："我们也要搞人造卫星。"中科院成立人造卫星领导小组，钱学森任组长，赵九章为副组长。

1958年钱学森加入中国共产党，成为预备党员。一年后转为正式党员。

1960年五院已组建四个分院，分别研制战略导弹，空防、海防导弹和固体火箭发动机等。调进上万名科学家、工程师和大学生，数千解放军各级领导干部。钱学森改任副院长，意在专事科技领导工作。7月16日苏联政府照会中国政府，废止援助协定，撤回全部援华专家和顾问，8月12日全部回国。钱学森向聂帅报告：我们绝不会动摇对祖国、对党的信心。我们五院的同志一定会在苏撤回专家的压力面前挺直腰杆，通过努力，建立起自己的导弹事业。请聂帅转告中央放心，苏联压不倒我们。11月5日国产"东风一号"试飞成功。开始自行研制"东风二号"，设计射程提高到1000千米。

1961年6月开始，钱学森主持了12次人造卫星讨论会。

1962年3月21日自行设计的"东风二号"首次试飞失败。分析故障，改进设计费时2年3个月。防空、海防导弹研制全面展开。11月刘少奇主席宣布成立中央专委会，领导"两弹一星"的研制计划。周恩来任主任，钱学森列席。

1963年中科院成立星际航行委员会。竺可桢、裴丽生、钱学森、赵九章为组长，制订星际航行长远规划。钱建议报告中央，将人造卫星列入国家计划。这一年钱主持《地地导弹发展途径》3000人大讨论，提出"东风二号"（中近程）、三号（中程）、四号（中远程）、五号（洲际导弹）8年4弹的研制计划。

1964年6月29日“东风二号”试飞成功。开始研制“东风三号”中程地地导弹，射程提高到2500千米，改用可贮存推进剂，全惯性制导。10月16日中国爆炸了第一颗原子弹。

1965年五院改为第七机械工业部，王秉璋任部长，钱学森任副部长。国产防空导弹“红旗一号”装备部队。海防反舰导弹“海鹰二号”开始研制。空军用国产导弹击落美国高空间谍侦察机。

1966年5月“文化大革命”开始，全国大乱。1967年3月17日中央决定对七机部实行军事管制。周总理亲自指示，对钱学森等科学家实行保护措施。10月27日钱学森、张震寰协助聂帅主持“两弹结合”实弹试验；“东风二号甲”（DF—2A）载核弹头靶试成功。美国报道：“钱学森在美国受迫害，被驱逐回中国，指导核导弹试验成功，这是对冷战史的嘲弄。”这一年7月中央军委决定组建战略导弹兵种——第二炮兵。12月中央专委决定组建空间技术研究院（新五院），负责研制人造卫星（651工程）和飞船，列入军队编制，钱学森兼院长，主持组建总体设计部，成立航天医学工程研究所（507所），后成为航天员科研训练中心。

1967年5月26日、6月10日“东风三号”试飞成功。“东风四号”中远程导弹（射程5000千米）开始研制。钱决定：“东风四号”加第三级固体火箭成为“长征一号”运载火箭，用以发射卫星。6月17日氢弹试验成功，当量330万吨TNT。我国自行设计的防空导弹“红旗二号”定型，批产装备了空军。9月8日击落美国的高空侦察机。自行设计的岸舰导弹“海鹰二号”打靶试验成功。

1968年2月9日，在“文革”混乱中，钱学森到一分院召开“东风四号”和“长征一号”动员大会。

1970年1月“东风四号”发射成功。钱学森立即主持制定军、民用卫星发展计划。4月24日钱在酒泉基地主持成功发射“东方红一号”卫星，重173公斤，超过美、苏首星载荷。5月1日毛主席接见研制和发射卫星科学家、工程师和将士。7月钱学森调国防科委任副主任（59岁）。

1971年9月10日洲际火箭首次试飞，基本成功。到1980年又进行了9次各种状态的飞行试验，性能日臻完善。

1974年春，国务院、中央军委决定加强对成立核潜艇、718工程（远洋测量船）的组织和领导。海军政委苏振华任小组组长，余秋里、周希汉、方强、钱学森任副组长，负责技术领导。第一艘核动力潜艇已于1970年12月下水。

1978年钱学森指挥成功发射中国第一颗返回式卫星。

1980年5月18日洲际火箭（DF-5）向太平洋实弹试射成功。5月9日新华社发布公告，中国将于5月12日至6月10日在南太平洋进行运载火箭发射试验，落区以171° 33’ E，7° 05’ S为中心，半径70海里水域。5月8日海军组成18艘舰船的特混舰队，驶过赤道，到落点观测和回收弹头。500年前明初郑和船队曾首过赤道。

1982年10月12日潜艇水下发射运载火箭试验成功。按新华社公告，准确落在28° 13’ N，123° 53’ E靶区。

1984年4月8日成功发射首颗地球同步（静止）轨道卫星，定点于赤道上空东经125度，轨高3.6万千米。

1975年到1988年发射了10颗可回收实验卫星、地球同步通信卫星、气象卫星等。

1988年9月14日到9月27日潜射核导弹海下发射成功。

3. 系统工程大师

遥忆学生时代，读《工程控制论》英文版(1954)，俄文版(1956)，似懂如禅。钱学森关于空气动力学的著作被译成俄文出版，受到苏联科技界尊崇。坊间盛传，钱学森是当代力学和控制论大师，受到美国法西斯迫害，新中国把他救回，一代英杰，壮烈归来。1957年9月他随聂帅访苏，谈判中苏新技术协定，应邀到苏科学院演讲，受到盛情接待。苏联将领和学者与钱见面时，都正襟危立，致以军礼，以示敬仰。

晚学于1960年末毕业回国，分配到五院二分院工作，目睹了那个最艰苦的年代。“东风二号”首飞失利，防空、海防型号研制昉始。大跃进失败，三年灾荒，一切凭票供应，五院虽属军队建制，也不能例外。人们节衣缩食，终日饥肠辘辘，然而人人都在奋斗，斗志并未稍减。聂帅向各大军区求救后，供应才得舒缓。钱学森身负重任，昼夜奔走于各院，确定各型号设计方案，指挥发动机试车，来往于酒泉导弹试验基地。心身憔悴日渐消瘦之际，把聂帅化缘分给他的猪肉交给大食堂，与部下共享。1958年参加中国共产党，把出版科学著作所得的3000元稿费全部交了党费。

1961年7月19日中共中央批准聂帅主持制定的“科研14条”，即国家科委党组和中科院党组提出的《关于中国自然科学研究当前工作的14条意见》。总结经验教训，纠正左的错误，团结一切爱国知识分子；坚持百花齐放、百家争鸣的方针，尊重专长，发挥科技人员的积极性和创造性，保证科研正常秩序和工作时间，出成果出人才。同年9月15日中央批准《教育部直属高等学校暂行工作条例(草案)，即“高教60条”。条例规定：“高校必须以教育为主，提高教育质量，正确执行知识分子政策和双百方针，充分发挥教授、副教授等老教师作用，提高学术水平。”这些新政策的出台，对科技人员如久旱逢雨，觉风霜已过，终可安心工作了，纷纷感呼“十四条”万岁！1963年1月29日周总理在上海科技工作会议上发表《建设社会主义强国，关键在于实现科技现代化》的讲话。钱学森于1963年春主持召开了长达3个月有3000多人参加的大讨论，制定了《地地导弹发展途径》，即8年4弹计划，争取十年后掌握洲际导弹技术并装备部队。此时他已稍感轻松，精神更加振作，深谋远虑，为科教兴国筹思未来。

1963年6月一天晚上，他一个人到二分院找我谈话。面对面交谈，这是第一次。我时任防空导弹控制系统主任设计师，首先向他汇报了“红旗一号”仿制和自行设计的“红旗二号”进展。他说，防空导弹的关键是控制，要与目标相撞，而战略导弹的关键是火箭发动机和制导，落点靠近就行，我们都应该切实掌握这些技术。他认为，控制论和系统工程对现代化建设也十分重要，不仅对导弹是核心技术，在工业、农业、军事、科技各领域都有广泛的应用。控制论、信息论、运筹学、线性规划、统计学等都是系统工程的理论基础，系统工程的应用范围更广，在经济建设、生产计划、社会管理等大尺度问题上都很有用处。我国这方面研究工作刚起步。五院已设立了军事运筹学“作战研究处”，中科院力学所设立了运筹学研究室，由许国志同志主持（许国志，1919-2001，工程院院士）。华罗庚主张数学所也要成立控制论研究室，由关肇直（1919—1982，中科院院士）主持，请我去协助。他继续说，《工程控制论》一书是十年前他在美国受难时写的，50年代苏联、美国、欧洲都有新的发展。各高校把它当成参考书，内容已经不够了，请我对该书做一些补充修订，以适应我国科学技术发展的需要。我报告说，苏哲学家曾批判维纳的《控制论》是机械唯物论，对辩证唯物论的反动。《工程控制论》英文版出现后（1954），苏联马上译出（1956），主编正是我的导师A·费德鲍姆（A.A.Feldbaum，1913—1969）。费德鲍姆高度评价此书的时代意义，为控制论平了反，使其成为“研究信息和控制一般规律的新学科”，为世界科技界普遍接受。

钱学森若有所思地说，那是美国最黑暗的年代，麦卡锡反动派盛行，迫害科技界。接着，他简要讲述了当时的处境。1950年7月联邦调查局吊销了他参加国防科研的“安全许可”。他买好了机票，决心回新中国。美国一方面驱逐他出境，又禁止他回国。9月7日被拘捕了15天后，由加州理工学院校方和同事保释回校。从此他转向与军事无关的控制论研究，为学生开过新课。他说：“当时并没有想到建立新学科，而是为避开美国特务的追踪和迫害。那时我还年轻，虽然痛苦，精力还很充沛，我不能消沉。我必须积累知识，随时准备返回祖国，为建设新中国尽力。”他又说：“你们这一代还算好，没有遇到像美国那样凶恶的特务。五年的苦难，我终生难忘。”“只要美国政府不给平反，我此生此世决不再踏上美国的领土。”按钱学森的性格和工作负担，他很少与下级聊天。他心情沉重的破例自述使我万分感动，印象极深。在困境中傲视霜雪，与命运抗争，在苦难中不虚度时光，忍辱物外，钱学森自谑为“杭铁头”的风骨，成就了中国的航天事业，铸就了他光辉的一生。

若干年后，读张纯如的《蚕丝——钱学森传记》和其他回忆录，始知1948年美国中央情报局曾策谋暗杀法国科学家约里奥·居里（法共党员）未遂。1950年美国联邦调查局怀疑爱因斯坦是共产党，并立案调查。1947年吊销了“美国原子弹之父”犹裔物理学家奥本海默（Robert-Oppenheimer，1904—1967）的“安全证书”，说他是美国共产党加州大学伯克利分校支部成员。二战期间奥本海默任阿拉摩斯原子弹研究所所长 （1943-1945），是研制原子弹主要领导人，二战后任普林斯顿高级研究所所长，美国原子能顾问委员会主席（1946—1952）。他知识渊博，心胸开阔，邀请包括杨振宁、李政道在内的最优秀的旅美科学家到他主持的研究所工作。1953年奥本海默被解职，1966年被迫退休。物理学家后来评说，美国研制原子弹之所以成功是因为有奥本海默领导，德国之所以不成功是因为由测不准的海森堡（Heisenberg W，1901-1976）领导的。1950年美国政府又驱散了加州理工学院的火箭研究中心，驱逐了主将钱学森，说那里有很多犹裔科学家是共产党，钱学森也可能是。风雨不测，政治无情，一出疯狂促成了别处机缘，悲喜难分。

4. 美国白宫迟来的致歉信

岁月如流，世事多变。1971年10月25日第26届联合国大会以压倒多数通过决议，恢复了中华人民共和国在联合国的一切权利。1972年2月21日到2月28日，美国第37任总统尼克松访华，中美两国在上海发表《联合公报》，中美关系松动。经过长期艰苦谈判，于1978年12月16日达成《中美建交联合公报》。公报中美国承认中华人民共和国政府是中国唯一合法政府，只有一个中国，台湾是中国的一部分；表示无意侵犯中国主权和领土完整，无意干涉中国内政；不寻求长期向台湾出售武器，逐步降低数量和质量；宣布于1979年1月1日中美建立外交关系。建交后，1979年1月29日至2月8日邓小平副总理应卡特总统邀请，对美国进行友好访问，受到美国政府和各界人民的热烈欢迎。中美签署了科技合作和文化协定。1983 年 9 月美国防部长温伯格访华。1984 年 1 月中美签订工业技术合作等协定，4 月里根总统回访了中国，6 月中国国防部长张爱萍访美，中美建立了防御性军事合作关系。1985 年李先念主席访美，签署了中美和平利用核能、文化、教育合作等协定。20 世纪 80 年代中美关系一度稳定发展，中美两国科技界都曾寄予期望。1979 年加州理工学院决定授予钱学森“杰出校友奖”，邀请他访美，被拒绝。在 1986 年一次会议上，时任中共中央总书记的胡耀邦当面劝他：“今时代已变，可否搁置前嫌，去一趟美国，旧地重游。你是著名科学家，去访问或许对中美关系的发展有所帮助。”钱学森当年已当选为全国政协副主席，中国科协主席，他当即回答说：“总书记，我的情况不同。美国政府迫害我五年多，被驱逐才回到祖国。只要美国政府不做出改正，我终生不会再踏上美国领土。”

十一届三中全会以后，改革开放成社会主流。1984 年我被调到国家科委，1985 年忝任科委主任，接替方毅副总理与美方共同主持“中美科技合作联委会”，隔年轮流在北京和华盛顿举行，讨论落实两国科技合作事项。1984-1988 美国第 40 届总统里根的科学顾问是契沃思博士（Dr. Geoge-Keyworth）。他对我说：“那是美国最黑暗的年代，钱博士的情况与美国原子弹之父奥本海默的遭遇相似，美国政府是欠了债的；我认为这是很不幸的事，我要向里根总统报告，力争采取措施平反这桩冤案。”美政府频繁更换，里根时代未见有何动作。20 世纪 90 年代美国第 42 届总统克林顿的科学顾问是吉本斯博士（JohnH. Gibbons，1929-2015），一位核物理和核能科学家。多次相陪互访，成了朋友。我又向他介绍50年代钱学森在美国受难的经过，推荐他读张纯如写的《蚕丝——钱学森传》和冯·卡尔曼的回忆录《一代风流》。我说，钱先生对美国和中国的航空航天事业都有重大贡献，他是中国科技界的领袖，国家领导人之一。据我观察，两国科技界都希望美国政府以某种方式纠正错误，给予平反，了结这桩冤案，像中国“文革”后平反冤假错案那样。吉本斯说，50年代美国历史上最黑暗的时期，发生过不少冤案，大多已以不同方式恢复了名誉，如奥本海默是在他去世前三年（1963）被授予国家费米科学奖。钱学森博士的案件容我仔细了解，看能否找到解决办法。

又过了两年，1998年2月吉本斯离任前夕，从华盛顿白宫以总统科学顾问的名义正式致函钱学森，当即遵嘱转报，留有附件，抄录如下：

白宫华盛顿，1998年2月27日 致钱学森博士，请中华人民共和国国家科委宋健博士转交敬爱的钱博士：

近来我从各种资料中，知悉你和你的家庭半个世纪以来经历的不幸和动荡不安。

首先，我要感谢你在中国和美国对工程技术、数学和科学各领域所作出的卓越贡献。你在加州理工学院和麻省理工学院执教期间帮助培养了一整代青年科学家和工程师，其中很多已成为各自领域的领导人。特别是，你的研究工作对航空、速度与安全，可靠的火箭发动机，制导技术以及其他极其重要的控制系统、材料工艺等领域都有重大贡献，成果被广泛推广应用。近来，当我乘飞机经过底特律、密执安等地直达北京的路上，时常想到你的贡献。飞行导航无误，通讯畅通无阻，这在20年前只是梦想。

第二，虽然很多事件发生在很久以前的美国，我仍想为你和你的家庭50年代在美国遭遇到的艰难经历致以歉意。由于当时两国没有外交关系，缺乏相互了解，导致双方的错误判断。我虽不敢保证以后此类错误不会再发生，但我深信，你的经历、记忆会时刻提醒每一个人在任何时候都要更警惕更慎思，更富同情心。

第三，我想请你知道，我对宋健博士十分尊重。他是你的门生，我为你有这样的学生向你表示感谢。他有很高的智慧、思想，有效地利用他的才华和精力领导中国的科技事业，使中国和世界变得更美好。

我相信，我们将会在各方面携手合作，在21世纪把中美两国建设得更美好。

诚挚的约翰·吉本斯

美国总统科学顾问

再过两年，为参加美国工程院年会，我们中国工程院代表团于2000年应邀访美，又与吉本斯博士相会。他告诉我，近几年他调阅了50年代钱案的所有档案，知道得更多了。1998年致钱学森的信是他能做的最高限度，再多，他无能为力。那封信是经过美国国务院和联邦调查局审阅同意的，基本反映了美现政府的态度。

2002年6月24日《人民日报》发表访问钱学森的纪要，他已年逾九十岁。他说："回到祖国后，我通过学习才慢慢懂得马克思主义，懂得点政治，感到科学与政治一定要结合。"这是切肤之言。普天之下，大千世界，到处是政治挂帅，政治之力始终强于科学，大于科学，泛于科学，有时科学也无奈。然而，当今世界，无论何处，摧残科学、缺理乏情的黑暗政治必然失败。

前言

钱学森是享誉海内外的杰出科学家和我国航天事业的奠基人，是中国共产党员的优秀代表。他具有坚定的理想信念，对党高度忠诚，始终把爱祖国、爱人民作为人生的最高境界，自觉把个人志向与民族振兴紧紧联系在一起；他对科学执着追求，毕生致力于推动我国科学技术发展，特别是国防科技发展，为中国科技事业、国防和军队现代化建设建立了卓越功勋；他襟怀坦荡、光明磊落，淡泊名利、无私奉献，坚持真理、科学求实，是我国爱国知识分子的杰出典范，被誉为“人民科学家”。

为了纪念钱学森同志诞辰105周年，我们组织编写了这本专著，是为了展现钱学森的光辉业绩和崇高品质，以及对当前和未来的影响。这本书包括“辉煌”“荣誉”和“传承”三篇。

第一篇“辉煌”主要记录了钱学森在美国以及在我国航天事业中取得的重要成就，和钱学森晚年在科学研究中的非凡造诣。这部分以图文并茂的方式，展现钱学森一生在科学技术研究、国防工程建设和社会经济管理等领域取得的举世瞩目的辉煌成果。

第二篇“荣誉”记录了钱学森所获得的主要荣誉、国内外各方人士对钱学森的评价以及“纪念钱学森同志归国

前言

60周年大会”的有关情况。钱学森的杰出贡献和高尚品格得到了社会各界的肯定和赞誉，在人们心中树立了一座精神的丰碑，社会各界给予钱学森的赞誉、评价和开展的纪念活动就是这座丰碑的注脚。

第三篇“传承”记录了中国的科技工作者和广大中国人民传承并发扬钱学森的精神、思想和他所奠基事业的情况，主要介绍了系统工程、航天事业、大成智慧教育、沙草产业四个领域的传承情况，并通过“口述钱学森工程”论述了钱学森精神的内涵和重要作用。

钱学森在其98年的人生历程中，在科学技术研究、国防工程建设、经济社会管理以及思想和哲学领域，树立了一座座丰碑。一位科学家改变了我们的命运，钱学森一生的成就对中国的国防、科技、经济影响之深远，使我们至今仍享受着他带来的巨大精神财富和物质利益，现在如此，以后仍将如此。

我们以此专著缅怀“国家杰出贡献科学家”钱学森，纪念钱学森诞辰105周年，并希望以此专著激励同仁们继承钱学森的遗志，贯彻党中央“四个全面”的战略部署，为实现中华民族伟大复兴的中国梦而继续努力奋斗。

编　者

二〇一六年四月

目录

第一篇 辉煌

目录

第二篇 荣誉

第三篇 传承

目录

目录

第一篇

辉煌

新中国自成立以来，在政治、经济、社会、军事和文化建设等方面都取得了举世瞩目的伟大成就。这些成就的取得离不开一代代群星般闪耀的杰出人物，其中包括无畏的战士、勤奋的工人和农民以及艰苦奋斗的知识分子。他们怀着满腔的爱国热情，用自身的才华和毅力甚至是生命支撑着国家建设事业的发展并推动着社会的进步。在这灿烂的群星之中，有一颗最为耀眼，他的名字伴随着我国国防科技事业的发展、伴随着中国航天事业的开拓、伴随着我们每个人的成长、伴随着社会发展的进步甚至是人类前进的足迹，他就是钱学森。

钱学森同志，一代宗师，百年难遇。他用自己的一生践行着国人强大之梦，是一位即便在世界上也不逊于任何人的科学巨匠。原中国人民解放军总后勤部政委张文台上将评价钱学森为“思想的先驱、科技的泰斗、育人的导师、做人的楷模”。今天来看，钱学森的许多理论和观点极具超前性和预见性，他的很多预见性理论和设想，都已经变成现实。就像穿越时空的巨人，时间越长，越能体会到他的思想对于成就人类之伟大的重要意义，随着时间的推移，我们愈加感受到钱学森思想的耀眼光芒，愈加感受到他的智慧之光。

钱学森一生在学术、工程实践、思想上做出了突出贡献和伟大成就，第一篇“辉煌”由钱学森在美国20年取得的重要成就、在我国航天工程中取得的重要成就、晚年在科学研究中取得的重要成就三个部分组成，试图通过图文并茂的方式跨越时空，立体地展示钱学森的光辉足迹，见证他伟大的一生。

一、负笈游学 迈向理论新高度

（一）心怀救国梦想远赴重洋

钱学森的童年正值中国半殖民地半封建社会时期，那时国弱民贫，整个国家都受到西方列强的压迫和掌控。民国初期，孙中山提出了《建国方略》，倡导“铁路救国”。在实业救国运动的影响下，钱学森在高中毕业后毅然做出了人生第一次选择：学习铁道工程，振兴华夏强国。为此，钱学森报考了国立交通大学机械工程系铁道机械工程专业，希望通过发展铁路事业来为国家建设做出贡献。

1934 年，钱学森以优异的成绩毕业，这足以让他成为铁道工程师。然而，在钱学森入学两年后，“九一八事变”爆发，次年日军对上海发动了空袭。中国军民惨遭杀戮，而中国却没有强大的制空力量与其抗衡，这使钱学森十分悲愤，深感在他国凌辱下，铁路不能从根本上解决中国受外敌侵压的问题，中国要想腰杆硬，就必须要有强大的航空武装。于是在随后“航空救国”热潮中，钱学森成为积极的响应者，决心为祖国的航空事业做出自己的贡献，他做出了人生中的第二次选择：改学航空工程。

钱学森为了更好地学习西方先进的航空理论和技术，在从国立交通大学毕业后报考了国立清华大学“庚款留学”的赴美公费生，并以当年航空专业第一名的成绩被录取。凭借自己的聪慧和刻苦好学，钱学森在麻省理工学院很快就掌握了航空工程专业知识，但由于当时美国当局对外国留学生的限制，禁止其到美国航空产业基地实践研究，他不得不再一次做出选

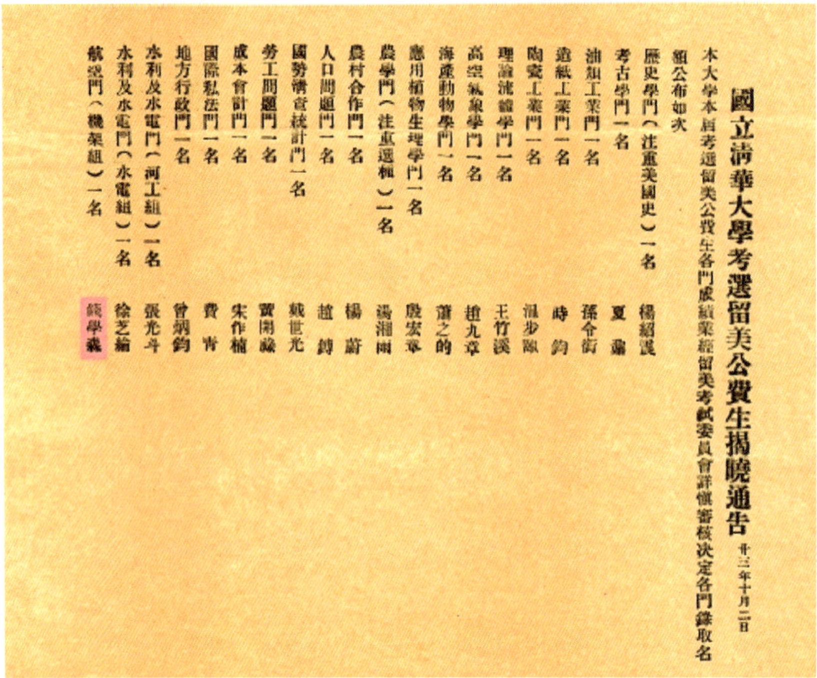

國立清華大學考選留美公費生揭曉通告 廿三年十月二日

本大學本屆考選留美公費生各門成績業經留美考試委員會詳愼審核決定各門錄取名額公布如次

歷史學門（注重美國史）一名	楊紹震
考古學門一名	夏鼐
油類工業門一名	孫令銜
造紙工業門一名	時鈞
陶瓷工業門一名	溫步瀛
理論流體學門一名	王竹溪
高空氣象學門一名	趙九章
海產動物學門一名	蒲之的
應用植物生理學門一名	殷宏章
農學門（注重選種）一名	湯湘雨
農村合作門一名	楊蔚
人口問題門一名	趙鑄
國勢清查統計門一名	戴世光
勞工問題門一名	賈闓森
成本會計門一名	朱作楠
國際私法門一名	費青
地方行政門一名	曾炳鈞
水利及水電門（河工組）一名	張光斗
水利及水電門（水電組）一名	徐芝綸
航空門（機架組）一名	錢學森

1934 年 10 月 2 日，国立清华大学公布的考选留美公费生揭晓通告

择：改学航空理论，从此师从加州理工学院导师冯·卡门 （Theodore von Kármán）。冯·卡门是美国工程力学大师，航天技术理论的开拓者，是世界空气动力学的权威，想要投入他的门下非常不易。钱学森与冯·卡门第一次见面时，就给对方留下了非常深刻的印象。冯·卡门后来回忆道：“眼前的这个年轻人异常准确地回答了我所有的问题，他思维敏捷和富于智慧，顿时给我以深刻印象，他的这种天资是我不常遇到的。”于是建议他转到加州理工学院继续深造。

（二）开创空气动力学新理论

在世界航空还处于亚音速时代的时候，钱学森就超前地预见到了飞行器在超音速条件下的热障问题，这对日后喷气式飞机与火箭的设计产生了重大影响。1938 年，他在美国《航空科学学报》发表《可压缩流体边界层》一文，提出飞机在高速飞行时，将受到空气摩擦阻力和热效应的重要影响而得出的精确数据和结论。这在世界航空工业比较落后的时代，是一个全新理念。他从航空理论上预见，实现高速飞行的飞机，将会遇到“热障”，其表面气流温度很高，能使金属外层强度降低，甚至熔化，因此在设计高速飞机时，必须对飞机表面采取有效的防热或冷却措施，才能保证飞机持续高速飞行。

与此同时，随着航空飞行器速度的加快，越来越多的事故呈现在航空从业者面前。在设计飞机的时候，由于旧公式不准确，飞机设计人员只能靠经验来设计飞机的机翼和尾翼，出现了由于飞行速度过高，尾翼破损或失去爬升力而坠机的事件。面对这样的难题，钱学森潜心钻研，于1939年在美国《航空科学杂志》发表《可压缩流体的二维亚音速流动》一文，与导师冯·卡门共同提出计算飞机翼面压力分布的“卡门－钱近似”公式。在第二次世界大战期间以及战后相当长的一段时间内，在电子计算机出现以前，这一近似计算方法被广泛应用于飞机翼型的设计。

$$C_p = \frac{C_{p0}}{\sqrt{1-M_\infty^2} + \frac{M_\infty^2}{1+\sqrt{1-M_\infty^2}}\frac{C_{p0}}{2}}$$

1939年，钱学森和导师西奥多·冯·卡门提出的“卡门－钱近似”公式

当时的美国军方，还认为飞机是不可能突破音速的，钱学森同他的导师冯·卡门一起同军方博弈，并成功建设了美国第一个超音速风洞实验室，钱学森承担数学计算任务和负责实验室使用和管理工作。经过艰苦努力，1941年，他们成功创建了全美第一个能够持续运行的超音速风洞实验室，这对美国后续超音速飞行器的试验和设计工作提供了强有力的帮助。

这一系列论文的发表和对实际问题的把握和解决使他一跃成为世界著名的空气动力学家，为世界航空事业进入超音速时代解决了诸多难题，继而推进了人类向超音速时代迈进的步伐，而此时的钱学森，还仅仅是一名博士生。

（三）树喷气推进领域里程碑

早在大学时期，钱学森就一直关注最前沿火箭技术的进展，赴美留学后，依旧保持对火箭技术的专注和研究，并意识到它对军事的重要作用。钱学森在加州理工学院的时候提出了火箭与航空领域中的若干重要概念、超前设想和科学预见，为反法西斯战争做出了重要贡献。1936 年，冯·卡门名下的几位得意弟子出于对火箭的共同兴趣，自发成立了一个带有科学探索性质的兴趣小组——“火箭俱乐部”，钱学森是核心成员。正是这个小组，成为了美国军方一支强大的人才储备力量。由于德国研制了 V-2 火箭，1942 年，美国当局立即决定委托冯·卡门加紧研究远程火箭。冯·卡门向陆军军械署提交的研制计划中，推荐钱学森负责理论组。钱学森找来了老同学林家翘、钱伟长等，他（们）从弹道分析、燃烧室热传导与燃烧理论入手，研究远程火

1936 年，冯·卡门名下的几位得意弟子出于对火箭的共同兴趣，自发成立了一个带有科学探索性质的兴趣小组——“火箭俱乐部”，钱学森是核心成员

箭的有关理论问题，钱学森还向冯·卡门建议运用新的军事思想和方法从事火箭技术研究。钱学森主动地、创造性地配合老师的工作，为美国火箭事业的建立与发展做出了不可磨灭的重大贡献。1943 年，由于反法西斯战争需要，美国军方决定研制实战导弹，慎重委托钱学森负责“核火箭发动机推动导弹”这一重大课题的研究。同年 11 月，钱学森便与马林纳一起提出了三种火箭（导弹）的设计方案，经冯·卡门指点，将报告连同冯·卡门的备忘录一起递交给军方，受到军事当局的高度重视。这份报告为美国四五十年代成功研制的对地导弹和探空火箭奠定了基础。

1945 年 5 月 8 日，德国法西斯宣布无条件投降。新组建的美国国防部科学咨询团在少将团长冯·卡门的率领下来到德国接管、考察并研究德国的火箭技术，被任命为上校团员的钱学森参加了这次考察，并亲自访问了 V-2 火箭的总设计师，也是后来成为美国航天之父的冯·布劳恩。之后，钱学森被聘任为麻省理工学院副教授、教授，发表了论文《超级空气动力学——稀薄气体力学》，主编了论文集《喷气推进的新天地》。1949 年，钱学森又回到加州理工学院，出任喷气推进中心主任。在这一年，他提出了火箭旅客飞机概念和关于核火箭的设想，名声大震，《时代》杂志以他的演

美军签发给钱学森的美国国防部科学咨询团成员身份证及出入证明

讲照片作为封面。钱学森在火箭和航空领域所做出的重要贡献，使反法西斯战争中的美国成为世界第一流军事强国，正如美国专栏米尔顿·维奥斯特写到“冯·卡门是空气动力学领域独一无二的大师，而钱学森的名望仅在他一人之下，钱学森是冯·卡门雄心壮志与事业的继承者。他是帮助美国成为世界第一流军事强国的科学家银河中的一颗明亮的星。”

（四）撰《迈向新高度》规划

钱学森回美国后，走访了美国各地有关机构、研究中心和实验室，从而对美国航空事业的发展现状与潜力有了全面了解。随后，以冯·卡门为首的科学咨询团完成远景规划报告《迈向新高度》。钱学森总结了欧洲各国特别是德国的研究成果与经验，结合美国的研究与现状，提出战略性发展的独创见解和切实可行的技术路线，他在《迈向新高度》的第三、四、六、七、八卷和技术情报附录中，翔实论述了有关高速空气动力学的发展，其中包括脉冲式喷气发动机、冲压式喷气发动机、固态与液态燃料火箭、超声速箭形翼导弹以及核能作为飞行动力的可能性等诸多方面的研究成果、存在问题和发展前景。

《迈向新高度》被誉为奠定二战后美国在航空史上取代德国领先地位的理论基础之作，是二战以后美国国防战略的重要组成部分。《迈向新高度》受到美国国防部和军方的高度肯定，成为美国战后火箭、导弹、飞机长远发展的重要蓝图，为美国空军未来50年的发展指明了方向，从根本上改变了未来战争的形态。同时，基本奠定了二战以后美国的国防战略，是美国的高技术战略或者美国军事战略中最重要的战略计划。《迈向新高度》的编写研究工作，使钱学森受益匪浅。他和冯·卡门这样杰出的世界级大师一起，站在航空航天科学技术的最前沿，从整个国家的高度，全面、系统地思考全局性、战略性规划的思路和方法。

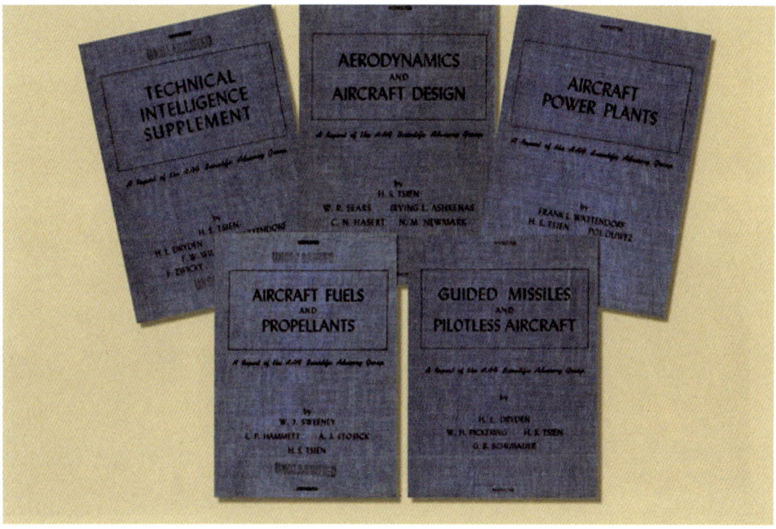

1945年，咨询团考察结束后，向美国军方提交了《迈向新高度》系列报告。此报告共13卷，钱学森完成了第三、四、六、七、八卷中7个部分的编写，为二战后美国航空、航天事业的飞速发展指明了方向

之后，钱学森对登月理论和航天飞机理论进行了研究。1948年，钱学森开始研究人类登月理论，并做出大胆预测：人类飞往月球的目标不出30年即可实现，且地球飞往月球只需一星期。1949年，钱学森回到加州理工学院后出任喷气推进中心主任。1950年，他在美国火箭学会年会上提出了火箭旅客飞机概念和关于核火箭的设想。这在当时看来非常超前，这就是后来的美国航天飞机的雏形。多年以后，当钱学森的很多假设和大胆预测成为现实后，美国媒体盛赞钱学森的远见卓识。《纽约时报》称他为“有价值的中国科学家”“美国火箭领域最有天分的科学家”。《洛杉矶时报》称他为“世界最顶级的火箭专家之一”“喷气推进领域最热门的科学家”“最卓越最杰出的权威”“世界上最权威的火箭专家之一”等。钱学森前瞻性的观点使他在当时的美国享誉一时，享有极高的社会地位，甚至可以直接参与制订美国高技术计划和国防计划。

（五）首创两大世界前沿学科

1950年美国的麦卡锡浪潮，冲击了钱学森在火箭喷气推进等保密项目上的学术研究，不但回国受阻，甚至人身自由也受到限制。就在这样的情况下，

1949年初夏，古根海姆基金会任命钱学森为加州理工学院喷气推进中心主任并授予他以美国火箭先驱戈达德命名的讲座教授荣誉称号

1950年，钱学森在美国火箭学会年会上提出了火箭客机的概念

钱学森不仅没有停滞学术研究，反而取得了重大突破——《物理力学》和《工程控制论》。

物理力学并不是物理学中的经典力学概念，而是钱学森长期从事的应用力学的一个新分支。他把描述物质微观性质的原子分子结构理论、物质微观行为的量子力学、沟通微观和宏观性质的统计力学联系起来，加上发展较为完整的传统力学，构筑了一门全新的科学——物理力学。1953年，钱学森发表论文《物理力学——一个工程科学新领域》，正式提出“物理力学”概念，开拓了高温高压流体力学的新领域。之后，钱学森在加州理工学院开设了“物理力学”课程，在教学与研究中不断丰富和深化内容，形成了时至今日仍然是加州理工学院重要参考资料的《物理力学讲义》。

《工程控制论》是钱学森在美国被监控期间完成的又一部学术专著。控制论是法国物理学家和数学家 A.M. 安培在 1934 年提出的，最初的定义是管理国家的科学。1948 年，美国数学家 N. 维纳把控制论运用于动物体内自动调节和控制过程的研究，把控制论建立为一门新的学科。思想敏锐的钱学森，把控制论运用到工程系统的控制之中，创立了新的学科——工程控制论。1954 年署名“H.S.Tsien”（钱学森英文名）的《Engineering Cybernetics》（即《工程控制论》）由美国 McGraw Hill 出版社出版。

《工程控制论》第一次提出在工程设计和实验中能够直接应用的关于受控工程系统的理论、概念和方法。《工程控制论》是对控制与制导领域进行创造性论述的经典专著，以更广阔的眼界、更系统的方法，揭示了控制论对科学技术的影响和意义。一位美国专栏作家这样评论《工程控制论》：“工程师偏重于实践，解决具体问题，不善于将之上升到理论高度；数学家则擅长理论分析，却不善于从一般到个别去解决实际问题。钱学森则集中两个优

钱学森在加州理工学院，开设了“物理力学”课程，编写了“物理力学”讲义。这一著作直到钱学森回国以后，于 1962 年 2 月由科学出版社将其正式出版，命名为《物理力学讲义》

1954 年，钱学森的《工程控制论》（英文版）正式出版，引起了控制科学领域的轰动，被译成俄、德、中、捷克等多种文字出版，该书的出版被认为是系统科学发展的第一个里程碑，推动控制科学在 20 世纪五六十年代形成研究高潮

势于一身，高超地将两只轮子装到一辆战车上，碾出了工程控制论研究的一条新途径。”

《工程控制论》所阐明的问题和观点，为人们解决工程问题提供普遍性理论，使人们能够更系统地处理工程控制问题，开辟了控制论在工程技术中的新道路，对自动化科学技术理论的发展也起到了至关重要的作用。尤其是在第 18 章，钱学森讨论了用不可靠的元件组成高度可靠系统的理念，这远远超出了当时自动控制理论的研究对象，进入了系统学的范畴。因此，《工程控制论》被认为是系统科学发展的第一个里程碑，这为钱学森晚年在系统科学上取得巨大成功打下了坚实的基础。

回望历史，虽然还有很多涉及美国军方的机密未被解开，但是从钱学森在美国 20 年的学习和工作中可以看出，他为人类的航空航天事业奠定了坚实的理论基础。身处美国，拥有良好的研究环境，又赴德国这个在当时世界上工业和科技实力最强大的国家考察，使他的科技视野提升到了世界最前沿。面对着当时世界上最尖端的航空航天科技的理论难题和挑战，钱学森用他的远见卓识和刻苦勤奋将这种挑战变成了机遇，为人类航空航天事业的发展做出了突出的贡献，成就了他“世界顶尖火箭专家”的称号。

二、筚路蓝缕　成就中国航天梦

钱学森在航空理论上的成就对于他一生的贡献来说还仅仅是一个开始，在决然回国之后，由于国家的需要，他毅然投入到中国航天事业的建设中。从此，他用知识和智慧为中华民族创造了巨大的财富，将新中国导弹、航天事业的发展提前了至少二十年，为中国的和平发展创造了安全条件。与此同时，他从理论研究转向工程实践，将自己的科学研究推向了新的高峰。

（一）顶层设计谋新篇

为了让刚回国的钱学森尽快了解新中国的科研情况，1955 年初冬，主管国家科学技术工作的陈毅副总理安排他前往当时工业最发达的东北地区考察。陈赓大将奉命专程前往哈尔滨军事工程学院迎接来校参观的钱学森。在陪同他观看简陋的小火箭实验台时，陈赓趁机向钱学森提出了中国能不能自己制造导弹的问题。钱学森脱口而出，很干脆地回答："有什么不能的？外国人能造出来的，我们中国人同样能造出来。难道中国人比外国人矮一截不成？"陈赓大将听了以后非常高兴，说："好极了！就要你这句话。"钱学森的雄心壮志更加坚定了中国领导人发展中国导弹事业的决心和勇气。在陈赓大将的安排下，钱学森给在京的军事干部连续作了 3 场《关于导弹武器知识的概述》报告，并按照周总理的指示，向国务院提交了《建立我国国防航空工业的意见书》，第一次系统地从领导、科研、设计、生产等方面提出了发展中国火箭和导弹技术的重要意见。

随后，钱学森陪同聂荣臻到苏联进行考察。在飞机上，聂荣臻十分认真

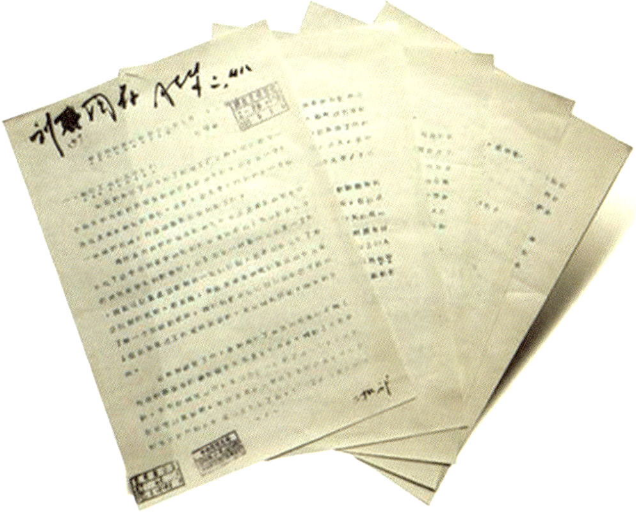

1956年，钱学森向国务院提交了《建立我国国防航空工业的意见书》，提出发展中国火箭和导弹技术的规划设想，这份意见书勾画了中国航天事业的发展蓝图

图为钱学森向国务院提交的《建立我国国防航空工业的意见书》影印件

地问钱学森：“我们中国到底有没有能力造出导弹？”钱学森回答说：“在这样的环境下，如果是在美国恐怕是不行的。但是换了中国就可以，因为只有中国共产党才可以聚集所有的人力、物力、财力做一件事情，这在自由意志的美国是做不到的。”

1956年2月1日，毛泽东设宴招待出席政协第二届全国委员会第二次全体会议的部分委员。席间，他特别安排钱学森同自己坐在一起，毛主席对钱学森说：“从现在起，我们抓紧时间，埋头苦干，争取在第三个五年计划末期，使我国在原子能、火箭等最急需的科学技术领域接近世界先进水平，能不能做到？”此时，钱学森清楚地意识到，中国的导弹事业即将腾飞，他满怀信心地说：“只要计划周密，工作努力，是可以实现的。”

1956年春，钱学森参与制定了新中国第一个中长期科技规划——《1956—1967年科学技术发展远景规划纲要》，并担任综合组组长。他还主持完成了该纲要第37项《喷气和火箭技术的建立》的规划制定。在他的倡导下，火箭和导弹研制被纳入到国家长远规划之中。

（二）开天辟地航天梦

1956年10月8日，这一天秋高气爽，碧空如洗，我国的导弹研制机构——国防部第五研究院（简称国防部五院）成立，钱学森担任院长，而这一天正是钱学森回到祖国整整一周年的日子。钱学森用行动证明了在他离开的时候加州理工学院杜布里奇先生意味深长地说过的那句话：“钱学森回国绝不是去种苹果树的。”

研究院虽然成立起来了，但当时年轻的共和国工业门类残缺不全、人才奇缺、资金困难、科研实验室几近为零，要在这样一个一穷二白的状态下发展导弹，艰辛可想而知。然而在聂荣臻提出的“自力更生为主，力争外援和利用资本主义国家已有的科学成果”的建院方针下，包括任新民、梁守槃、庄逢甘等在内的一大批科技精英组成了中国的导弹团队，戮力同心，勇敢地朝着导弹这座科技高峰攀登。30年后，提起国防部第五研究院的成立，钱学森曾感慨万千地说：“这在中国历史上是一件大事……老人要记住，也要让后来人知道，这是很重要的事。”也正是这样一个神秘的“老五院”，为共和

1956年，钱学森受命负责组建我国第一个导弹研究机构——国防部第五研究院，图为国防部第五研究院旧址

国的导弹研制事业拉开了大幕，从事着提高中国国防实力和国际地位的神圣事业。

与此同时，中国领导人也在不断地向社会主义阵营的兄弟国家苏联寻求帮助。几经交涉，1957 年 12 月 24 日，两枚苏制 P-2 弹道导弹秘密运到北京。有了这两枚导弹，钱学森带领着这批中国航天事业的创业者们团结一心、艰苦奋斗，在科学研究这片没有硝烟的战场上奋勇拼杀。只要有时间，他就会到各研究室检查工作、讨论问题，每逢遇到年轻人请教问题，他总是有问必答、条理清晰。最终，技术人员们慢慢摸清了 P-2 导弹的设计结构和性能，逐渐消化了先进技术，为将来独立自主研发打下了基础。

基础打牢了，研制导弹的战斗很快就打响了。1958 年 6 月，毛泽东在军委扩大会议上豪迈地说："搞一点原子弹、氢弹、洲际导弹，我看有十年功夫是完全可能的。"听到毛主席的期待，航天人恨不得不吃不睡，尽快把导弹造出来。他们精神极度紧张，脑力、体力超负荷支出，但所有人都无怨无悔，喊出了悲壮的口号："生在老五院，死在八宝山！"

眼看导弹就要仿制成功，苏联却宣布终止援华，所有苏联专家奉命回国。在此之后的国防部第五研究院党委扩大会议上，钱学森动情地对大家说："现在国家遇到来自多方面的困难，国外压我们，国内经济困难。但是我们绝大多数人决不会动摇对祖国、对党的信心。我们一定会在撤走专家的压力面前挺直腰杆，通过努力建立起我们自己的导弹事业。请聂帅转告中央放心，苏联压不倒我们，一定要搞出'争气弹'！"

苏联专家撤走后，航天人的创业更加艰辛，科研人员碰到问题，专家们挨个给他们上课。夜深人静时，全体科研人员都在伏案整理笔记，办公楼的灯光总是彻夜通明。所有人都在没日没夜地苦学和苦读，以至于深夜动员大家回宿舍睡觉、休息，成为让领导每天头疼的任务。功夫不负有心人，经过一系列试验，1960 年 10 月 23 日，我国仿制的第一枚 1059 导弹从北京出发，

1960 年 11 月 5 日，钱学森协助聂荣臻成功组织了我国第一枚近程地地导弹的发射任务。该导弹是我军武器装备和航天发展史上一个重要的里程碑，它向世界证明中国可以造出导弹武器

运往酒泉导弹试验基地。11 月 5 日 9 时 2 分，炽热的太阳从霞光中跃出，茫茫大漠在一片寂静中等待着，随着一声发射口令，1059 导弹烈焰喷发、势如狂飙地向目标区域飞去，7 分钟后，弹头落在距发射台 550 公里的目标区。这一天，是苏联专家撤走后的第 85 天，伟业自此奠基。后来按上级指示，1059 导弹改名为“东风一号”。

（三）导弹重器振国威

1964 年 10 月 16 日，中国第一颗原子弹在罗布泊爆发出惊天动地的巨响，蘑菇云拔地而起。气急败坏的美国人无法相信，只能狂妄地预言：“中国五年内不会有原子弹运载工具，没有足够射程的导弹，原子弹也无从发挥作用。”有的媒体也附和道：“有弹没枪，一通瞎忙。”实际上，钱学森早就认识到，导弹没有核装置，就形成不了杀伤破坏能力；同样，核装置没有导弹相辅，也不具有威慑力，两者缺一不可。因此，“造枪”工作在钱学森的亲自指挥下进行。导弹和原子弹的“两弹结合”并不容易，要在“东风二号”导弹的基础上进行方案性的设计修改。终于，1966 年 9 月，4 枚东风二号甲导弹开始在中国西部的大漠中准备“两弹结合”试验。经过一次空爆试验、两次“冷试”、一次“热试”，全部试验成功后，钱学森感到一切准备工作就绪，这才上报中央专委，等待下达试验命令。

1964 年，钱学森同张爱萍一起组织指挥了我国第一枚改进后的中近程导弹“东风二号”发射试验

在得到毛泽东的批准后，10 月 25 日，聂荣臻乘专机飞往西北发射场，主持我国第一次导弹核武器发射试验。27 日，发射场天气阴转多云，狂风卷起黄沙，铺天盖地，突然接到了远在新疆的核试验基地报告：核导弹的预定弹着区 3000 米高空，出现了一股六七级西南向强风。此时，指挥大厅静得出奇，聂荣臻经过与在场的钱学森等专家紧急磋商后，坚定地认为：影响不大，可以按计划发射。

惊心动魄的时刻终于来临。1966 年 10 月 27 日 9 时，挺立的发射塔架一层一层打开，像一只展翅欲飞的大鹏。突然，塔架下面腾起灼目的烈焰，我国第一颗装有核弹头的地地导弹拔地而起，直插天空，9 分 14 秒后，核弹头在罗布泊的预定位置爆炸，“两弹结合”试验获得圆满成功！

聂荣臻激动地与钱学森热情拥抱在一起，并立即向等在电话旁的周恩来总理作了汇报。周恩来眼含热泪，喊着说：“请转告科学家们，你们又一次响亮回答了世界！”第二天，全国各大报纸都在一版头条发表了新华社的《新闻公报》：1966 年 10 月 27 日，中国在本国的国土上，成功进行了导弹核武器的试验。导弹飞行正常，核弹头精确地命中目标，实现核爆炸。

从原子弹爆炸成功到核导弹试验成功，美国用了 13 年，苏联用了 6 年，而中国只用了 2 年！中国闪电般的进步，像神话一样不可思议，震撼了全世界。

1966 年，钱学森协助聂荣臻组织实施了我国首次导弹与原子弹“两弹结合”试验并取得成功，把我国国防现代化建设向前推进了一大步

钱学森主持制定了《我国地地导弹发展途径的意见》，科学规划了我国中近程、中程、中远程和洲际导弹的长远发展。钱学森领导建立了我国的战略导弹作战指挥体系，在抓东风五号洲际导弹研制的同时，积极进行潜射弹道导弹的研制。钱学森还亲自领导设计制造了我国第一艘核动力鱼雷潜艇，并正式列入海军战斗序列，命名为中国人民解放军“长征一号”艇，使中国成为世界上第五个拥有核潜艇的国家。钱学森参与组织领导了我国第一次潜艇水下发射导弹试验，成为继我国成功地制造了原子弹、氢弹、导弹、人造卫星、核潜艇以后，在国防尖端科学技术领域取得的又一重大成就。

（四）抬头仰望中国星

早在 1964 年，在领导我国导弹研制工作的同时，钱学森就与地球物理

1974 年 8 月 1 日，钱学森领导设计制造的我国第一艘核动力鱼雷潜艇正式列入人民海军战斗序列，命名为中国人民解放军“长征一号”艇

1980 年 5 月，钱学森参与组织领导了我国洲际导弹“东风五号”第一次全程飞行试验

1982 年 10 月，钱学森参与组织领导了我国第一次潜射固体导弹试验

学家、空间物理学家赵九章约定，以个人名义向中央“分头做些工作”，建议把发射卫星列入国家任务。1968 年，钱学森兼任中国人民解放军第五研究院院长后，开始运筹帷幄、星空布棋，制定了具有远见的空间发展规划。从此，一颗又一颗华夏之星飞向天穹。

研究院建立起来了，首要考虑的是建立卫星总体设计部。总体设计部作为重大工程研制项目负责人的参谋部，是钱学森系统工程思想的核心内容。而谁又能担任卫星总体设计部的领导呢？钱学森经过深思熟虑，点将了年仅 38 岁的导弹总体设计部副主任孙家栋。在这之后，钱学森每周总要抽空和研究院的科研人员一起研究重大的技术问题。孙家栋后来回忆说：“作为卫星研制的总体技术负责人，我遇到困难便及时请教钱老。在他的指导下，各个系统都攻克了一系列技术难关。”

1970 年 3 月，“东方红一号”卫星和“长征一号”运载火箭正式出厂。在一系列紧张的谋划和准备工作之后，4 月 23 日深夜，钱学森屋里的灯光依然亮着。此时，他作为卫星发射的现场总指挥，在静静的夜幕下，凝望着天际繁星心潮澎湃，手上的笔似有千钧重。他深知这一笔责任重大，即将震惊世界。思虑良久，他终于在“东方红一号”卫星的发射任务书上工工整整地签上了自己的名字。

1970 年，钱学森组织实施了我国第一颗人造地球卫星“东方红一号”卫星发射任务，成为新中国科技发展史上的一座里程碑

卫星发射时间预定在 4 月 24 日，随着发射的临近，时间好像放慢了脚步。聚光灯将发射场映照得有如白昼，巍峨的运载火箭屹立在塔架旁边。随着现场指挥的一声令下，伴随着一声巨响，两颗红色信号弹飞速升起，长征一号火箭在巨大的轰鸣声中徐徐飞向太空。21 时 28 分，不断从现场指挥所中传来“星箭分离”“卫星入轨”的特大喜讯。发射场沸腾了，欢呼声、口号声连成一片。而当卫星运行第二圈飞过喀什上空时，酒泉导弹试验基地的收音机突然唱起了“东方红，太阳升”这一熟悉的旋律，人们高兴得欢呼雀

1971 年 3 月，钱学森组织完成了“实践一号”卫星发射试验，首次获得我国空间环境探测数据，为我国研制应用卫星、通信卫星积累了经验

1984 年 4 月，钱学森参与组织领导了我国第一次地球静止轨道试验通信卫星“东方红二号”发射任务

1975 年，钱学森指挥发射了我国第一颗返回式卫星，使我国成为世界上第三个掌握卫星回收技术的国家

跃、热泪盈眶、相互拥抱，钱学森来到这欢乐的人群中，看到多年奋斗的梦想变成了现实，再也抑制不住激动的心情，流下了幸福的泪水。

钱学森站在世界科技前沿，以他的远见卓识，从战略和全局的高度谋划我国科学技术发展特别是航天发展的重大问题，为我国导弹、航天事业发展做出了许多具有里程碑意义的贡献。钱学森向中央提出了我国人造卫星研究计划及卫星发展的“三部曲”，一边抓卫星发射，一边抓空间技术发展的长远规划，特别是空间技术为国防服务的规划。他领导和主持了空间技术研究院《人造卫星、宇宙飞船十年发展规划（草案）》和《第四个五年发展空间技术计划设想》的制定工作，将政治卫星、侦察卫星、导航卫星、通信卫星、返回式卫星、载人飞船等的发展规划和节奏进行详细部署。

沿着钱学森描绘的美好蓝图，经过半个多世纪的发展，我国航天事业以较少的投入，在较短的时间内，取得了举世瞩目的辉煌成就，在世界高科技领域占有了一席之地。运载火箭和卫星技术达到国际先进水平；载人航天和深空探测取得重大突破；我国首次月球探测工程取得成功，开启了中国人走向深空探索宇宙奥秘的时代；航天员出舱和空间交会对接，实现了对我国空间技术发展具有里程碑意义的重大跨越。这些成功改变了中国的国运，也极大地影响了世界格局。

正是因为利用人民解放军大兵团作战的组织管理方法，在国防工程建设上，将我们党所独有的民主集中制运用到研制的全过程中，团结所有可以凝聚起来的力量，“两弹一星”的事业，最终取得了成功。今天看来，在当时的条件下，钱学森就已经把科学技术创新、组织管理创新与体制机制创新有机结合起来，实现了综合集成创新，走出了一条发展中国航天事业的自主创新之路。因此，钱学森不仅是杰出的科学家，也是杰出的管理学家。

三、运筹帷幄　指引未来新发展

钱学森不仅是一位科学家，也是一位思想家。他曾说：“‘两弹一星’工程所依据的都是成熟理论，我只是把别人和我经过实践证明可行的成熟技术拿来用，这个没有什么了不起，只要国家需要，我就应该这样做。系统工程与总体设计部思想才是我一生追求的。”纵观钱学森的一生，会发现系统工程思想是伴随着钱学森一生的经历而缘起、形成和发展的，也是他在各个领域思想成就的集中体现。

文汇报
WENHUI BAO
大庆油田吸收一批优秀工程技术人员入党
上海港打了一场安全质量翻身仗
组织管理的技术——系统工程
我国对外贸易今年又有新发展
本市连日开展卫生突击活动

1978年，钱学森、许国志、王寿云在《文汇报》发表《组织管理的技术——系统工程》一文，在我国掀起了学习和应用系统工程的热潮

（一）开创中国系统工程学派

钱学森在组织实施导弹研制工作中，就成功运用了“工程控制论”的思想，研究制定了一整套适合中国国情的大型科技工程的组织管理方法。航天工程与国家政治和国防安全联系紧密，具有显著的社会和经济效益。面对航天工程规模庞大、技术复杂、质量可靠性要求高、耗资大、研制周期长等特点，如何把众多人员、众多单位组织起来，做

到合理取舍，统筹好系统局部与整体的关系，研制出用户满意的型号等，需要有一套科学、有效的组织管理技术和方法，这为钱学森认为“系统工程是一套组织管理技术”提供了实践基础和思想来源。正如上海交通大学出版社出版的《论系统工程》所述——“钱学森在开创中国航天事业的过程中，也开创了一套既具有中国特色又具有普遍科学意义的系统工程管理方法与技术。”

航天系统工程的成功实践，证明了系统工程理论与方法的科学性和有效性，它不仅适用于自然工程，同样也适用于社会工程。1978 年，钱学森将几十年来从事航天科研和生产管理的经验加以提炼总结，并延伸到社会建设的组织管理中，同许国志、王寿云在《文汇报》上发表了一篇具有划时代意义的文章——《组织管理的技术——系统工程》，第一次较为明确地定义了对中国系统工程的早期认识，在国内引起了强烈反响，掀起了中国研究系统工程的热潮，开创了中国系统工程学派。

（二）创建现代科学技术体系

1947 年之前，自然科学界普遍认为自然科学有基础科学和工程技术两个层次。到了 1947 年，钱学森提出，由于现代科学技术的发展，自然科学还分为两个层次已经不恰当了，应该是三个层次，在基础科学和工程技术之间，还应增加一个层次，叫技术科学。1979 年，钱学森又进一步扩展，认为社会科学也同样有三个层次。1979 年 10 月，在北京举行的系统工程学术讨论会上，钱学森发表了《大力发展系统工程，尽早建立系统科学的体系》（1979）一文，在文中提出了现代科学技术体系。这个体系可概括为“三个层次、一个桥梁”的框架：最接近社会实践的是工程技术，对工程技术进行概括提炼而得到的、为工程技术直接提供理论指导的是技术科学，对技术科学进行概括提炼而得到的、为技术科学直接提供理论指导的是基础科学，再上一个层次、对基础科学进一步概括提炼而得到的是沟通科学技术与哲学的

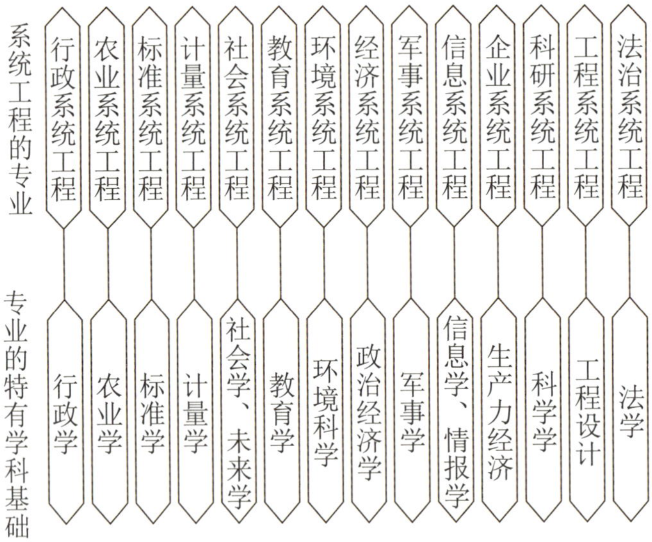

钱学森在《大力发展系统工程，尽早建立系统科学的体系》一文中提出的 14 类系统工程

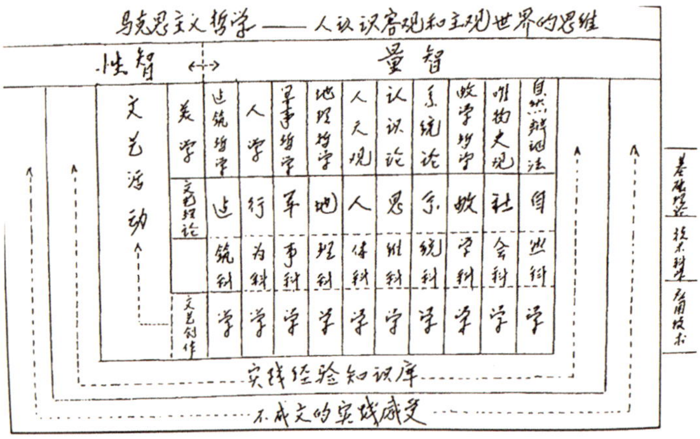

钱学森提出了“现代科学技术体系结构”，将现代科学技术作为一个整体系统研究

桥梁，即该部门的哲学分论。

在这个体系中，不同领域、不同学科、不同层次的知识相互关联、相互影响、共居一体，并且将随着科学技术的发展而发展。现代科学体系的构想和框架是一个开放的矩阵式纵横交错的系统。纵向分为三个层次：最高层次是马克思主义哲学，最低层次是现代科学技术的 11 大部门，通过中间的 11 座“桥梁”把马克思主义哲学与 11 大科学技术部门连在一起。从横向上看，

这 11 大科学技术部门分别是：自然科学、社会科学、数学科学、系统科学、思维科学、人体科学、地理科学、军事科学、行为科学、建筑科学和文艺理论。在每一个科学技术部门里，都包含着认识世界和改造世界的知识。科学是认识世界的学问，技术是改造世界的学问，而工程是改造客观世界的实践。从这个角度看，自然科学经过几百年的发展已形成了三个层次的知识结构，这就是直接用来改造世界的工程技术；为工程技术直接提供理论方法的技术科学；再往上一个层次就是揭示客观世界规律的基础理论，也就是基础科学。因此每个科学技术部门又分别划分为基础科学、技术科学、工程技术三个层次。辩证唯物主义是人类对客观世界认识的最高概括，反映了客观世界的普遍规律。它不仅是知识，还是人类智慧的最高结晶。辩证唯物主义与各科学技术部门相对应的 11 座“桥梁”分别是：自然辩证法、唯物史观、数学哲学、系统论、认识论、人天观、地理哲学、军事哲学、人学、建筑哲学和美学。这就使辩证唯物主义建立在科学的基础上，它既可以指导科学技术研究，又随着科学技术进步而不断丰富和发展；既把哲学和科学统一起来了，也把理论和实践统一起来了。

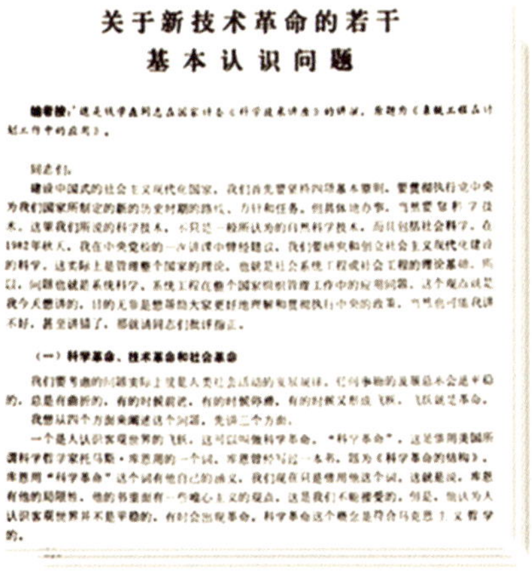

关于新技术革命的若干
基本认识问题

（一）科学革命、技术革命和社会革命

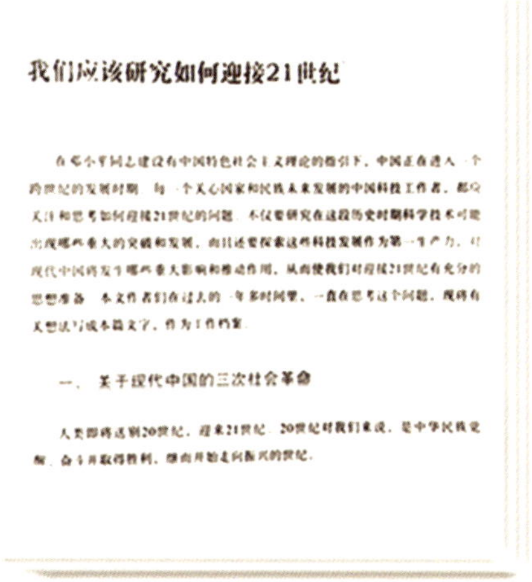

我们应该研究如何迎接21世纪

一、关于现代中国的三次社会革命

钱学森研究科学技术对 21 世纪中国发展的影响

1988 年 10 月，钱学森曾说：“要进行社会主义建设，改造客观世界，就必须运用人类通过实践认识客观世界所积累的知识，而其中一个重要组成部分就是现代科学技术的整个体系。”1991 年 10 月 16 日，钱学森在授奖仪式上说：“我认为今天科学技术不仅仅是自然科学工程技术，而且是人类认识客观世界、改造客观世界的整个知识体系，而这个体系的最高概括是马克思主义哲学。我们完全可以建立起一个科学体系，而且运用这个科学体系去解决中国社会主义建设中的问题。”他最后还语重心长地表示：“我在今后的余生中就想促进一下这件事情。”

从整个现代科学技术体系出发，1981 年钱学森在《系统工程理论与实践》发表的《再谈系统科学的体系》一文中，给出了系统科学学科体系。

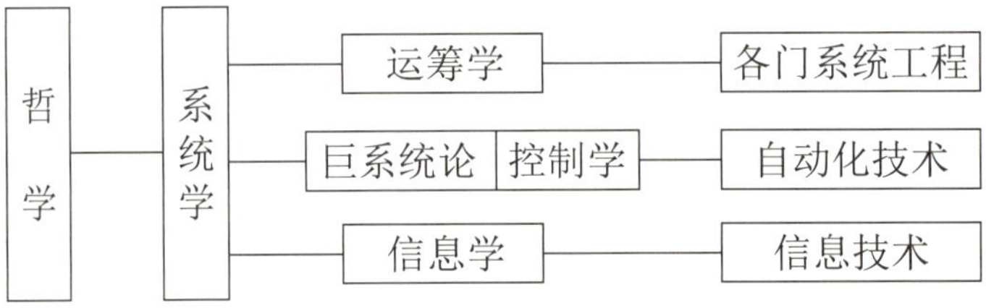

钱学森提出的系统科学学科体系

为进一步发展系统科学，在钱学森的倡议和主导下，于 1986 年初在原航天 710 所（中国航天系统科学与工程研究院前身）创建了“系统学讨论班”。在开班当天，钱学森再次对系统科学的体系结构作了叙述，“系统科学的工程技术就是系统工程、自动控制等；技术科学层次是运筹学、控制论、信息论；将要建立的基础科学是系统学；系统科学到马克思主义哲学的桥梁就是系统论。系统科学就是这样一个体系”。“系统学讨论班”持续了七年半的时间，钱学森每次都亲自参加，风雨无阻，并在每次讨论的最后做系统的总结与评述。讨论班吸引了全国各地不同领域的专家学者参加，就与系统学有关的学科理论，如动力系统理论、混沌理论、现代控制理论、耗散结构理论、协同学、超循环理论、突变论、模糊数学、人工智能、医学、脑科学、思维科学、数量经济学、定量社会学、生态学、地理科学、作战模拟、军事科学、优化理论等的最新进展，都组织了学术报告和讨论。

从 1986 年开始，钱学森在航天 710 所（中国航天系统科学与工程研究院）举行“系统学讨论班”，研究建立系统学。图为钱学森（前排右一）在系统学讨论班上发言（前排左一为于景元）

在此基础上，钱学森给出了现代科学技术体系的矩阵结构，又提出了系统科学体系结构。

钱学森提出的系统科学体系结构

哲学总论	辩证唯物主义
哲学分论	系统论
基础科学	简单巨系统学、复杂巨系统学
技术科学	运筹学 、控制论、博弈论、事理学
工程技术	系统工程、自动化技术、从定性到定量综合集成工程

钱学森的系统思想在科学技术体系中的体现，最核心之处是：基于各门科学研究的对象都是统一的物质世界，区分只是研究的角度不同。曾主持“系统学讨论班”的于景元研究员认为：“钱老作为一位大科学家，他的知识结构不仅有学科和领域的深度，又有跨学科、跨领域的广度，还有跨层次的高度。如果把深度、广度和高度看作是三维结构的话，那么钱学森就是这样的一位三维科学家。”这也体现出钱学森科技泰斗的本色。“系统学讨论班”无疑为创建系统科学体系起到了重要作用。钱永刚教授在中国航天系统科学与工程研究院作报告时讲到：“钱学森晚年最大的两个亮点思想都是在710所完成的，这里是诞生辉煌成就的地方。”不仅如此，“系统学讨论班”也将国内系统工程的发展推向高潮，使系统工程思想辐射到了全国各地、诸多领域，培养了一大批系统工程研究和实践人才。中国人民大学钱学敏教授曾说：“钱学森系统科学思想的精华和主线，渗透和贯穿于他系统思想的各个方面，用系统科学的思想来具体研究航天系统、治理国家。这样的思想，我是怎么得来的呢？其实，还是在航天710所的‘系统学讨论班’里学来的。”原中国系统工程学会理事长顾基发研究员也说“回到710所有回娘家的感觉”。北京师范大学系统科学学院副院长韩战钢教授表达了同样的感受，他的系统思想源于航天710所创建的“系统学讨论班”。

（三）绘总体设计部建设蓝图

20世纪50年代后期，钱学森在主持国防部五院工作时，意识到搞国防尖端技术，要耗费如此之大的社会劳动，靠一个总工程师或总设计师加上几个副总设计师，很难应付复杂的抓总工作，必须成立一个多学科配套、专业齐全、具有丰富研制经验的高技术科技部门，为领导提供技术参谋，于是就建立了总体设计部。后来，总体设计部成为航天系统工程的计划领导人对整个航天计划实施科学领导所必不可少的参谋机构。中国航天科技集团公司科技委副主任郭宝柱在《中国航天系统工程探讨》一文中写道："中国航天在载人火箭、人造卫星、宇宙飞船和导弹武器的研制实践中成功地发展形成了一套有效的系统工程方法，包括总体设计部、研制程序、工作分解结构、技术状态控制和阶段评审等。"

钱学森深深感到我国的"两弹一星"之所以能够取得举世瞩目的成就，为国争光、为民争气，总体设计部发挥了重大作用。周恩来总理生前就一直期望把这套经验推广到国民经济建设中去。1979 年，钱学森根据他在"两弹一星"研制中总体设计部的成功经验，研究了社会的发展规律，按照系统工程的设计原则，提出了建立国民经济总体设计部的建议。钱学森运用整体观和系统科学的方法，综合分析了我国社会主义建设的系统结构，认为从总体上，大致可分为四个领域、九个方面，即"社会主义政治文明建设，包括民主建设、体制建设和法制建设；社会主义物质文明建设，包括经济建设和人民体质建设；社会主义精神文明建设，包括思想建设和文化建设；社会主义地理建设，包括环境保护和生态建设、基础设施建设"。从上述分析可知，我国的社会主义建设是一个非常复杂的开放的巨系统，要以经济建设为中心，又必须使各个方面协调发展、相互配合、相互促进，只有这样才能获得较高的工作效率，取得预想的成就。为此，钱学森提出设置专门从事社会主义建设的总体设计部，对这四大领域、九个方面的工作和问题，进行总体分析、总体论证、总体设计、总体规划、总体协调，抓住关键，提出现实可行的各种配套方针政策和发展战略，为决策者和决策部门提供科学的决策方案。社会主义建设的总体设计部是国家建设的顶层设计，实际上是一项总体设计的系统工程。

20 世纪 70 年代后期到 80 年代，钱学森首先把总体设计部经验推广到军队装备建设工作中，在中国人民解放军总部、海军、陆军、空军和第二炮兵的建制中陆续地建立起名为"系统所""综合所""运筹所""论证中心"

和“总体论证所”等新型研究机构，对我军武器装备与部队建设发挥了重要作用。1983 年 11 月 16 日，钱学森应邀在国家经济体制改革委员会作了报告，报告最后他讲道：“为了把系统工程用于国民经济的管理，我国需要建立国民经济和社会发展的总体设计部。现在各方面提出的发展战略很多，有这个战略、那个战略，各说各的，但没有一个综合性的总体发展战略。因此，需要成立总体设计部，作为一个国务院的实体，而不是专家座谈会。这个实体要吸收多方面的专家参与，把自然科学家、工程师和社会科学家结合起来，收集资料，调查研究，进行测算，反复论证，使各种单项的发展战略协调起来，提出总体设计方案，供领导决策。有人认为，社会科学的研究成果，就是写出文章，这是不对的。作为国民经济和社会发展的总体设计，应当像工程设计那样，要有设计蓝图，并由总设计师在上面签字，以示负责，就像我们航天工程那样，如果根据设计制造、发射的卫星，出了故障，不但批准这项工程的领导人要负责，总设计师也要负责。总之，国民经济和社会发展的总体设计部是党中央、国务院决策的参谋机构，在实施我国计划体制改革中，千万不要少了这一招棋。”

1990 年，钱学森又从党和政府宏观决策科学化的角度，提出了建立社会主义建设总体设计部的建议，希望将系统工程的思想、理论、方法运用到国家治理之中。建立社会主义建设总体设计部及其体系的思想，是关系到决策科学化、民主化、程序化和管理现代化的大问题，是对系统的决策支持体制与机制的一种创新和改革，具有很强的实践性和现实性，同时又有深刻的理论背景以及现代研究方法的科学性。中央领导高度重视并充分肯定了钱学森的这一思想，并于 1991 年 3 月 8 日邀请钱学森等人在中央政治局会议上作了详细介绍。然而由于种种原因，钱学森的这个愿望直到他去世也没有能够实现，这也成为他一生的遗憾。但是其理论在价格政策、粮食补贴、计划生育、金融工程、三峡工程、沙草产业等诸多领域都发挥了重要作用，有力地促进了国防、经济、民生、环保等事业的发展，在国家重大决策咨询研究方面也取得了突出成就。可以说，建立社会主义建设总体设计部具有重要的现实意义，正如四川科学技术出版社出版的《钱学森学术思想》中所述，“建立社会主义建设总体设计部就是从整体上，运用系统科学的思想和方法去解决复杂的社会发展问题。它是科学、民主决策的咨询部。回望中华民族的历史，既有令人兴奋的辉煌成功，也有挥之不去的沉痛记忆。但是，任何失误莫过于总体设计、战略部署上的失误给民族带来的灾难深重。今天，我们有了总体设计部的思想和科学理论，并在许多方面取得了成功的实践经验。在此基础上，如果我们能够成功地建立起社会主义建设总体设计部，那么我国的政治和社会可能更加稳定，我国的社会主义建设事业可能更加顺利发展”。

（四）首创综合集成方法体系

20 世纪后期，钱学森在推广系统工程的过程中敏锐地意识到，人类所面临的系统，如社会经济系统、地理系统、人脑系统、人体系统，具有开放性。系统包含的子系统很多，子系统之间交互作用，通信方式复杂，从可观测的

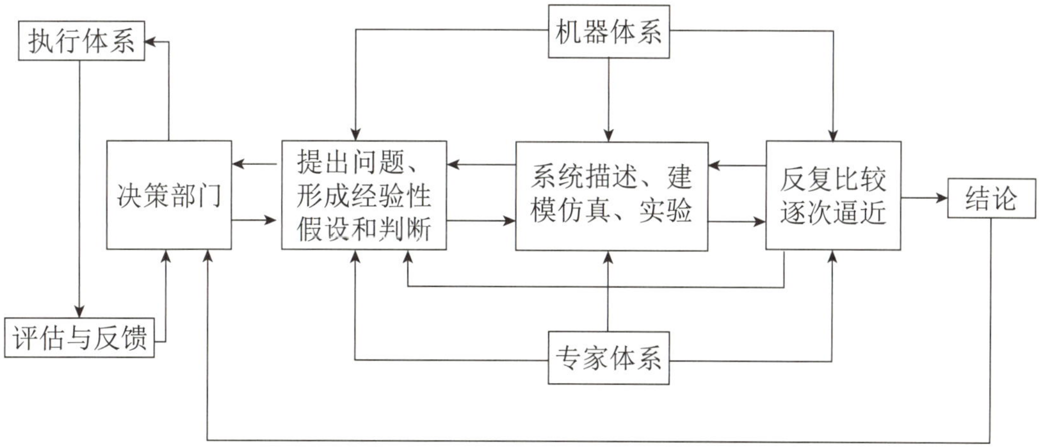

综合集成方法用于决策支持问题研究的示意图

整体系统到子系统的层次很多，用以往还原论的方法加以处理难以奏效。经过在“系统学讨论班”上对国内外系统科学发展的分析与研讨，以及国内从系统观点出发对宏观经济研究的基础上，钱学森等人在《一个科学新领域——开放的复杂巨系统及其方法论》一文中提出了“定性与定量相结合的综合集成方法”。为了从认识论上澄清，后来又改为了“从定性到定量综合集成方法”，这是钱学森系统思维和系统思想在方法论上的具体体现。

综合集成方法实质就是把专家体系、数据和信息体系以及计算机体系有机结合起来，构成一个高度智能化的人机结合、人网结合的体系，它的成功应用就在于发挥这个体系的综合优势、整体优势和智能优势，它能把人的思维、思维的成果、人的经验、知识、智慧以及各种情报、资料和信息统统集成起来，从多方面的定性认识上升到定量认识。

运用这个方法也需要系统分解，在分解后研究的基础上，再综合集成到整体，实现 1+1 > 2 的飞跃，达到从整体上研究和解决问题的目的，综合集成方法吸收了还原论方法和整体论方法的长处，同时也弥补了各自的局限性，它是还原论方法与整体论方法的辩证统一。

综合集成方法作为科学方法论，其理论基础是思维科学，方法基础是系统科学与数学科学，技术基础是以计算机为主的现代信息技术，实践基础是系统工程应用，哲学基础是马克思主义认识论和实践论。其中包括定性综合集成、定性定量相结合综合集成和从定性到定量综合集成三个过程，实质就是从定性综合集成提出经验性判断，到人机结合的定性定量相结合综合集成得到定量描述，再到从定性到定量综合集成获得科学结论。

1992 年，在“从定性到定量综合集成方法”的基础上，钱学森针对如何完成思维科学的任务——“提高人的思维能力”这个问题，进一步提出“从定性到定量综合集成研讨厅体系”。在这个概念中，研讨厅是专家们同计算机和信息资料情报系统一起工作的“厅”，是把专家们和知识库、信息系统、

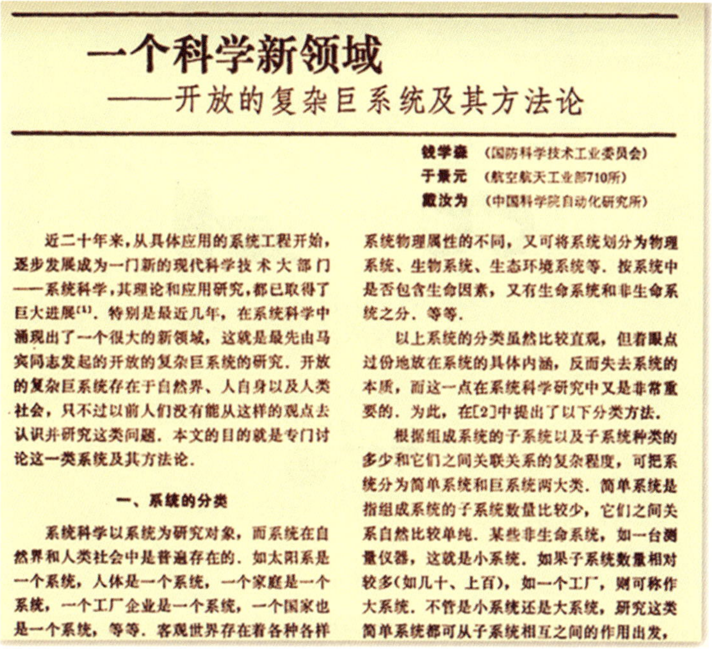

一个科学新领域
——开放的复杂巨系统及其方法论

钱学森 （国防科学技术工业委员会）
于景元 （航空航天工业部710所）
戴汝为 （中国科学院自动化研究所）

近二十年来，从具体应用的系统工程开始，逐步发展成为一门新的现代科学技术大部门——系统科学，其理论和应用研究，都已取得了巨大进展[1]．特别是最近几年，在系统科学中涌现出了一个很大的新领域，这就是最先由马宾同志发起的开放的复杂巨系统的研究．开放的复杂巨系统存在于自然界、人自身以及人类社会，只不过以前人们没有能从这样的观点去认识并研究这类问题．本文的目的就是专门讨论这一类系统及其方法论．

一、系统的分类

系统科学以系统为研究对象，而系统在自然界和人类社会中是普遍存在的．如太阳系是一个系统，人体是一个系统，一个家庭是一个系统，一个工厂企业是一个系统，一个国家也是一个系统，等等．客观世界存在着各种各样系统物理属性的不同，又可将系统划分为物理系统、生物系统、生态环境系统等．按系统中是否包含生命因素，又有生命系统和非生命系统之分．等等．

以上系统的分类虽然比较直观，但着眼点过份地放在系统的具体内涵，反而失去系统的本质，而这一点在系统科学研究中又是非常重要的．为此，在[2]中提出了以下分类方法．

根据组成系统的子系统以及子系统种类的多少和它们之间关联关系的复杂程度，可把系统分为简单系统和巨系统两大类．简单系统是指组成系统的子系统数量比较少，它们之间关系自然比较单纯．某些非生命系统，如一台测量仪器，这就是小系统．如果子系统数量相对较多（如几十、上百），如一个工厂，则可称作大系统．不管是小系统还是大系统，研究这类简单系统都可从子系统相互之间的作用出发，

1990 年，钱学森、于景元、戴汝为发表文章《一个科学新领域——开放的复杂巨系统及其方法论》，给出了认识和解决开放复杂巨系统问题所应遵循的方法论

人工智能系统、高速计算机等像作战指挥厅那样组织起来，形成巨型的人机结合的智能系统。

“从定性到定量综合集成方法”被许多专家学者认为是钱学森晚年最具亮点的创新之一。戴汝为院士认为：“1990 年钱学森先生发表的《一个科学新领域——开放的复杂巨系统及其方法论》开创了我国科学家在系统科学和复杂性研究领域中的新领域，为十年后蓬勃发展的国际互联网和在中国大地上兴起的数字城市所证实。1992 年，他适时提出综合集成研讨厅的构思，至今经过我们两代科学家的努力，通过智能技术已经建成综合集成研讨厅体系。‘我们比他们（司马贺先生和 SFI 的研究人员）高一个层次’，从而走在了国际复杂性研究的前列。”北京大学冯国瑞教授认为：“从定性到定量综合集成方法是现代科学的基本方法，特别是交叉科学的重要的一般的科学方法和科学方法论。这个认识方法是中国人的独创，它是马克思主义哲学与现代

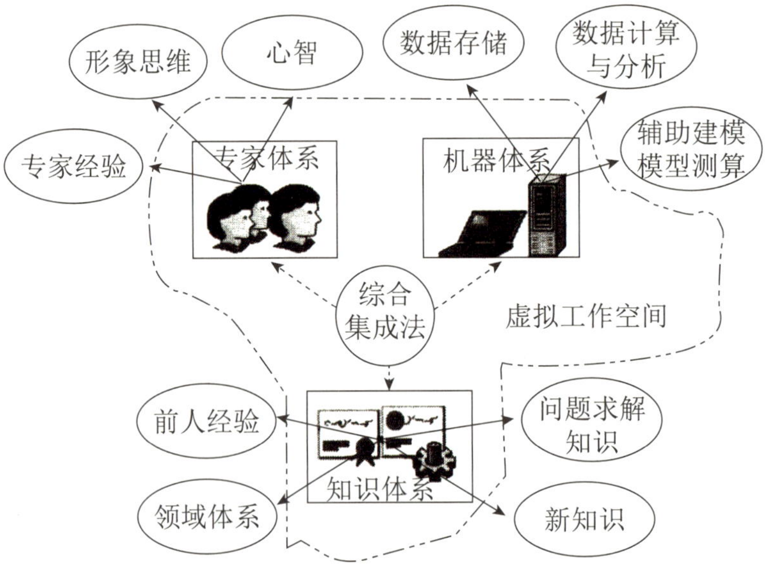

20 世纪 90 年代初，钱学森提出了用于解决复杂巨系统问题的方法——“从定性到定量综合集成方法”及其实现形式“从定性到定量综合集成研讨厅体系”，图为从定性到定量综合集成研讨厅体系示意图

科学特别是交叉科学前沿领域综合交叉的产物。这一方法不仅为中国科学界、哲学界所公认，而且正得到世界范围内越来越多的科学家、哲学家的首肯。”

（五）倡导开展大成智慧工程

20 世纪 80 年代，复杂性科学研究在世界范围内广泛兴起，引起了学术界的高度重视，被誉为“21 世纪的科学”，也被誉为系统科学发展的新阶段。钱学森在研究和总结国内外有关研究、实践的进展和发展态势的基础上，通过讨论班、学术会议以及与众多专家、学者的学术讨论，提出了许多创新的科学思想和方法，并发表了大量文章和出版了多部著作。在大量的理论研究和实证研究的基础上，终于取得了里程碑意义的原创性成果：《一个科学新领域——开放的复杂巨系统及其方法论》，文中“开放的复杂巨系统的动力学”比较全面地论述了开放的复杂巨系统的概念和用来处理开放的复杂巨系统问题的方法论——从定性到定量综合集成法，产生了广泛的学术影响。在这之后，钱学森不断从理论和实践方面进行深化和拓广，经过多方面的深化研究，提出了“大成智慧工程和大成智慧学”，这是开放的复杂巨系统理论和方法论的进一步发展。把人的思维，思维的成果，人的知识、智慧及各种情报、资料、信息统统集成起来，进一步发展，将大成智慧工程在理论上提

关于大成智慧教育的书籍

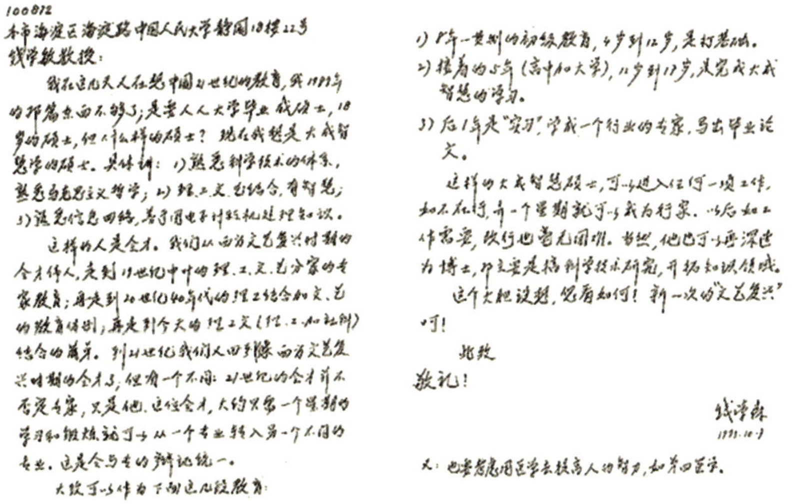

100872
本市海淀区海淀路中国人民大学静园18楼22号
钱学敏教授：

我在这几天人在想中国21世纪的教育，我1989年的那篇东西不够了；是要人人大学毕业成硕士，18岁的硕士，但什么样的硕士？现在我想是大成智慧学的硕士。具体讲：1）熟悉科学技术的体系，熟悉马克思主义哲学；2）理、工、文、艺结合，有智慧；3）熟悉信息网络，善于用电子计算机处理知识。

这样的人是全才。我们从西方文艺复兴时期的全才伟人，走到19世纪中叶的理、工、文、艺分家的专家教育；再走到20世纪40年代的理工结合加文、艺的教育体制；再走到今天的理工文（理、工、加社科）结合的萌芽。到21世纪我们又回到像西方文艺复兴时期的全才了，但有一个不同：21世纪的全才并不否定专家，只是他、这位全才，大约只需一个星期的学习和锻炼就可以从一个专业转入另一个不同的专业。这是全与专的辩证统一。

大致可以作为下列这几段教育：

1）8年一贯制的初级教育，4岁到12岁，是打基础。
2）接着的5年（高中加大学），12岁到17岁，是完成大成智慧的学习。
3）后1年是“实习”，学成一个行业的专家，写出毕业论文。

这样的大成智慧硕士，可以进入任何一项工作，如不称行，有一个星期就可以成为行家。以后如工作需要，改行也毫无困难。当然，他也可以再深造为博士，那主要是搞科学技术研究，开拓知识领域。

这个大胆设想，您看如何！新一次的“文艺复兴”呵！

此致
敬礼！

钱学森
1993.10.7

又：也要考虑用医学去提高人的智力，如中西医学。

1993年10月7日，钱学森写给钱学敏教授关于大成智慧教育的信件

炼成一门学问，就是“大成智慧学”。钱学森从系统科学思想的视角，把人类的文化和科学技术，从整体上提升到新的高度，这也是钱学森系统科学思想23年发展的凝结。

2001年3月，钱学森在《文汇报》的专访中以“以人为主发展大成智慧工程”为题讲了他23年发展系统科学的体会：“23年来，系统工程和系统科学已经有了很大发展，我们已经从工程系统走到了社会系统，进而提炼出开放的复杂巨系统的理论和处理这种系统的方法论，即以人为主、人机结合，从定性到定量的综合集成法，并在工程上逐步实现综合集成研讨厅体系。将来我们要从系统工程、系统科学发展到大成智慧工程，要集信息和知识之大成，以此来解决现实生活中的复杂问题。”

纵观钱学森长达70年的科学生涯，跨越了3个不平凡的阶段：第1个阶段是1935年至1955年，在美国的这20年，是他系统工程思想缘起的阶段，钱学森以其出众的才华成为了那个时代科技前沿阵地的领军人物，这一阶段他的思想以《工程控制论》的出版为标志；第2个阶段是从1955年钱学森回到祖国直至1978年，是他系统工程思想形成的阶段；这20多年中，他将《工程控制论》中的系统调节与控制这一思维运用与发展至航天领域，在新中国一穷二白的工业基础上领导了“两弹一星”这一大规模科学技术工程，这一阶段，他的思想以《组织管理的技术——系统工程》一文发表为标志；第3个阶段是钱学森从国防科技工业领导岗位转入学术研究以后，这是他系统工程思想发展的阶段，在这近30年中，他密切关注中国政治、经济、科技、文化、教育的发展变化，全身心地投入到开创系统科学的研究中，并提出了系统工程的管理理论，继而又把它推广到了多个管理领域，开创了系统科学这一大的学科门类，这一阶段他的思想以《一个科学新领域——开放的复杂巨系统及其方法论》和《以人为主发展大成智慧工程》的发表为标志。这3个阶段构成了钱学森整个人生的华彩乐章。可以说，钱学森的系统工程思想是时代的产物，具有鲜明的时代特征。在钱学森的引导下，我国系统科学工作者在研究和应用方面都取得了重要成就，形成了中国系统科学的鲜明特色，与国外同行相比，独树一帜，屹立群伦。而这一切都离不开钱学森扎实的理论功底、丰富的科学技术知识、长期的重大工程实践经验以及丰富多彩的文学艺术思考。国际上将此定义为以钱学森、许国志为代表人物的“系统工程中国学派”，受到国际系统工程界的高度重视，H. 哈肯教授指出“系统科学是由中国学者较早提出的，我认为这是很有意义的概括，并在理解和解释现代科学，推动其发展方面十分重要”，并认为“中国是充分认识到了系统科学巨大重要性的国家之一”。

钱学森开创的中国航天事业与中国国防科技事业的成就是中华民族复兴历程中的一座丰碑，是近 100 年来中华民族从衰弱、受人欺侮到走向强盛的标志。他的学术思想是一座蕴藏着现代科学技术新思想的宝山，他的爱国精神更是令所有人敬佩。钱学森的百年人生展现的科学报国精神将永远激励所有人，希望每一个人都能找到属于自己系统的美好未来，胸怀祖国强盛、民族复兴的理想，为中华民族伟大复兴的中国梦奉献出自己的力量。钱学森先生是近代中国优秀知识分子的杰出代表，他从一名坚定的爱国者逐步成为一名共产党员，进而成为一名优秀的共产党员；从一位卓越的工程科学家、国防科技领军人物，成为我国系统科学的开拓者和奠基人，成为思想家和革命家。钱学森的科学成就与贡献来自于他坚定的政治信仰与信念，高尚的思想情操和品德。钱学森曾说：“我作为一名中国的科技工作者，活着的目的就是为人民服务。”从人民视野来看，钱学森是人民科学家。钱学森的成就与贡献不仅充分反映出他的科学创新精神，同时也深刻体现出他的科学思想与革命精神。

第二篇

荣誉

钱学森的杰出贡献和高尚品格得到全国人民乃至全世界的高度肯定和赞誉，他光辉的一生荣获国内外多项荣誉。2015 年正值钱学森归国 60 周年之际，中共中央组织部人才工作局、中共中央党史研究室宣传教育局和中国航天系统科学与工程研究院在人民大会堂隆重举行了“纪念钱学森同志归国 60 周年大会”，缅怀这位为人类社会发展做出杰出贡献的科学家。人们用各种形式来纪念钱学森，他永远活在人们的心中。

本篇分别介绍了钱学森所获的主要奖项和荣誉、国内外各界人士对钱学森的评价和“纪念钱学森同志归国60周年大会”的情况。

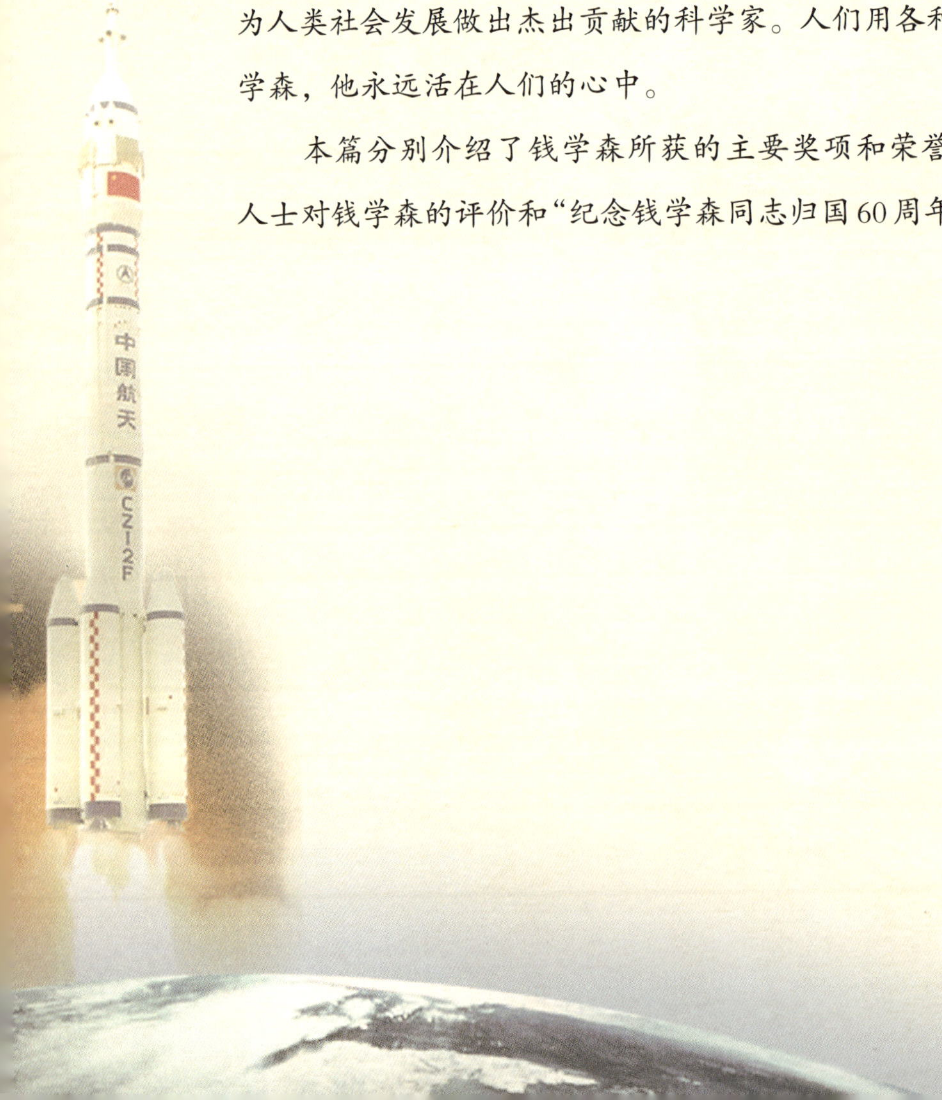

一、功勋卓著 享世界美誉

钱学森是我国伟大的人民科学家，是航天事业的开拓者、奠基人。他以赤胆忠诚的爱国情怀、卓尔不群的科学品质、无私无畏的价值追求，创立了具有中国特色的系统工程科学思想和实践理论，开创了中国航天事业发展篇章，引领了中国航天人走出一条独立自强、自主创新的发展之路。他胸怀科技报国梦想，坚定捍卫人类和平正义，以自己的聪明才智和满腔热血，在航空工程、空气动力学、薄壳稳定性、喷气推进技术等方面取得了举世瞩目的成就，为加速世界反法西斯战争的胜利，推动人类和平进步做出了重要贡献。有人说，伟人与大师几百年甚至上千年才出一位，但钱学森是真正的一代宗师，百年难遇，他用自己的一生践行着人类强大之梦，所获成就赢得各方赞誉。

（一）矢志科学 名扬美国

钱学森最好的青春年华可以说是在美国度过的。他矢志科学、胸怀祖国，为了更好地学习西方先进的航空理论和技术，钱学森于1935年远赴美国，并取得了许多重要成就。

钱学森到达美国不久，就参与了加州理工学院的火箭小组，并开始涉足该领域，发表了一系列具有重大影响的论著，包括：《以连续脉冲方式推进的探空火箭的飞行分析》《利用核能的火箭及其他热力喷气发动机——关于多孔反应堆材料的利用》《火箭和喷气推进的研究》《探空火箭最有推力规划》《火箭喷管的传递函数》《远程火箭飞行器的自动导航》《火箭发动机中燃烧的伺服－稳定》《从卫星轨道上起飞》等，这些论著奠定了钱学森国

1953 年，钱学森荣获彭德雷航天著述奖，图为彭德雷航天著述奖杯

际火箭领域知名科学家的地位，并于 1953 年被授予彭德雷航天著述奖。该奖项旨在表彰那些在航天领域做出重大贡献且著述丰厚的科学家，由于其他原因，钱学森并没有去领奖，该奖一直保存在加州理工学院。

钱学森在美国期间，有十多年的时间是在加州理工学院度过的，并于 1939 年获该校航空与数学博士学位，是该校古根海姆喷气推进中心的首任负责人，也是世界航天界鼎鼎大名的喷气推进实验室的创始人之一。1979 年，在中美正式建立外交关系的当年，钱学森获美国加州理工学院“杰出校友奖”（Distinguished Alumni Award），与三十多位诺贝尔奖得主共享这一最高荣誉，钱学森也没有到美国接受这份荣誉。直到 2001 年钱学森 90 岁生日时，钱学森在美国的好友 Frank E.Marble 教授受美国加州理工学院校长 D.Baltimore 委托，专程到北京将“杰出校友奖”的奖状和奖章当面颁发给钱学森。

由于钱学森在美国的杰出贡献，他于 1949 年当选为美国艺术与科学院院士——美国最高荣誉之一。

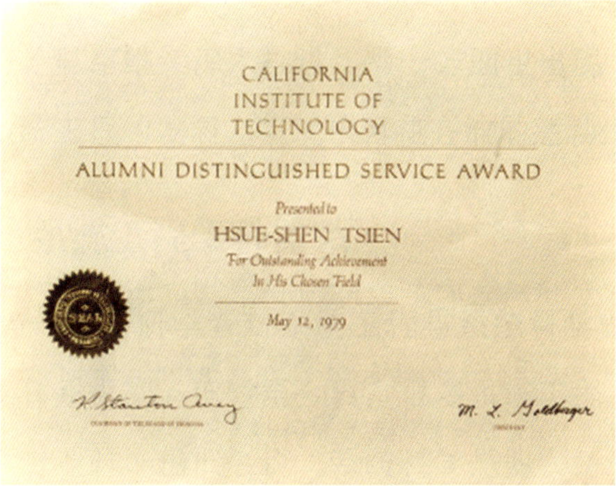

1979 年，钱学森获得的加州理工学院“杰出校友奖”
图为加州理工学院“杰出校友奖”奖章、证书

（二）献身伟业 荣耀中华

钱学森回国后，投身于新中国建设的伟大事业中，他在关键时刻为新中国的建设和发展做出了无法替代的贡献，为早期中国航天事业的发展做出卓绝的贡献，晚年又潜心对诸多学术领域进行思考和研究，并取得丰硕的成果，并于 1957 年被聘为中国科学院学部委员（1993 年改称“中国科学院院士”），1994 年被聘为中国工程院院士。

《工程控制论》是钱学森最重要的著作之一，首创把控制论推广到工程技术领域，把工程实践中经常运用的设计原则和试验方法加以整理和总结，

1957 年，钱学森被聘为中国科学院学部委员，图为中国科学院学部委员证书、徽章

取其共性，提高成科学理论，使科学技术人员获得更广阔的视野，用更系统的方法观察技术问题、指导千差万别的工程实践，是控制论的一部经典著作，刚出版便引起了控制领域的轰动，并形成了控制科学在 20 世纪 50 年代和 60 年代的研究高潮，有德文、俄文等译本。1957 年，《工程控制论》获中国科学院 1956 年度科学奖金一等奖。1958 年，中文版《工程控制论》出版。

1957 年，钱学森所著的《工程控制论》获中国科学院 1956 年度科学奖金一等奖，图为中国科学院科学奖金一等奖的奖状与奖章

为表彰在促进科学技术进步工作中做出重大贡献，特颁发此证书，以资鼓励。

奖励日期：一九八五年

证书号：85-K07-T-001-1

获奖者：钱学森

奖励等级：特等

国家科学技术进步奖评审委员会

1986 年，钱学森作为第一获奖人获得 1985 年度国家科技进步奖特等奖，图为国家科技进步奖特等奖证书

钱学森被誉为“中国航天之父”“中国导弹之父”，主持起草了《建立我国国防航空工业的意见书》，构筑了我国航天事业的基本框架，曾参与组织我国首枚液体探空火箭发射试验、首枚近程地地导弹发射试验、导弹与原子弹结合试验、“东方红一号”卫星发射与研制、洲际导弹发射试验、导弹

两弹一星功勋奖章
获奖专家名册
一九九九年九月十八日

证书
钱学森同志为我国研制"两弹一星"作出突出贡献，特授予两弹一星功勋奖章。
江泽民
一九九九年九月十八日

1999 年，钱学森获中共中央、国务院、中央军委颁发的“两弹一星功勋奖章”，图为“两弹一星功勋奖章”证书和奖章

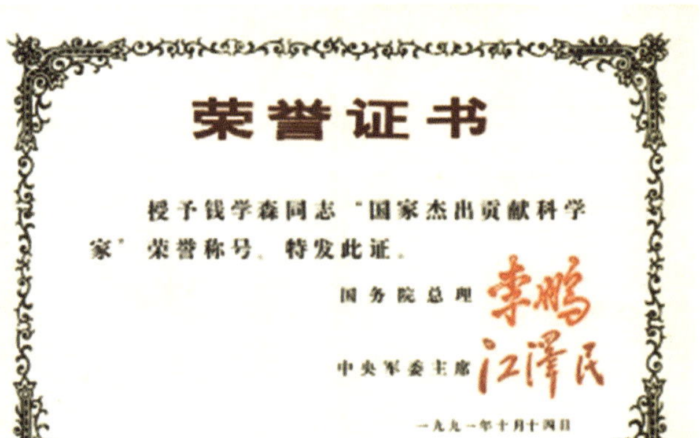
荣誉证书
授予钱学森同志"国家杰出贡献科学家"荣誉称号，特发此证。
国务院总理 李鹏
中央军委主席 江泽民
一九九一年十月十四日

1991 年，钱学森被授予“国家杰出贡献科学家”荣誉称号，图为“国家杰出贡献科学家”荣誉称号证书

1991 年，钱学森被授予解放军一级英雄模范奖章

航天测控网建设、空气动力试验中心建设、载人航天工程等一系列重大国防科研试验任务，为我国航天事业的发展做出了卓越的贡献。1985 年，钱学森因对中国战略导弹技术的贡献，作为第一获奖者和屠守锷、姚桐斌、郝复俭、梁思礼、庄逢甘、李绪鄂等获全国科技进步奖特等奖。1999 年，钱学森

与其他22位为我国“两弹一星”事业做出突出贡献的专家，获得由党中央、国务院和中央军委联合颁发的“两弹一星功勋奖章”。

钱学森不仅为中国航天事业做出了杰出贡献，他晚年的许多成果也为推动我国社会发展起到了重要作用。他创立的“从定性到定量综合集成方法”的理论及其实现形式，成为人们认识和解决开放复杂巨系统问题的有效途径；他提出的系统工程理论，已发展成在现代化建设中为取得长期和最佳整体效益而必须采用的科学方法。钱学森在教育、沙草产业和城市建设等多个领域的成就已被广泛应用于社会现代化建设当中，造福着神州大地。1991年10月16日，国务院、中央军委为表彰钱学森在发展我国科学技术和国防科技事业所做出的贡献，授予他“国家杰出贡献科学家”荣誉称号和一级英雄模范奖章，钱学森是唯一被授予“国家杰出贡献科学家”称号的专家。

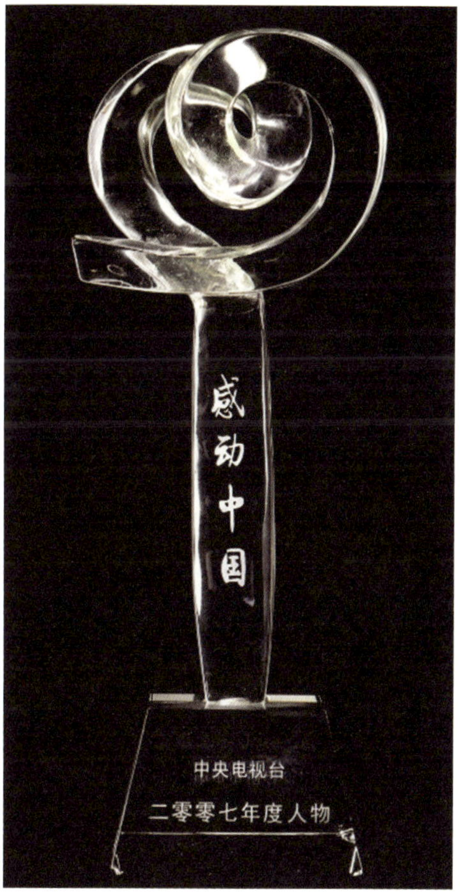

2008年，钱学森被中央电视台评选为“感动中国2007年度人物”，图为2007年度“感动中国”人物奖杯

人民科学家钱学森的一生深深地感动着世人。2008年，钱学森被中央电视台评选为“感动中国2007年度人物”。颁奖词这样写道：“在他心里，国为重，家为轻，科学最重，名利最轻。5年归国路，10年两弹成。开创祖国航天，他是先行人，劈荆斩棘，把智慧锻造成阶梯，留给后来的攀登者。他是知识的宝藏，是科学的旗帜，是中华民族知识分子的典范。”2009年9月10日，钱学森当选为由中共中央宣传部等11个部

“100位为新中国成立作出突出贡献的英雄模范人物和100位新中国成立以来感动中国人物”评选揭晓

新华社北京9月10日电 为推动群众性爱国主义教育活动深入开展，迎接新中国成立60周年，经中央批准，中央宣传部、中央组织部、中央统战部、中央文献研究室、中央党史研究室、民政部、人力资源社会保障部、全国总工会、共青团中央、全国妇联、解放军总政治部等11个部门联合组织开展评选“100位为新中国成立作出突出贡献的英雄模范人物和100位新中国成立以来感动中国人物”活动。活动自5月中旬启动以来，广大干部群众积极响应、广泛参与，纷纷通过各种形式提名推荐候选人。7月20日至8月10日，根据提名情况确定的150位为新中国成立作出突出贡献的英雄模范人物候选人和150位新中国成立以来感动中国人物候选人，向社会公布并接受群众投票。20天时间内，群众参与投票总数近1亿。在投票评选的基础上，经过有关部门审核、组委会评审组专家投票等程序，最终评选出100位为新中国成立作出突出贡献的英雄模范人物和100位新中国成立以来感动中国人物。现予公布。

全国“双百”评选活动组委会
2009年9月10日

英雄模范人物名单（按姓氏笔画排序）：

八女投江、于化虎、小叶丹、马本斋、马立训、方志敏、毛泽民、毛泽覃、王尔琢、王尽美、王克勤、王若飞、邓萍、邓中夏、邓恩铭、韦拔群、冯平、卢德铭、叶挺、叶成焕、左权、白求恩、任常伦、关向应、刘老庄连、刘伯坚、刘志丹、刘胡兰、吉鸿昌、向警予、寻淮洲、戎冠秀、朱瑞、江上青、江竹筠、许继慎、阮啸仙、何叔衡、佟麟阁、吴运铎、吴焕先、张太雷、张自忠、张学良、张思德、旷继勋、李白、李林、李大钊、李公朴、李兆麟、李硕勋、杨殷、杨子荣、杨开慧、杨虎城、杨靖宇、杨闇公、肖楚女、苏兆征、邹韬奋、陈延年、陈树湘、陈嘉庚、陈潭秋、冼星海、周文雍和陈铁军夫妇、周逸群、明德英、林祥谦、罗亦农、罗忠毅、罗炳辉、郑律成、恽代英、段德昌、贺英、赵一曼、赵世炎、赵尚志、赵博生、赵登禹、闻一多、埃德加·斯诺、夏明翰、格里戈里·库里申科、狼牙山五壮士、聂耳、郭俊卿、钱壮飞、黄公略、彭湃、彭雪枫、董存瑞、董振堂、谢子长、鲁迅、蔡和森、戴安澜、瞿秋白。

感动中国人物名单（按姓氏笔画排序）：

丁晓兵、马万水、马永顺、马恒昌、马海德、中国女排五连冠群体、孔祥瑞、孔繁森、文花枝、方永刚、方红霄、毛岸英、王杰、王选、王瑛、王乐义、王有德、王启民、王进喜、王顺友、邓平寿、邓建军、邓稼先、丛飞、包起帆、史光柱、史来贺、叶欣、甘远志、申纪兰、白芳礼、任长霞、刘文学、刘英俊、华罗庚、向秀丽、廷·巴特尔、许振超、达吾提·阿西木、邢燕子、吴大观、吴仁宝、吴天祥、吴金印、吴登云、宋鱼水、张华、张云泉、张秉贵、张海迪、时传祥、李四光、李春燕、李桂林和陆建芬夫妇、李素芝、李梦桃、李登海、杨利伟、杨怀远、杨根思、苏宁、谷文昌、邹丽华、邱少云、邱光华、邱娥国、陈景润、麦贤得、孟泰、孟二冬、林浩、林巧稚、林秀贞、欧阳海、罗映珍、罗健夫、罗盛教、草原英雄小姐妹、赵梦桃、钟南山、唐山十三农民、容国团、徐虎、秦文贵、袁隆平、钱学森、常香玉、黄继光、彭加木、焦裕禄、蒋筑英、谢延信、韩素云、窦铁成、赖宁、雷锋、谭彦、谭千秋、谭竹青、樊锦诗。

2009 年，钱学森当选为由中共中央宣传部等 11 个部门联合组织评选的“新中国成立以来感动中国人物”

何梁何利基金
一九九四年度
優秀獎

爲促進中國科學技術事業的發展，獎勵成就卓著的科技工作者，特頒發此證書。

技术科学 獎獲獎人：钱学森

何梁何利基金評選委員會
一九九四年十二月

1995 年，钱学森获何梁何利基金颁发的首届“何梁何利基金优秀奖”，图为“何梁何利基金优秀奖”奖状

霍英東傑出獎

霍英東獎金委員會經中國地區評選委員會推介
謹頒第二屆霍英東傑出獎予

錢學森 院士

以表揚得獎者的傑出成就和貢獻

霍英東獎金委員會主席
二零零一年十二月七日

2001 年，钱学森获霍英东奖金委员会颁发的第二届“霍英东杰出奖”，图为“霍英东杰出奖”奖状

门联合组织评选的“新中国成立以来感动中国人物”。这100位人物都是民族的脊梁、时代的先锋、祖国的骄傲，是爱国主义教育最生动、最直接的教材。他们的一生或轰轰烈烈，或平平凡凡，然而却是不同年代各行各业英雄模范人物的先进代表。

此外，钱学森还先后获得了“何梁何利基金优秀奖”和“霍英东杰出奖”，然而钱学森并没有拿这两笔奖金，而是托人将钱捐给了祖国西部的治沙事业。

（三）居功至伟 举世瞩目

钱学森属于中国，也属于世界，他为人类社会发展做出的贡献被世界肯定，即便在世界舞台上也不逊于任何人。

2001年12月21日，中科院紫金山天文台将发现的国际编号3763号小行星，命名为“钱学森星”，从此中国杰出科学家钱学森的名字镶上了太空。国际命名公报指出：钱学森在空气动力学、固体力学、工程控制论和物理力学等技术科学领域作出开创性的杰出贡献。他在空气动力学和固体力学方面的研究成果为超音速飞机克服“音障”和“热障”奠定了理论基础。以他和冯·卡门的名字命名的“卡门-钱近似”公式，是飞机设计中的重要计算公式。

“钱学森星”命名仪式

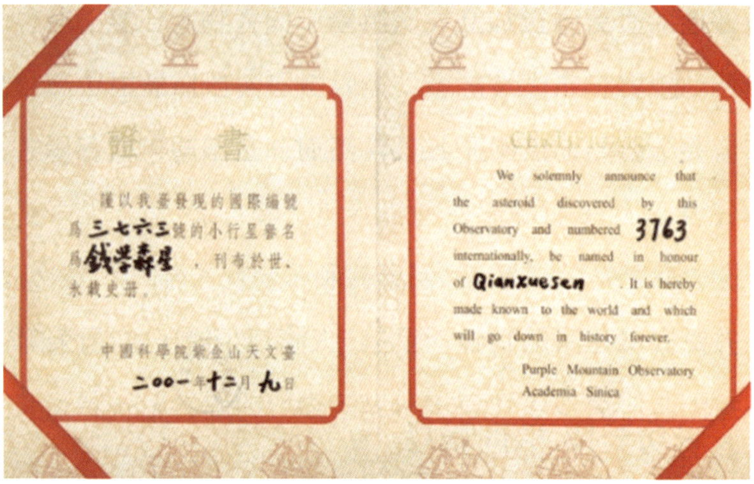
證　書

謹以我臺發現的國際編號為三七六三號的小行星命名為錢學森星，刊布於世、永載史冊。

中國科學院紫金山天文臺

二〇〇一年十二月九日

CERTIFICATE

We solemnly announce that the asteroid discovered by this Observatory and numbered 3763 internationally, be named in honour of Qianxuesen. It is hereby made known to the world and which will go down in history forever.

Purple Mountain Observatory
Academia Sinica

2001 年，经国际小行星中心和国际小行星命名委员会审议批准，将中国科学院紫金山天文台发现的国际编号为 3763 号的小行星，正式命名为“钱学森星”，图为“钱学森星”命名证书

1989 年，钱学森获得“小罗克韦尔”奖章

1989 年，钱学森获得“世界级科技与工程名人”称号奖章

他的开创性著作《工程控制论》被世界公认为是自动化控制技术的理论基础。

1989 年，国际理工研究所为肯定钱学森在科学与工程方面所做出的重大开拓性贡献，授予钱学森“小罗克韦尔”奖章，同时钱学森入选“世界级科技与工程名人”录，获得“国际理工研究所名誉成员”称号，这是现代理工界所能入选的最高荣誉等级，每年授予至多 3 位在国际理工界有极高声望的科学家。到目前为止，世界上仅有 16 名现代科技专家获得“世界级科技

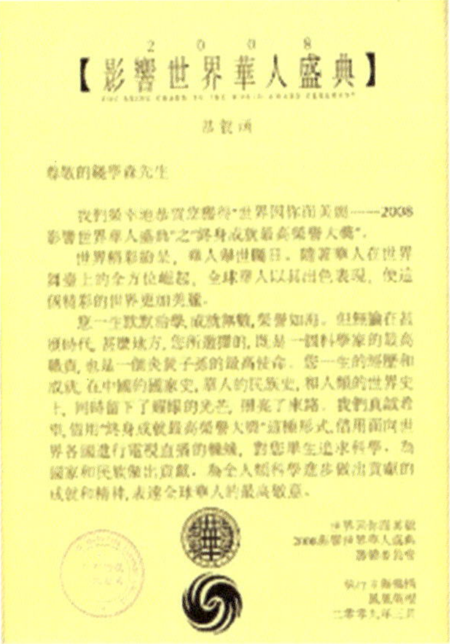

2 0 0 8

【影響世界華人盛典】

恭賀函

尊敬的錢學森先生

我們榮幸地恭賀您獲得"世界因你而美麗——2008影響世界華人盛典"之"終身成就最高榮譽大獎"。

世界精彩紛呈，華人舉世矚目。隨著華人在世界舞臺上的全方位崛起，全球華人以其出色表現，使這個精彩的世界更加美麗。

您一生默默治學，成就無數，榮譽如潮。但無論在甚麼時代，甚麼地方，您所選擇的，既是一個科學家的最高職責，也是一個炎黃子孫的最高使命。您一生的經歷和成就，在中國的國家史，華人的民族史，和人類的世界史上，同時留下了耀眼的光芒，照亮了來路。我們真誠希望，借用"終身成就最高榮譽大獎"這種形式，借用面向世界各國進行電視直播的機緣，對您畢生追求科學，為國家和民族做出貢獻，為全人類科學進步做出貢獻的成就和精神，表達全球華人的最高敬意。

世界因你而美麗
2008影響世界華人盛典
籌辦委員會

執行主辦機構
鳳凰衛視
二零零九年三月

2008 年，在北京大学百年纪念讲堂举行的第三届“世界因你而美丽——影响世界华人盛典”上，钱学森获“终身成就最高荣誉大奖”，图为“终身成就最高荣誉大奖”恭贺函、奖牌、奖杯

与工程名人”称号，钱学森是其中唯一的中国学者，这是对钱学森伟大贡献的肯定，也是对我国科学技术成就的肯定。

2008 年，由凤凰卫视等 10 余家华人媒体机构主办的第三届“世界因你而美丽——影响世界华人盛典”在北京大学百年纪念讲堂举行，钱学森获“终身成就最高荣誉大奖”。

钱学森百年人生所展现出的科学报国精神将永远激励着我们每一个人，激励着我们都能找到属于自己的美好未来，胸怀祖国强盛、民族复兴和人类进步的理想，为中华民族伟大复兴和人类社会发展贡献自己的力量。钱学森是一位名副其实的大师、帅才和泰斗，是中华民族的骄傲，也是世界的光荣！

二、自强不息 树高风亮节

钱学森是近代中国优秀知识分子的杰出代表。他从立志报国，到为世界反法西斯胜利做出贡献，始终捍卫着人类和平；他从一名坚定的社会主义追随者，逐步成为一名优秀的共产主义践行者，始终把爱党、爱祖国、爱人民当作最高追求；他从一位卓越的工程科学家、国防科技领军人物，成为我国系统科学的开拓者和奠基人，取得了举世瞩目、旷古烁今的成就。他的一生是奋斗不息的一生，是充满荣耀的一生，是值得骄傲的一生，是受人尊敬的一生。

（一）鞠躬尽瘁 至高评价

钱学森始终把自己的命运与国家的命运联系在一起，不仅积极探索科技的进步，而且深入研究科学技术对我国的影响和推动作用，为我国的发展做出了重要贡献，受到历届党和国家领导人的高度重视和评价。

钱学森回国后不久，就受到了毛泽东同志的亲切接见。毛泽东告诉他说："新生的、最有生命力的东西，总是在同旧的、衰亡着的东西斗争中生长起来的，你要为国家培养一些青年科技人员。"这让钱学森印象非常深刻，也让他感到温暖。1956 年 2 月 1 日晚，毛泽东在以中华人民共和国主席、中国共产党中央委员会主席、中央军委主席的身份宴请部分全国政协委员时，特意把他安排在紧挨自己右边的第一贵宾位置，并高度评价钱学森。此后，毛泽东又五次接见钱学森。

邓小平、江泽民、胡锦涛党和国家领导人也对钱学森做出了高度评价。

邓小平曾说：“要记住那个年代，钱学森、李四光、钱三强那些老科学家，在那么困难的条件下，把‘两弹一星’和好多高科技搞起来。”1991年，在国务院、中央军委授予钱学森“国家杰出贡献科学家”荣誉称号的仪式上，江泽民说：“钱学森同志获得‘国家杰出贡献科学家’荣誉称号，是当之无愧的。钱学森同志早年在美国学习和工作，成为国际知名学者，拥有优裕的工作和生活条件，但他在新中国成立不久，冲破重重阻力，毅然回国参加建设，表现了崇高的民族气节，表现了对新生的社会主义事业的向往和热爱。完全可以说，钱学森同志是我国爱国知识分子的典范。他的经历体现了当代知识分子追求进步的正确道路。” 1996年、1999年、2001年，江泽民同志还三次到家中看望钱学森。2008年1月19日，胡锦涛同志也来到钱学森家中，亲切看望这位为中国科技事业做出杰出贡献的著名科学家，并对他说：“钱老为我国经济、科技、国防建设做出的突出贡献，党和人民永远不会忘记。”2011年12月10日，胡锦涛总书记对钱学森图书馆建成开馆的批示：“钱学森同志是享誉海内外的杰出科学家、我国航天事业的奠基人、爱国知识分子的优秀典范，在国家经济、科技、国防建设中贡献突出、功勋卓著。建立钱学森图书馆是一件很有意义的事情。希望你们充分发挥这个图书馆在开展思想教育、普及科学知识、培养优秀人才等方面的积极作用，进一步引导广大干部群众特别是青年教师和学生，努力学习钱学森同志爱党爱国的政治品格、严谨求实的科学态度、开拓进取的创新精神、无私奉献的高尚情操，共同为推进中国特色社会主义事业而不懈奋斗。”

随着我国改革开放进入攻坚期和深水期，各个方面的矛盾和困难愈发加重，发展中深层次矛盾凸显，特别是经济下行压力加大，贫富分化、生态失衡、环境污染、城乡差异、地区差异等诸多问题愈演愈烈，新一届党和国家领导人对钱学森的思想更为重视。习近平同志在北京国家博物馆参观“人民科学家”事迹展览时表示：“对钱学森的科学成就、治学精神、高尚道德和爱国情怀表示深深的敬意。”在谈到钱学森的马克思主义哲学观时，习近平同志指出：“钱学森同志所以能够在‘两弹一星’的事业和其他科学事业中做出那么大的贡献，是同他真正掌握并善于应用马克思主义哲学密切相关。”习近平同志更是将钱学森思想应用于国家治理和社会建设。他认为，治理国家和社会是一项复杂的系统工程，必须统筹兼顾、全面规划，必须发挥执政党的社会整合功能。我国中央政府从制定国民经济发展规划、实施科技体制和教育改革、推动新农村建设、推进地区改革开放和经济社会发展，到强化社会治安综合治理、构建惩治和预防腐败体系建设等各个方面，都贯穿着系统工程思想。2012 年，习近平同志在广东考察时，强调改革问题要“更加注重改革的系统性、整体性、协同性”。

此外，周恩来、温家宝、曾庆红、李长春等党和国家领导同志也都对钱学森做出了至高的评价。周恩来同志曾说：“中美大使级会谈虽然没有取得实质性成果，但是我们要回了一个钱学森，会谈也是值得的。”温家宝同志在北京大学讲话时曾说：“钱学森之问对我们是个很大的刺痛，也是很大的鞭策。钱学森先生对我讲过两点意见，我觉得对同学们会有用，一是要让学生去想去做那些前人没有想过和做过的事情，没有创新，就不会成为杰出人才；二是学文科的要懂一些理工知识，学理工的要学一点文史知识。”曾庆红同志在参观上海交通大学钱学森图书馆后讲道：“对于钱学森同志，他对党和国家、民族，乃至世界上所做出的业绩、功勋，这个图书馆里都有很充分的展示。另外，对于钱学森同志的品格和风范，也有充分的展示。钱学森是中国航天事业的开拓者、奠基人。在我们心目中，他就是祖师爷。钱老归国，我们导弹、航天、‘两弹一星’，就没有什么做不成。这是我们党、我们国家、我们民族的幸事，正是交通大学培养出了这样一位即使站在世界上也不输谁的科学的巨人。”李长春同志在参加上海交通大学钱学森图书馆开馆仪式时讲道：“钱学森这样的科学家在我们国家不是代代都有，到目前为止可以说是空前的，虽不能说是绝后，以后还会有，但是起码到现在为止是空前的。他对我们国家、对世界科学的贡献，他爱党爱国的政治品格，创新精神，淡泊名利、无私奉献的情操和境界，都是无可挑剔的。”

（二）造福人类 世人称颂

钱学森曾说，我作为一名中国的科技工作者，活着的目的就是为人民服务。钱学森把一生奉献给了人类社会发展，他高尚的道德品质、卓绝的人格魅力、执着的科学追求为世人所称颂，被尊称为“人民科学家”。

钱学森以其出色的才华与杰出贡献享誉世界，受到众多国际友人的由衷赞赏。美国著名航天工程学家、钱学森的导师冯·卡门认为：“他在许多数学问题上和我一起工作。我发现他非常富有想象力，他具有天赋的数学才智，能成功地把它与准确洞察自然现象中物理图像的非凡能力结合在一起。作为一个青年学生，他已经在不少艰深的命题上协助我廓清一些概念，使一些很艰难的命题变得豁然开朗。这种天资是我所少见的，因而他成了我亲密的同事。”“他是一个无可置疑的天才，他的工作大大促进了高速空气动力学和喷气推进科学的发展。人们都这样说，似乎是我发现了钱学森，其实，是钱学森发现了我。”“我的朋友钱学森是1945年我向美国国防部科学咨询团推荐的专家之一。他的研究工作大大推动了高速空气动力学和喷气推进技术的发展。我鉴于此，才举荐他为国防部科学咨询团成员。你（钱学森）在学术上已经超越了我。”1947年2月，麻省理工学院决定破格提升钱学森为终身正教授，航空系系主任亨赛克邀请冯·卡门为钱学森写推荐信，冯·卡门写道：“在以应用数学和数学物理的方法解决空气动力学与结构弹性的难题方面，钱博士确实是这一研究领域的领导者。我相信他是一名优秀的老师，我相信他有天才的组织能力。对于为他提供科学研究机会的学术机构而言，他诚实的学术品质，对科学研究和学术机构的奉献精神就是巨大的财富，这点我相信你们会欣赏到的。”哈肯在《系统科学大辞典》序中写道：“系统科学的概念是由中国学者较早提出的。我认为这是很有意义的概括，并在理解和解释现代科学、推动其发展方向是十分重要的。中国是充分认识到了系统科学巨大重要性的国家之一。”弗兰克E. 马勃在《钱学森在加州理工学院》中写道：“钱学森博士论文的发表立刻使他跻身顶尖理论家的行列；在快速、经济的数值计算方法出现之前，‘卡门－钱近似’公式一直是最准确的计算公式。”美国火箭专家克拉克曾说：“中共的归国学人当中，无人重要性能出钱学森其右。”德国V-1火箭和V-2火箭的研制、发射理论负责人，德国知名的空气动力学家赫尔曼在回忆时说到：“我记得其中一位钱博士，他是冯·卡门的亲密工作伙伴，我对他印象深刻是因为他的论文《超音速气流中锥形体的压力分布》，他是唯一就这个题目提出完整理论的科学家。我们知道他的理论，因为这篇论文在战争结束前两年就已出版。”美国麻省理工学院史戴福教授曾说：“他（指钱学森）在美国的成绩很好，但不足以令人折服。他对中华人民共和国的贡献才真正了不起。”美国海军副部长丹·金贝尔评价钱学森道：“他知道所有美国导弹的核心机密，无论在哪里，一个钱学森抵得上五个海军陆战师……”美国专栏作家密尔顿·维奥斯特写道：“钱学森成为制定使美国空军从螺旋桨式向喷气式飞机过渡，并最后向遨游太空无人航天器过渡的长远规划的关键人物。钱是帮助美国成为世界第一流军事强国的科学家银河中一颗明亮的星。”曾参与曼哈顿计划的拉尔夫·莱波被问及钱学森在中国核武器和导弹研制计划中扮演的角色时回答道：“我会说，他是为此奠下基础的人。事实上，具有火箭科学背景的他，必定是中国导弹计划中指引方向的那盏明灯。就中国目前以及未来的成就来看，我都会将之归功于钱学森的带领。”美国国防科学研究委员会科学研究与发展局评价道：“（钱学森）在参加美国国防科学研究委员会科学研究与发展局所做计划的工作中，对第二次世界大战做出了成功的贡献。”一位美国专栏作家这样评价钱学森的《工程控制论》：“工程师偏重于实践，解决具体问题，不善于将之上升到理论高度；数学家则擅长理论分析，却不善于从一般到个别去解决实际问题。钱学森则集中两个优势于一身，高超地将两只轮子装到一辆战车上，碾出了工程控制论研究的一条新途径……”西班牙国家通讯社埃菲社曾报道：“钱学森是上天送给中国共产党的一个礼物。”2009年11月6日，发表的由法国国防部长埃尔文·莫兰和《世界报》驻京记者布鲁诺·菲利浦共同完成的文章，专门介绍了“中国航天之父”钱学森的生平，写道：“中国感谢钱学森做出的贡献，今天有许多人参加了吊唁活动，而亿万网民也在互联网上纷纷向这位‘超级明星’致敬。中国航天之父钱学森的命运非常离奇。他在美国航天科学发展史上扮演了部分首创者的角色。如果当时不是麦卡锡主义盛行，钱学森对美国航天发展的贡献会更大。”

钱学森被国人称道。聂荣臻曾说：“作为世界知名的科学家，学森同志更注重谦虚谨慎，严于律己。总是艰苦奋斗地工作，艰苦朴素地生活，从不计较个人得失。我国进行的导弹核试验圆满成功了，霸权主义者对我国进行核讹诈、核威胁的阴谋彻底破产了！”钱学森的学生、两院院士、国务委员宋健赞道：“钱老是我们的民族英雄。”中国工程院院长路甬祥认为：“钱学森院士作为‘两弹一星功勋奖章’获得者和唯一的‘国家杰出贡献科学家’，既是一位杰出的科学家，也是一位伟大的爱国主义者，始终将个人的前途与祖国的命运联系在一起。”

原中国科学院党组书记、副院长张劲夫曾说：“从钱学森在美国和他回国以后的经历中，不难看出，钱学森同志的政治品质和治学品质同样高尚。事实证明钱学森同志是我党难得的政治上成熟的战略科学家，中国人民忠诚的儿子。我冒昧地将他的品德和精神概括为‘钱学森精神’，殷切地期望广大青年科技工作者以钱学森同志为榜样，向钱学森同志学习。如果在我们年轻一代中，能涌现出许多位‘钱学森’，那对推动我国今后科技事业的发展，对贯彻落实科教兴国的战略将是意义深远的。若然，我这名在科技战线战斗过的老人将十分欣慰。”中国科学院院长郭沫若对钱学森在参加制定国家科学规划中表现出的卓越才能和重要作用，十分赞赏，特向钱学森赠诗：“大火无心云外流，登楼几见月当头。太平洋上风涛险，西子湖中景色幽。突破藩篱归故国，参加规划献宏猷。从兹十二年间事，跨箭相期星际游。”

中国人民解放军原总后勤部政委张文台上将曾撰文：“思想的先驱、科技的泰斗、育人的导师、做人的楷模。”中国自然辩证法和科学技术哲学的重要推动者、中国人民大学荣誉一级教授黄顺基曾题词：“学习钱学森爱国奉献追求卓越的精神；研究钱学森思想智慧胸无俗尘的气节；践行钱学森严谨求实勤奋创新的学风；畅想钱学森尊严体面育人楷模的旋律。”中国工程院院士、著名的雷达与电子技术专家、中国航天科技集团公司科技委顾问张履谦院士题词：“奠定航天强国之基；创建系统工程之理；弘扬总体设计之魂；开启科技创新之门。”中国科学技术协会原副主席庄逢甘认为：“中国的火箭事业始于钱学森。若非钱学森，中国的科技还要落后二十年。我们的太空发展就不可能有今天的成就。他既是首席科学家，也是最高权威。”中共中央党史研究室副主任高永中曾说：“在我心目中，钱学森同志是一位大科学家、大思想家。他是历史天空中的一颗璀璨的巨星。”中国工程院院士、载人航天工程高级顾问王永志认为：“钱老在科研学术上取得了很大的成就，但他从不保守、从不满足。他一直倡导和推崇创新精神，他取得的杰出成就是对创新精神的最好诠释。钱老经常说：‘如果不创新，我们将成为无能之辈！’钱老强调的创新，在很大程度上就是要突破传统观念和思维，不人云亦云，就是要敢于研究别人没有研究过的科学前沿问题。”“20 世纪 70 年代中期，当‘八年四弹规划’即将完成时，钱学森又开始谋划战略导弹的技术更新换代问题。他纵观国际上战略导弹攻防技术的发展，分析预测未来的发展趋势，不失时机地提出了开始研制第二代战略导弹的建议，并明确了以提高生存能力、突防能力和打击能力为第二代战略导弹研制工作的重点。这一规划在‘文化大革命’刚一结束便付诸实施了。”张庆伟等在《功勋卓著风范永存——纪念钱学森归国50年》中写到：“钱学森坚持结合我国国情，走中国自己的发展道路。他通过广泛的民主讨论，集中大家的意见，提出了符合我国国情的地地导弹‘八年四弹’发展规划，即从1965年到1972年间循序渐进、稳步研制4种导弹：中近程导弹、中程导弹、远程导弹和洲际导弹。后来的实践证明，这是一条具有远见卓识的正确发展之路。”孙家栋在《钱学森：中国航天之父》中写道：“钱老在卫星的发展上思路非常清楚：‘东方红一号’重点解决工程问题，把队伍带起来；科学探测卫星打成后，马上先搞‘急用的、实用的’，上马返回式卫星；返回技术解决后，再进入同步定点轨道，搞通信卫星。这实际上是钱老发展近地卫星的重要思路，即‘第一能上去，第二能回来，第三占领同步轨道’。走了这三步棋，近地卫星的基础技术我们就都掌握了。这个思路今天说起来好像很简单，但在当时很了不得：除了美、苏（俄）、中，至今还没有其他哪个国家搞返回式卫星，不是他们不需要，而是不敢搞。敢不敢跨这一大步、做这个决策，需要一定的物质、技术基础，也需要智慧和勇气。”陈善广在《钱学森与航天医学工程学的不解之缘》中也写道：“在钱老直接指导下，航医所原所长陈信研究员等在航天医学工程研究过程中，于20世纪80年代初创立了人—机—环境系统工程理论。该理论在航天医学工程学发展和载人航天型号任务研制的各分、子系统和上天产品设计中发挥了重要作用；特别是在神舟七号飞行任务中，利用该理论成功解决了出舱活动人—机—环境系统设计所面临的技术难题，在舱外航天服研究、人—服—船验证试验、出舱活动训练体系建立等方面取得重大突破。”我国航天事业开创者之一任新民院士回忆道：“钱老看问题看得很深，当初我国搞战略规划时，面对航空和航天怎么投入的问题，钱学森说，搞航空一定要解决长寿命的问题，要解决人的安全问题，这是个难题，一下子搞不出来，但导弹我们可以尝试，我们资源有限，不能四面出击，所以他主张先从导弹搞起。”钱学森的好友、“两弹一星功勋奖章”获得者、中国科学院学部委员郭永怀的夫人李佩曾说：“钱学森是战略科学家。”郑哲敏总结钱学森对他教育的点滴时感悟道：“钱老当时说，国家需要什么我们就做什么。我后来想一想，他就是抱着这样一个思想来为国家搞火箭、搞航天的。国家需要他来从事航天工作。他倾心尽力把自己奉献给了国家。做人要讲原则，要有民族自尊心；在科学研究上无论做什么，都要有决心超越别人；面临挑战绝不退缩，不要怕争辩；数学固然重要，但是搞清物理机制最重要；只要国家需要就应该去做；不能做不花力气的事情等。”

钱学森的学生范良藻曾说道：“钱学森先生的治学之道就是会看方向、出点子，为国为民，想人之不敢想，言人之不敢言，为人之不敢为，超前意识，浑然一体。”钱学森的学生孔祥言也曾说：“钱老不仅是科学巨星，而且是教育大家、学人典范。”中科院研究生院教授张瑜曾说道：“钱学森先生是一位富有传奇色彩的科学家。有幸的是，在他组建并担任科大力学系系主任期间，我作为第一届毕业生有机会聆听了他四年的教诲。”许国志在《〈创建系统学〉序》中写道：“综合集成方法的理论基础是思维科学，方法基础是系统科学与数学，技术基础是以计算机为主的现代信息技术，哲学基础是马克思主义实践论和认识论，实践基础是系统工程应用。”戴汝为在《从定性到定量的综合集成法的形成与现代发展》中写道：“钱学森创立的从定性到定量的综合集成法引领了一个时代的科学研究，这种科学方法论更将在科学的交叉、融合发展中，体现其重要作用。”涂元季谈钱学森的马克思主义哲学观时讲道：“钱学森是一位自然科学家，同时又坚信马克思主义哲学，即辩证唯物主义和历史唯物主义。他认为马克思主义哲学是‘科学的真理’。

他在广泛学习自然科学知识的同时，也认真学习马克思主义哲学，并用于指导自己的科学研究和学术工作，做到了科学与哲学的融会贯通，辩证统一。钱学森的马克思主义哲学观是建筑在现代科学技术体系基础之上的。钱学森晚年曾花费很大精力研究系统科学，他倡导创建的系统科学理论充满了辩证唯物主义。从工程控制论走到系统工程，再由系统工程走到系统学，这是他学术思想不断发展的自然历程。”

三、影响深远 引后人纪念

2015年是中国航天事业奠基人钱学森同志归国60周年，纪念钱学森同志归国具有重要的历史意义和现实意义。2015年11月19日，经中共中央办公厅批准，中央组织部人才工作局、中央党史研究室宣传教育局、中国航天科技集团公司所属中国航天系统科学与工程研究院在人民大会堂联合组织召开纪念钱学森同志归国60周年大会，共同回顾钱学森不懈奋斗的光辉历程，学习和弘扬其科学精神和崇高风范。

中共中央党史研究室主任曲青山、副主任高永中，中国航天科技集团公司党组书记、董事长雷凡培，中央组织部人才工作局局长、中央人才工作协调小组办公室主任孙学玉，国家国防科工局副局长吴艳华，中国科协党组副书记、副主席、书记处书记张勤，中国航天系统科学与工程研究院院长薛惠锋和原院长王崑声等领导出席了会议。原总后勤部政委张文台、军科院原副院长糜振玉、中国科协原副主席刘恕、上海交通大学钱学森图书馆馆长钱永刚、钱学森学术助手涂元季，孙家栋院士、王永志院士、郑哲敏院士、戚发轫院士、戴汝为院士、张履谦院士、汪成为院士、何德全院士，航天老领导、老院士、老专家，以及中央组织部，中央党史研究室，全国政协办公厅、教科文卫体委员会，国防科工局，中国科协，中国科学院，中国工程院，解放军总装备部、总后勤部，中国航天科技集团公司，中国航天科工集团公司等有关方面的代表，钱学森家属代表等共计140余人参加大会。中央组织部人才工作局巡视员、副局长王维平主持大会。

接待嘉宾（左起：薛惠锋、张文台、郭京朝）

接待嘉宾（左起：薛惠锋、雷凡培、陈学钏）

嘉宾签到（张文台）

贵宾室留影（左起：薛惠锋、孙学玉、高永中、张文台、曲青山、雷凡培、吴艳华）

大会会场

大会全景

主席台嘉宾（左起：高永中、曲青山、雷凡培、孙学玉）

参会嘉宾（前排左起：王永志、戴汝为、郑哲敏、钱永刚、林海青、孙家栋、王维平）

参会嘉宾（前排左起：张文台、吴艳华、张勤、刘恕、夏日、糜振玉、汪浩、涂元季、钱学敏、黄顺基、冯志高）

大会上，与会人员共同观看了纪念钱学森同志归国专题片。专题片表达了钱学森归国的历程和重要意义，以视频影像的形式，生动立体地展现了钱学森爱国、爱民、爱科学、终生奉献、敢于担责的精神，在关键时刻能够发挥别人无法替代的关键性作用。

全体与会代表合影

纪念钱学森归国60周年
1955—2015

专题片片头

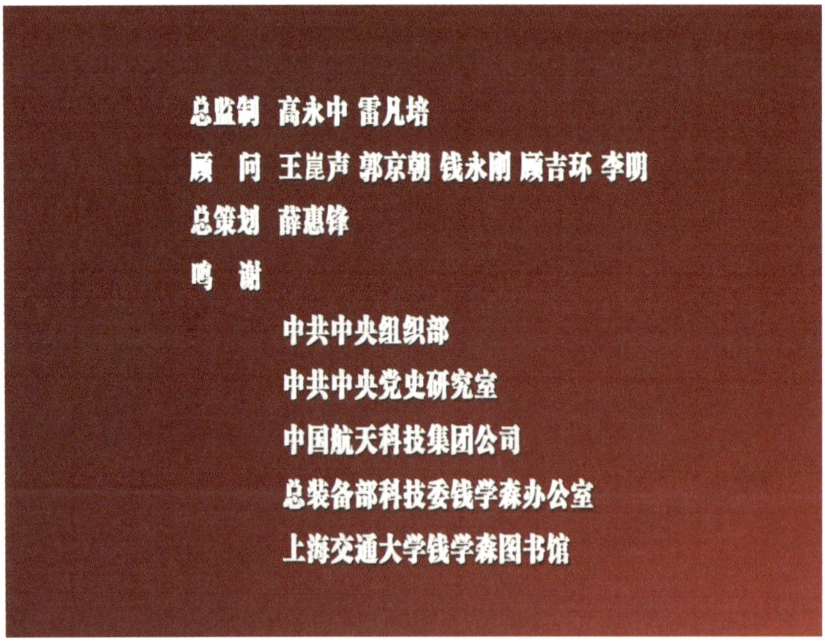
总监制 高永中 雷凡培
顾 问 王崑声 郭京朝 钱永刚 顾吉环 李明
总策划 薛惠锋
鸣 谢
中共中央组织部
中共中央党史研究室
中国航天科技集团公司
总装备部科技委钱学森办公室
上海交通大学钱学森图书馆

专题片片尾

（一）奠基航天 功不可没

孙家栋院士发言

座谈会勾起了钱学森弟子、中国航天科技集团公司高级技术顾问、中国科学院院士孙家栋的深深回忆和深切怀念，他在回顾中提到：“我1958年从苏联留学归来到国防部五院，就在钱老的领导和爱护下从事航天工程的研制工作，跟随了他整整半个世纪。亲身体验和感受了他对发展中国科学技术事业特别是航天事业做出的卓越成就和杰出贡献；亲眼目睹和见证了他用毕生的心血和精力，为中华民族屹立于世界民族之林，树立了一座中国航天的丰碑。我对钱老充满崇敬和怀念之情。钱老在我心目中是一位非常伟大的人物，他是我的领导，更是我尊敬的师长。回想我这一生走过的道路，我为自己能在钱老的直接领导下工作感到十分荣幸。”

孙家栋院士在回忆钱学森在航天事业的创建时表示：“钱老功不可没。他开创了中国航天事业建立的不朽功勋。钱老早年就怀抱‘学习知识、贡献社会、报效国家’的宏大理想，在美国科学界崭露头角，功成名就，成为‘科学家银河中一颗明亮的星’。经过艰苦斗争回国后，钱老以自己强烈的爱国热情、远见卓识和非凡智慧，带领我们航天战线的干部职工不懈奋斗，依靠自己的力量，在经济落后和工业薄弱的基础上，突破了航天技术的诸多难关，先后发射成功导弹和人造卫星，开创了中国航天的新纪元。

“我1958年初到国防部五院，让我去研究火箭和导弹，我又高兴又担心。高兴的是我能在新中国刚刚创立两年的国防尖端科技部门工作，可以为国家干一番事业；担心的是自己学的是航空专业，对导弹的设计和制造，心里一点儿底也没有。但是听领导和同志们给我讲五院成立的背景，讲国防建设的需要，讲有钱老这样世界知名的科学家带领，有党和国家的特别重视和支持，我的信心就逐步增强了。钱老亲自给我们讲授导弹概论，还请庄逢甘教授讲空气动力学，请梁守槃教授讲火箭发动机，请朱正教授讲制导，等等。随后，我们在党中央‘自力更生，奋发图强’方针的指引下，从仿制到独立研制，很快走出了一条独立自主发展航天事业的道路。

“中国航天事业已经走过了60年的路程，回头来看，钱老在航天事业创建时那种建立在科学思考基础上的魄力，那种为国家为民族不怕担风险的大无畏精神，影响着我的一生。恐怕不止我一个人有这种体会和感受。在我们这支队伍中，大家都根据钱老说的去努力，事情一定能够做成。他的威望、学识和人品影响着一代甚至几代人。”

孙家栋院士表示：“钱老在航天事业的发展上高瞻远瞩，从宏观上，中央对发展航天事业制定了正确的方针，聂荣臻元帅提出了‘自力更生为主，力争外援，利用资本主义国家已有的科学成果’的指导思想，中央把它确定为老五院的建院方针，并在钱学森的带领下走出了一条正确的道路。

“钱老很重视科研。在他的努力下，逐步建立了一支强大的、能攻关的科研队伍。他常说：‘如果没有科研队伍，不搞科研，只搞生产，就只能仿制。’在发展的道路上，钱老以他的远见卓识，带领我们制定了正确的发展规划，走出了一条多快好省的路。从20世纪50年代后期开始，钱老几次主持制定了导弹、火箭发展规划。我参加了钱老主持的‘八年四弹’规划。他经常听取我们的汇报并和我们一起讨论，审查我们的计算结果。这个规划的实施使得导弹火箭的研制生产上了几个台阶。空间技术研究院建立之后，钱老主持制定了‘三星规划’（东方红一号卫星、返回式卫星和同步轨道通信卫星）’为空间科学事业的发展奠定了基础。我曾担任空间技术研究院的院长，对此，我的体会是非常深刻的。

“我国导弹、卫星技术从起步到发展的过程，都是在钱学森带领下，走上一条正确的发展道路。从技术发展途径来看，钱学森的作用是无人可替代的。钱学森是个非常谦虚的人，每当讲到这些成绩时，他总是把周恩来、聂荣臻等党和国家领导人的具体指导放在前面，把广大科技人员放到前面，总说一切功劳归于集体。钱老这种崇高的科研道德和人格魅力，无时无刻不在影响着我。

“在航天队伍的培养上，钱老言传身教，平易近人，尤其是对青年人非常爱护。在一分院时他讲《导弹概论》，在五院时，他自编教材讲《星际航行概论》。为了发扬技术民主，在很长一段时间里，他坚持每周和我们讨论重要技术问题。我们向钱老汇报工作时，他总是很和蔼，如果有讲的不妥的地方，他会耐心引导。钱老很少直接批评我们，总是给我们启发式的教育。

“钱学森对我们影响很大的还有严谨的作风。有一件事我终生难忘，20世纪60年代后期，我们自行研制的一种新型火箭即将运往发射场，按惯例，产品出厂前要作许多装配测试工作。其中惯性制导系统有一个平台，在平台上装陀螺，必须能够很精确地装好。在总装车间，第一套很快装上了，车间师傅说一批生产的产品都一样，第一套能装上，第二套也一定能装上，由于时间比较紧，我就同意了。没想到，到了发射场怎么也装不上。我赶紧向钱老报告，他听到后并没有批评我，告诉我仔细研磨后再装。加工时，钱老一直在现场陪着我们，我和工人师傅从下午一点一直到第二天凌晨四点才装好。这件事情给我印象非常深刻。钱老给我们树立了严谨的好作风，我们必须非常认真地办好每一件事。

“钱老崇高品德的另一方面是敢于负责、勇于替下属和青年同志承担责任。20 世纪 60 年代，我们新研制的一种导弹在发射试验时失败了。经分析，主要是发动机和控制系统出了问题。发射的失败与总体设计和协调不够有关，我们总体部压力很大。在分析故障原因、总结教训时，钱老主动给我们减压，他说：‘如果说考虑不周的话，首先是我考虑不周，责任在我，不在你们。你们只管研究怎样改进结构和试验方法，大胆工作。’钱老一席话把我们的顾虑全打消了。钱老作为领导和科学家，揽下试验中所有问题的责任，我们还有什么顾虑呢？平常研究工作时也是这样，他总是鼓励我们大胆发表意见，成功了，功劳是大家的；失败了，大家一起总结教训，责任由他来承担。

“在航天工作的几十年，每当我遇到重大问题时，想起钱老的鼓励，我就把自己的想法如实讲出来，和同志们探讨或供领导决策。我们从仿制导弹走到自行设计阶段后，马上面临一个重要问题——设计人员最重要的不是会设计什么，而是从哪开始设计。为了解决这个问题，钱老经常组织一些专家和基层干部共同研究。当时，钱老提出两个很重要的观点：第一要有总体设计部，对一些复杂问题，总体设计部从总体优化的角度加以协调；第二就是系统工程。我觉得这两点对推动航天事业的发展、对航天队伍的建设起到了非常重要的作用，很好地体现了钱老在科研管理上的努力探索和重大贡献。在当时的条件下，那些带过兵打过仗的老领导，把集中统一指挥和现代化的科研生产结合起来，不断探索，形成了‘三步棋’‘双岗制’‘三检制’等工作程序及工作制度，一直沿用到现在。这中间，钱老有意识地运用系统工程的理论和方法起到了重要作用。”

孙家栋同志表示，这些往事都深深地烙印在他脑海里：“钱老曾说过：‘我作为一名中国的科技工作者，活着的目的就是为人民服务。人民对我一生所做的工作满意，才是对我最高的奖赏。’这段简短的人生座右铭，是他为祖国为人民鞠躬尽瘁、一生以科学态度追求真理的真实写照。钱老的一生与中国航天结下了不解之缘，中国航天史上不仅记载了他的不朽功绩，而且也展现了他出众的才华和崇高的人格。这一切都永远地铭记在我们心上，长久地留存于我们的记忆中。钱老虽然离开我们了，但他就像那颗高挂在太空的‘钱学森星’，光芒永不熄灭，照亮着中国航天振兴腾飞之路。钱老留给我们的宝贵精神财富，值得我们永远珍藏、铭记、传承，并在华夏大地上发扬光大。我们一定要以钱学森为榜样，为中国航天事业的发展、为使国家科学技术以更快的步伐走向世界前列、为实现中国梦贡献自己微薄的力量！”

（二）学成归国 爱国典范

大会上，当代海外归国优秀人才代表、中国工程物理研究院北京计算科学研究中心主任、国家“千人计划”专家林海青表示，钱学森的爱国情怀、科学态度，让他感动不已：“钱先生是新中国爱国留学归国人员中最具代表性的国家建设者，是真正的人民科学家，对国内的科学家，特别是我们这一代出国留学的后辈们影响深远。2008年年底，中组部发起‘海外人才归国服务计划（千人计划）’，这一消息迅速在海外留学人员和科学家中传播开来，许多人迅速地做出了响应，沿着钱老的步伐，加入回国服务的队伍当中去。钱先生卓越的科学成就，还有他那一颗爱国、为国、强国的赤子之心。我从小就听过、看过很多关于他的报道，非常感人。我们在海外学习、工作的时候，不时地会想起钱先生的事迹，对他十分崇拜，也十分仰慕他的爱国情怀，他的精神也在时时刻刻鞭策和激励

林海青主任发言

着我们。对比钱老当时归国的艰辛路途，我们要幸福得多，国家对于海外归国人才给予了大力的支持，我想我们更应该时刻不忘钱老的爱国精神，切切实实地为祖国的发展做出贡献！

“怀念钱先生，就要学习他的科学精神。众所周知，钱先生一生都秉持着‘国为重、家为轻，科学最重、名利最轻’的理念和态度，工作认真、处事严谨，其率真的人生态度和朴素的美德，值得我们学习和追求。知识无涯而学有涯，钱先生总是说，有经验的专家也是‘一得之见’。为此，钱老从学生时代起就奋发学习，刻苦用功，他研究的科学门类之多、研究问题的范围之广，与不同领域、不同专业、不同部门和不同方向的专家学者和工作人员的通信之勤，可以说都是前无古人的。1989 年他却说：‘我不知道的实在太多。’一个科学家，只有保持谦虚，不断地探索而不知足，时刻保持‘严谨、严肃、严格、严密’的科学态度，才能源源不断地创造新的成就。

“钱老的一生告诉我们，一个人只有把他自己的命运和国家民族的命运连在一起，并为之奋斗，才能赢得国家和民族的尊重，实现人生价值的最大化。我们要学习钱先生始终坚持以服务国家重大战略需求为己任的博大胸怀，自立、自尊的高尚品德，为中华民族屹立于世界民族之林贡献个人的心血和智慧。”

林海青同志提到著名的钱学森之问“为什么我们的学校总是培养不出杰出人才？”时，结合自身情况发表观点：

“我目前任职于中国工程物理研究院北京计算科学研究中心。中国工程物理研究院承担着国家重大工程建设的艰巨任务。2009 年 8 月成立北京计算科学研究中心，就是要做三件事：一是吸引人才，做前沿科学研究；二是搭建交流平台，供中国的科学工作者和世界相关领域的杰出科学家进行交流与合作，攻克先进科技的基础问题难关；三是探索适合科研创新的管理体系。钱老曾向当时的国务院总理温家宝进言：‘现在中国没有完全发展起来，一个重要原因是没有一所大学能够按照培养科学技术发明创造人才的模式去办学，没有自己独特创新的东西，老是‘冒’不出杰出人才。这是很大的问题。’人才之重、教育之难，令这位耄耋老人临终前仍忧心忡忡。这无疑也是摆在国家科技创新道路上的一个重大难题。很多人认为这是培养模式和管理机制的问题，我们从海外归国，可以根据我们的经历与经验，进一步探索问题的答案。为了响应国家的期望和需求，我们很愿意并且也一直努力积极地去探索这样一条创新型人才培养道路。我很高兴地告诉大家，在政府的支持下，特别是中组部的吸引人才计划，我们中心目前已经引进了36人，其中30人是通过中组部的‘千人计划’从海外引进的。我们正在努力完成所说的三件事，希望能跟随钱老的步伐，为中华民族的伟大复兴贡献绵薄之力！”

（三）高山仰止 风范永存

钱学森亲属代表、钱学森之子、上海交通大学钱学森图书馆馆长钱永刚，以《父亲牵着我的手》为题娓娓道来，深情回忆60年前往事，依然历历在目：“1955年9月17日。父亲的大手牵着我的小手，和母亲、妹妹一起登上了‘克利夫兰总统号’邮轮。我那时才7岁，还不可能理解‘回国’的意义。只知道父亲走到哪儿，我就跟到哪儿，父亲带我去的地方一定很好、很美。

钱永刚馆长发言

“我们在船上的舱室是三等舱，很小。别人送的花篮在舱室里都摆不下，只好摆到船舱的过道上。可是没有多久，父亲就牵着我的手，走进了一间很大、很漂亮的头等舱。那时，我以为是父亲买了头等舱的票。长大后才知道，原来轮船公司禀承当局的意愿，以‘头等舱的票已经售完’为由，想阻止父亲回国。但父亲在困难和障碍面前，从来不会回头，他毅然决然地带着我们踏上万里归途。还是同船一位有侠义之心的美国女权运动领袖，得知我们全家挤在一间狭小的三等舱中，出面和船长交涉。她愤然地说：‘你们就让这位世界著名的科学家住在三等舱吗？’我们这才住进了头等舱。

“邮轮经停菲律宾的马尼拉时，我看到有侨胞特意到码头上来看望父亲，可我不知道他们都谈了些什么。2005 年，父亲收到了一封信，寄信的是一位名叫‘林孙美玉’的老侨胞。她在信中满怀深情地回忆了那次在马尼拉和父亲的谈话。林孙美玉在信中说：‘您给我上了美妙的一课！听了您的话，我感到前所未有的幸福。这样谦逊、这样理解人的话语，在当今物质世界里真是再也难以听到。’

“回到祖国后，我们一家来到了北京。不久就落户到中关村中国科学院宿舍，我们住在当时中国科学院最好的房子里，有卫生间和厨房。可是做饭既不是用煤气，也不是用电炉，而是烧煤球，但父亲和母亲都很愉快，因为这里毕竟是自己的国土，自己的家。

“记得回国之初，吃早饭时，桌上摆着冒着热气的牛奶，大人叫我们喝，我们不敢，因为在美国喝的牛奶是凉的、不加热的，桌上的牛奶在我眼中不是‘真’牛奶。我跟妹妹交流着，被懂英语的朱兆祥叔叔听到，讲给大人们听，引起一阵大笑。

“刚从美国归来的我，基本上只会讲英语，和老师同学们交流很困难，更不要说听课、学习了，因而很需要父亲领着我走过这段艰难之路。可这时的父亲却非常忙碌，他正为中国科学院力学研究所的筹建四处奔波。在他领导下，力学所很快就成立了，时间之快超出很多人的预料。他还参加了《1956—

1967 科学技术发展远景规划纲要》的制定。他给科学家们讲授电子计算机、受控热核反应，这些科学技术的最新发展在当时的中国还很少有人了解。

“父亲的工作这样繁重、忙碌，自然也就无力关心我的学习和生活。也就是说，从那时起，父亲的大手很少再牵着我的小手漫步人生路，但他却用另一只无形的手，继续引领着我，以他潜移默化的影响，告诉我如何做人、如何成才。父亲是一个多才多艺、眼界非常宽、看得非常远的人。他曾经多次提出，科技创新人才要具备两种能力：一是逻辑思维的能力，二是形象思维的能力，这两种能力都要靠后天的培养、训练，他自己就是这么走过来的。父亲上中学时，我爷爷让他学理科，但在寒暑假让他学画画、学乐器演奏、学书法、学摄影。因此，父亲青少年时期在形象思维方面所受到的培养、训练，大大多于其他人。当父亲把自己的这段家教故事告诉他的老师冯·卡门教授时，卡门教授赞叹地说：‘你的爸爸真了不起！’

“除了形象思维，当然还有逻辑思维能力的培养、训练，而能让这两种思维能力都得到提高的，是书。读书是我们家的‘家风’，我从这个家庭里受到的最大影响是对书的热爱。父亲是一个非常爱读书的人，他读书的范围非常广。早在高中，他就读了介绍相对论的书；在大学时，他读过俄国人普列汉诺夫的《艺术论》。父亲和母亲很重视培养我的读书爱好。回国的时候，尽管行李很多，父母还是给我和妹妹带了不少精美的图书，尤其是科普读物。在父亲的影响下，在这种家风的熏陶下，我也养成了爱读书的习惯。现在只要有我喜欢的书，不管有用没用，都找来读，毫无功利目的。这对我的成长起了很大的作用。

“1982 年，父亲退出了第一线，他年纪大了，腰有些弯了，手也不那么有力了，而我的手也不再是被父亲牵着的小手了。‘大手牵小手’已经成了遥远而甜蜜的回忆了。但是我很快就感到父亲仍然在‘牵’着我前行，不是用他的手，而是用他的行为，他那永不停息的探索精神。父亲不但‘退而不休’，而且他科学家富于探索的热情更加高涨、更加炽烈，他关注的范围更宽了，涉足的程度也更深了。他不仅涉猎音乐、绘画、电影、文学、生命科学、技术美学、现代农业，而且有研究、有心得、有创见。

“随着时间的流淌，研制导弹、火箭、卫星的父亲也不可避免地年迈了，甚至不得不卧床了。尤其是他的听力衰减得非常厉害。以前，他是个‘铁杆广播迷’，中央人民广播电台每天一早一晚的‘科学知识’和‘新闻联播’，都是他必须要听的节目。为此，我们家吃饭的时间都要为广播节目让路。直到电视机已经普及到千家万户，许多家庭已经没有了收音机时，父亲还仍然坚持收听广播。据说，喜欢听广播，不爱看电视的人，大都是形象思维能力特强的人。可是到了晚年，他已经听不了广播了，无奈地对我说：‘咱们支个电视吧。’于是，我在他的房间里支起了一个电视。他问：‘多少钱？’我没有告诉他，只说：‘算我孝敬您的。’

“他晚年虽然卧床了，但他的头脑不仅没有‘卧床’，而且更加关注那些影响国家前途的大事，尤其是中国的教育。他多次和我谈到这个话题。他认为中国的大学还没有完全形成培养科技创新人才的机制。他说：‘讲科技创新首先要进行形象思维，要善于联想，提出假设后再用严密的逻辑思维加以证明。要是连‘假设’都没有，何来‘证明’？’现在许多家长让自己的孩子学这学那，初衷很好，但太功利。学弹琴、学舞蹈、学画画都是为了升学时加分。我们那时候哪有级啊！我父亲要我学画画，学到哪儿算哪儿。’

“2009 年 10 月 31 日，父亲永远离开了我们。他再也不会牵着我的手走人生之路，再也不会用语言给我讲述人生的哲理。但我总感觉到，他过去是一棵大树、一座高山，现在又如一颗恒星，有一种永存的、无形的‘引力场’。这就是他的学识、他的风范、他的思想、他的精神，我会继续在他的‘引力场’中前行。

“我敬佩父亲，因为父亲像一棵大树，我是大树上的小鸟，有繁茂的枝叶遮挡，不必担心风雪骄阳；父亲又像一座高山，我是高山上的小草，有了高山的滋养，才能茁壮地成长。

“今年是父亲带我们一家归国60周年，现在我也已经退休了。我也要像父亲那样‘退而不休’，为实现‘两个一百年’奋斗目标和中华民族伟大复兴的中国梦继续贡献自己的力量！”

（四）德馨品高 翰墨留香

孙学玉局长讲话

中共中央组织部人才工作局局长、中央人才工作协调小组办公室主任孙学玉同志高度评价了钱学森同志辉煌的一生。他表示：“钱学森同志既是伟大的科学家，也是杰出的教育家。他极为重视人才事业的发展，一生致力于人才的培养，在为我国科技事业做出卓越贡献的同时，也在培养我国科技创新人才方面发挥了独特的领军作用。钱学森归国之际，正值新中国百业待兴、特别是各方面事业发展都亟需人才之时。他对我国高等教育事业和学科专业建设倾注了大量心血，大力倡导培养科技帅才和将才。他以自己的模范行动和严谨作风、学风，培养了一大批堪当历史重任的一流科学家和工程技术专家。在以钱学森同志为代表的老一辈科学家带领和培养下，我国在多个学科和多个领域逐渐形成了一支特别能吃苦、特别能战斗的高层次科技人才队伍，为党和国家事业的长远发展提供了重要的人才支撑。

“钱学森同志是中华民族的优秀儿女，是中国共产党的优秀党员。他始终保持党的优良传统和作风，始终保持艰苦奋斗的政治本色。他一生襟怀坦荡、光明磊落，坚持原则、维护大局。他淡泊名利、无私奉献，一心扑在事业上，从不计较个人得失。他坚持真理、治学严谨，善当伯乐、甘为人梯。他具有德馨品高的大家风范，在我国科技界享有崇高威望。钱学森同志的伟大精神，是实现中华民族伟大复兴的宝贵财富。”

谈及关于人才工作时，孙学玉同志指出：“当前，全党正在掀起学习贯彻党的十八届五中全会精神的热潮。全会立足当前、放眼世界、面向未来，提出要加快建设人才强国的战略任务。人才资源是推动人类文明进步的第一资源，国家综合实力的竞争说到底是人才的竞争，人才兴则民族兴，人才强则国家强。

“正是有了以钱学森同志为代表的广大科技工作者的卓越贡献，我国科技事业才能取得举世瞩目的巨大成就，从而为我国成为一个有世界影响的大国奠定了重要基础。习近平总书记强调指出，我们比历史上任何时期都更接近实现中华民族伟大复兴的宏伟目标，也比历史上任何时期都更加渴求人才。五中全会吹响了夺取全面建成小康社会决战决胜的号角，任务艰巨，使命光荣。我们要更加牢固树立‘发展是第一要务、创新是第一动力、人才是第一资源’的理念，通过深入实施人才优先发展战略，发挥人才在推动经济结构调整、发展动力转换、发展方式转变中的关键作用，最大限度释放人才红利，为创新发展、协调发展、绿色发展、开放发展、共享发展提供坚强人才保障。

“钱学森归国重要历史意义启示我们，必须毫不动摇地把人才强国摆在突出重要的战略位置，加快推进人才强国建设。必须实施更积极、更开放、更有效的人才政策，聚天下英才而用之。要以更大力度推进‘千人计划’‘万人计划’等重大人才工程，着力发现、培养、集聚一批世界高水平科学家、科技领军人才、工程师和高水平创新团队，培养造就一大批一线创新人才和青年科技人才，形成支撑创新型国家建设的人才梯队。要实行更加开放的人才政策，不唯地域、不求所有，敞开大门，招四方贤达，用天下英才。特别是要像当年支持钱学森归国那样，精准靶向引进在基础前沿领域具有原始创新能力、在新一轮产业革命中能够产生重大突破的世界顶尖人才，引进能够突破关键技术、带动新兴学科的急需紧缺人才，使我国在国际竞争中加速弯道超车，把创新驱动的引擎全速发动起来。

“必须大力推进人才发展体制改革和政策创新，彰显中国特色人才制度竞争优势。体制机制顺，则人才聚、事业兴。习近平总书记强调，要着力破除束缚人才发展的思想观念，推进体制机制改革和政策创新，打通人才流动、使用、发挥作用的体制机制障碍。我们要深入学习贯彻习近平总书记的重要论述，着眼于最大限度激发人才创新创造创业活力，完善人才发展体制机制，扩大人才主体用人自主权，提高人才工作科学化水平，加快构建管理规范、开放包容、运行高效的人才发展治理体系，不断增强我国人才制度国际竞争力。要积极创新人才培养开发、评价发现、选拔任用、流动配置、激励保障机制，努力破解束缚人才脱颖而出和充分发挥作用的体制机制障碍。建立完善人才创新创业利益回报机制，保障人才以知识、技术、管理、技能等创新要素参与利益分配，合力分享创新收益。要依托人才管理改革试验区，鼓励大胆探索、先行先试，建立更加灵活、更加开放、更加有效的人才发展体制机制。鼓励各地因地制宜，大胆探索创新，促进百花齐放、百舸争流，增强人才工作活力。

“必须始终坚持党管人才原则，把各方面优秀人才团结凝聚到党和国家事业中来。人才是党执政的宝贵资源，党管人才是建设人才强国的根本保证。要进一步加强和改进党对人才工作的领导，健全党管人才领导体制和工作运行机制，发挥党总揽全局、协调各方的领导核心作用，更好统筹人才工作和其他方面工作。要进一步发挥好组织部门在人才工作中的牵头抓总作用，管宏观、管政策、管协调、管服务。同时，管好人才工程项目，强化督促检查，会同有关部门，形成齐抓共管的人才工作合力。要发挥党的思想优势、政治优势和组织优势，加强对专家人才的政治引领和政治吸纳，加强同他们的思想联系与感情交流，进一步体现党和国家对广大专家人才的关心关怀，为各类优秀人才安心事业、专心工作、放心生活创造良好环境。要大力宣传党的人才政策和各类优秀人才的先进事迹，在全社会大兴识才、爱才、敬才、用才的良好风尚，开创人人皆可成才、人人尽展其才的生动局面。”

（五）致力航天 硕果累累

雷凡培董事长讲话

中国航天工业代表、中国航天科技集团公司董事长雷凡培同志表示：“深切缅怀人民科学家钱学森的大师风范，进一步弘扬钱学森的崇高精神，对于推动我国航天事业的快速发展，建设航天强国，具有极其重要的意义。”他强调：“接续航天发展之路。当前中国航天事业正处于重大的战略机遇期和跨越发展关键期。党的十八大明确提出要‘建设与我国国际地位相称、与国家安全和发展利益相适应的巩固国防和强大军队’，习近平总书记发出了‘发展航天事业、建设航天强国’的伟大号召，这是在当前国内外复杂严峻的发展态势下，党和国家对中国航天事业赋予的新使命、提出的新要求。新一代航天人循着钱老的‘足迹’，顽强拼搏、攻坚克难，取得了举世瞩目的辉煌成就，在世界高科技领域占有了一席之地，在国际航天领域产生了重要影响，极大提升了我国的国防实力、经济实力、科技实力和国际竞争力。”

在提到钱学森在开创中国航天事业的过程中开创了一套既具有中国特色又具有普遍科学意义的系统工程管理方法和技术时，雷凡培指出：“要进一步传承他创立的系统工程思想，只有坚定不移地传承、完善钱老的系统科学思想和系统工程管理方法，才能保证航天事业持续健康发展。”他表示：“钱老提出的‘两条指挥线’，确保了技术决策的科学与民主和决策计划的有效执行与实施；他设计的科研生产计划协调管理系统，保证了型号研制工作合理、有序、协调地运行；他创建的‘总体设计部’，充分考虑了航天工程的综合性、复杂性，以及分系统与总体之间的紧密联系，确保了系统整体最优。这套系统科学思想和方法，是航天事业发展的根基，是最强有力的方法论。这需要我们依照系统工程思想，不断优化航天型号科研生产组织管理模式，适应航天型号产品化、产业化发展的新趋势，满足高强度研制、高密度发射的型号任务需求；需要我们以系统工程思想为指导，围绕深空探测等前沿领域，加快谋划我国航天未来发展的战略思路，为抢占未来国际航天战略制高点奠定扎实基础；需要我们运用系统科学思维，推动军民融合深度发展，促进军转民技术开发应用和军用、民用技术的双向转移，实现技术、产品和能力的深度融合。

“同时，航天作为中国系统科学思想的发源地，有责任更好地发展成为系统科学思想的研究基地、系统工程理论的推广基地、科技创新成果的转化基地和系统科学人才的培养基地，为全国各行业的共同发展提供有力的理论支撑。”

雷凡培同志还指出：“要大力发扬钱学森勇于创新的科学精神。当前，我国经济增长速度从高速转向中高速，经济下行压力加大，‘三驾马车’牵引发展乏力，中国经济进入新常态，‘大众创业、万众创新’已成为我国发展的动力之源、富民之道、公平之计和强国之策。航天作为国家科技创新体系、中国制造及战略性新兴产业的重要组成部分，是经济社会发展和科技进步的重要推动力量。

“在这新的历史起点上，中国航天科技集团公司身肩成为国家科技创新排头兵的重要战略使命，就应充分发扬钱学森的创新精神，聚焦重点技术发展方向，超前部署前沿科技研究，推动核心技术和体系化论证，大幅增加技术储备；进一步完善体制机制，激发科技创新活力，形成科技创新合力，提升科技创新能力，实现创新驱动发展；大力推动生产经营模式创新、自主创新和人才机制创新，争做创业创新的主力军和引领者，为推动我国经济实现中高速增长、迈向中高端水平做出新的更大贡献。正如钱老所说‘科学精神最重要的就是创新’。创新是钱学森精神的精髓，他宽阔的战略视野和前瞻的战略思维，以及敢为人先的雄心壮志和超越的豪迈气度，是不断激发其创新的内在动力，为国家富强和民族复兴做出了切实的贡献。”

（六）丰功伟绩 旷古烁今

中共中央党史研究室副主任高永中同志从党史角度高度肯定了钱学森同志属于中国，也属于世界、属于人民、属于历史，肯定了他为祖国、为人民做出的杰出贡献，号召我们要学习钱学森同志坚定的共产主义理想信念、勇攀科技高峰的创新精神和德馨品高的大家风范，始终把祖国和人民放在心里，自觉把个人志向与民族振兴联系在一起。他指出：“钱学森同志属于中国，也属于世界。钱学森同志是享誉海内外的杰出科学家，也是伟大的思想家。他是我国航天事业的奠基人、系统科学的开创者、爱国知识分子的杰出典范，也是当代中国共产党人的楷模。在中国共产党人的队列中，钱学森是模范共产党员、忠诚的共产主义战士，是马克思主义哲学的研究者、传播者、实践者。

在当代中国思想发展史、科技发展史、国防建设史和航天发展史上，钱学森同志享有十分崇高的地位。钱学森同志的学术造诣和学术成就是世界级的，他的贡献和影响是世界性的。在这个世界上，他永远是中华民族和伟大祖国的自豪和骄傲。

高永中副主任讲话

“钱学森同志属于人民，也属于历史。习近平总书记说过，历史、现实、未来是相通的。在钱学森同志回国60周年之际，回顾他的回国历程和卓越成就，学习他崇高的思想品质和精神风范，对于我们实施人才强国战略和科教兴国战略，培育和践行社会主义核心价值观，培育爱国、敬业、诚信、友善的一代新人，实现中华民族伟大复兴的中国梦，具有重要意义。”

为多角度、深层次、最真实地还原钱学森波澜壮阔的一生和享誉世界的历史性贡献，中共中央党史研究室、中国航天科技集团公司于2014年4月联合在北京启动了“口述钱学森工程”，委托中国航天系统科学与工程研究院具体组织实施。截至目前，已累计访谈权威专家70余位，搜集钱学森书信、文集等100多份，积累音像资料100多小时，出版工作简报90多期，形成了有关钱学森同志的权威而宝贵的资料库。

第三篇

传承

钱学森是知识分子的一面旗帜，也是中国共产党人的一面旗帜。他曾在关键时刻发挥了别人无法替代的关键性作用，为新中国乃至全人类的发展做出了不可磨灭的贡献。

党的十八大以来，以习近平为总书记的党中央深邃思考、准确定位、谋篇布局，在坚持和发展中国特色社会主义的历史进程中，高屋建瓴，提出了全面建成小康社会、全面深化改革、全面依法治国、全面从严治党等“四个全面”的战略布局。习近平总书记指出，全面深化改革是一项复杂的系统工程，需要加强顶层设计和整体谋划，加强各项改革关联性、系统性、可行性研究。这就需要系统工程最新理论方法的支撑。

钱学森虽然离开了我们，但钱学森的思想、精神和他所奠基的事业，正在被中国的科技工作者和广大人民群众传承并发扬光大；当前和今后，他的精神仍将为建设中国特色的社会主义事业发挥积极作用。本篇主要介绍钱学森所奠基的系统工程方法、航天事业、沙草产业、大成智慧教育等传承情况，并通过“口述钱学森工程”来发掘钱学森精神的内涵，论述了弘扬钱学森精神的重要意义。

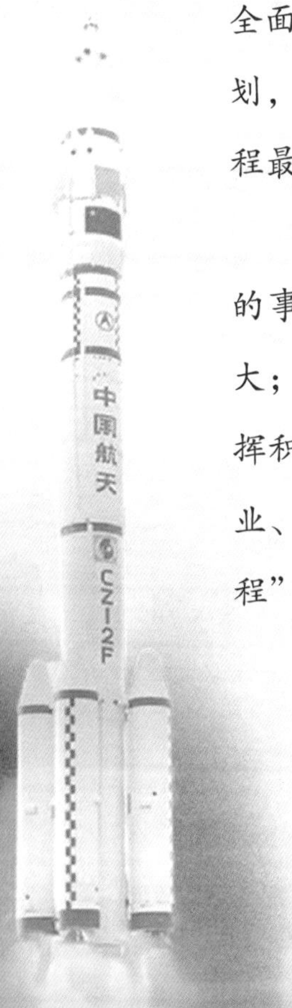

一、系统工程　提升新高度

中国系统工程的创立与前期发展，得益于人民科学家钱学森不遗余力地宣传与推广。钱学森所推广的系统工程已广为人知，其在中国的发展实现了从技术推动向社会需求拉动的转变。这一阶段，系统工程一方面沿着传统系统工程的思想与理论脉络继续深入推进，另一方面也出现了一批超出传统框格的创新成果。系统工程的发展，呈现出百花齐放的蓬勃生机。

（一）搭建系统工程学科体系

钱学森同志等一批科研学者对系统工程与系统科学做了大量研究，并建立了系统科学的体系框架。但时至今日，很多系统工程专业的博士、硕士研究生，在谈起本专业时，仍旧会说“系统科学是博大精深的，但是正是这种博大，也给人博而杂的感觉，导致系统科学体系不系统，系统工程学科不系统”，甚至很多学者对当前系统工程的核心理论及其与其他多种理论的相

中国航天社会系统工程实验室

西北工业大学资源与环境信息化工程研究所

薛惠锋教授

互关系、未来发展方向等仍旧驳杂不清。因此，进一步理清系统工程学科体系、精准把握其基本内涵，对于推动系统工程发展意义重大。

钱学森与系统工程领域的专家学者通过学术报告会、座谈和研讨等方式，使得系统工程学科不断发展壮大，在国际上产生了深远影响，并取得了非凡成就。中国航天社会系统工程实验室、西北工业大学资源与环境信息化工程研究所从创立伊始就学习和继承了这种模式。为了使系统工程沿着科学、理性和实践的要求发展，中国航天社会系统工程实验室主任薛惠锋教授及其大量博士后、博士研究生、硕士研究生，对系统工程发展和系统工程学科体系构建开展了大量研究工作。他们提出，系统工程是综合运用系统和工程的思想、理论、方法和技术，科学处理和解决日益复杂的自然与社会实践问题而形成的从系统整体出发，应用现代数学、计算机、网络计算等工具和手段，对系统的构成要素、组织结构、信息交换和反馈等功能进行分析、设计、制造和服务，以充分发挥人力、物力的潜力，达到系统最优设计、最优控制、最优管理等目标，产生的组织管理技术的学科。系统工程学科的发展方向应当包括系统工程学科发展理论探索、理论系统工程、技术系统工程、应用系统工程等。

人类文明史的演变规律是系统思想史与系统工程史的本源，依附于思想史的理论、方法和技术的进步，不断推动着系统工程的发生、发展，决定了其未来走向。人类思想的突破、认知理论的飞跃、认识方法论的变迁、重大

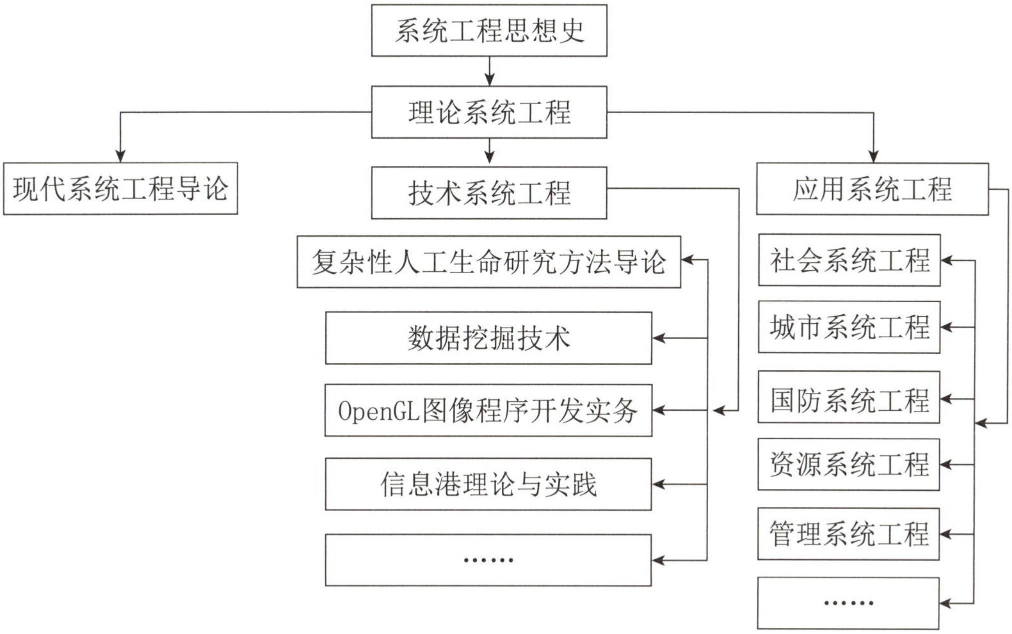

系统工程学科体系架构图

技术的进步为系统工程发展提供了支撑条件，同时人类需求对系统工程发展提出了客观要求。通过研究系统工程学科发展规律，依据以上思想，最终按照“思想→理论→方法→技术→实践”的脉络，薛惠锋教授团队建立了系统工程学科体系，已列出的《现代系统工程导论》《技术系统工程》《领域系统工程》《系统工程思想史》等皆已出版，《理论系统工程》正在编写过程中。系统工程学科体系的开放性、整合性和跨领域性决定了技术系统工程、应用系统工程包含图中所列部分但不仅限于此，其必然会随着时代进步而不断完善和淘汰更新，以适应系统工程实践。

（二）发展系统工程创新方法

顾基发在《系统工程方法论的演变》一文中将系统工程方法论的发展分为三个阶段：硬系统工程方法论阶段、软系统工程方法论阶段和东方系统方法论阶段，并提到“从 40 年代到 80 年代，国内外基本上都是西方提出的种种系统工程方法论占据着系统界的舞台，到了90年代，在东方出现了一些新的系统方法论”。狄增如教授也指出，系统科学在科学研究方法论的层面上要求我们从还原论走向系统论，其关注的核心科学问题是复杂系统的涌现性，通过对各个领域复杂系统宏观涌现行为的研究，抽象出具有普适性的一般规律，是认识系统复杂性的基本途径，而复杂网络作为刻画系统相互作用的基本工具，是构建系统模型、研究系统性质和功能的基础。众多中国学者在学习钱学森等提出的“从定性到定量的综合集成方法”基础上，通过对系统工程的研究和实践，提出了一些新思想、新观点，如“综合提升说”“旋进方法论”“复杂适应系统演化基本原理”等，不断推动系统工程中国学派迈向新的高度。

1. 从综合集成到综合提升的“综合提升说”

中国航天社会系统工程实验室主任薛惠锋教授结合自己对系统工程与系统科学长达20余年的研究积累，认为任何一个组织和系统都要发展，都是从人类主体所认为的不满意状态到满意状态的提升。这些年来大家一直沿用钱学森的综合集成法及其研讨厅体系，系统工程的应用领域也越来越广，使得多年来系统工程的理论方法得到进一步发展。随着信息社会飞速发展，系统变得越来越复杂，系统工程也需要进行整体提升。薛惠锋教授认为把一个系统从不满意状态提升到最满意状态所应该采取的一切的思想、理论、技术、方法、手段和实践经验的智慧积累，进行综合集成来达到目标的实现过程，就叫“综合提升说”。“综合提升说”认为系统由当前状态的系统集成，为实现目标状态，经过在时间轴上不断地更新、完善，逐步提高满意度，直到最终实现满意状态为止，即“综合提升说”具有动态性；“综合提升说”的方法体系是在系统集成基础上进行提升，囊括系统论、信息论、控制论、耗散结构论、协同学、突变论、运筹学、模糊数学等各个方法体系，是实现真正的跨学科融合，多文明交汇，即“综合提升说”具有全面性，并认为“综合提升说”是对现有一些观点的综合提升。系统工程发展到今天，有人认为它是一种方法，有人认为它是一种技术，有人认为它是一种思想，“综合提升说”则强调的是“理论、方法、技术、模型和思想的综合”，把其看成为一门科学。

以“综合提升说”为指导，中国航天社会系统工程实验室，秉承了钱学森的系统工程思想，于2014年开启了“口述钱学森工程”（薛惠锋教授任“口述钱学森工程”项目办公室主任），并长期致力于从事系统科学与系统工程研究，通过以先进的、综合集成的系统科学与系统工程理念、理论、方法与技术（尤其是复杂系统理念、理论、方法与技术）以及相关的技术支持系统（尤其是信息技术支持系统），对复杂社会系统的演化规律与卓越治理模式，进行了跨学科、跨领域、跨层次、综合集成的理论研究与实践应用，解决了中国发展过程中经济系统、政治系统、文化系统、环境系统、人才系统、民生系统以及社会系统的安全与发展等领域所面临的大量现实问题。同时，实验室致力于为中国实现科学发展与社会和谐提供具有“大成智慧”的突破性研究与应用成果，并追求使实验室逐步发展为国内一流、世界知名的智库。

“口述钱学森工程”启动会

顾基发研究员

2. WSR 系统方法论

物理－事理－人理系统方法论（Wuli-Shili-Renli System Approach，简称 WSR 方法论）是一种东方系统方法论，它是顾基发 1994 年在英国 Hull 大学时与英国学者朱志昌共同提出的，在国内外已经得到一定的公认，并应用于系统科学、评价领域、管理科学等 24 个领域中，成为解决复杂问题的有效工具。WSR 既是一种方法论，又是一种解决复杂问题的工具，由于其观察和分析问题，尤其是观察分析复杂特性的系统时，具有其独特性，并体现中国传统的哲学思辨。WSR 方法论包括物理、事理、人理三个方面，主要内容如下表所示。

物理－事理－人理系统方法论内容

	物理	事理	人理
对象与内容	客观物质世界法则、规则	组织、系统管理和做事的道理	人、群体、关系为人处世的道理
焦点	是什么； 功能分析	怎样做； 逻辑分析	最好怎么做； 可能是人文分析
原则	诚实、追求真理	协调、追求效率	讲人性、和谐、追求成效
所需知识	自然科学	管理科学　系统科学	人文知识　行为科学

WSR 系统方法论，其核心是在处理复杂系统问题时，既要考虑对象物的方面，又要考虑这些物如何被优化运用到事的方面，同时，还要突出人的作用，达到知物理、明事理、通人理，从而系统、完整、分层次地来对复杂问题进行研究。根据复杂系统自身特点，在运用过程中，系统工程实践者需要对 WSR 的内涵做出必要的适用性调整。

基于 WSR 方法论，目前已经有了大量研究成果，如寇晓东、张强、王磊、张峰等分别对城市发展、环境安全、企业安全管理、制造业能源安全等问题进行了研究；还有学者用 WSR 系统方法论研究了知识管理、ERP 项目执行中的风险因素、质量评估、建筑企业的文化创新等；而在项目管理方面，黄海英对用 WSR 方法论认识项目管理做了初步的尝试，佘立中则对大型工程项目管理的 WSR 系统模式进行了初步的实证研究等。

3. 旋进方法论

针对难度自增值系统（即处理这类系统的困难程度会随着处理过程和时间进程而增加的系统），上海交通大学王浣尘教授于 1994 年 9 月在《一种系统方法论——旋进原则》一文中提出了旋进方法论。

王浣尘教授

旋进方法论，即在处理难度自增值系统过程中，以动态跟踪系统目标为宗旨形成一条主轴线，坚持将多种方法相结合或交替灵活应用，并及时进行反馈调整，以使系统在变化或演化过程中尽可能地接近主轴线。经过努力推进实现相对的、有限的优化。在进一步研究的基础上，1997 年，他又给出了适用于完全确定型信息系统、完全随机型信息系统和状态依赖型系统的旋进原则方法论的一些模型与判据。

旋进方法论已在一些研究中广泛应用，如刘媛华等运用旋进原则设计了企业集群创新系统持续发展的旋进策略，陈德智等研究了基于旋进方法论的技术跨域模式，表明了这种处理问题的原则和指导思想在实际应用过程中能够显示出威力，并有着一定程度的普适性。

4. 系统论方法——从定性到定量综合集成方法

于景元研究员

为了创建系统科学的基础理论——系统学，钱学森从 1986 年开始，在原航天工业部 710 所举行“系统学讨论班”。在钱学森的直接指导下，“系统学讨论班”由副所长于景元研究员主持，邀请国内各方面专家共同研讨系统科学的前沿问题。每次讨论班由一位专家主讲，然后参会专家进行讨论，最后由钱学森做概括总结。于景元研究员等专家在钱学森的直接指导下，开展了大量的系统科学研究和系统工程实践活动。“系统学讨论班”吸引了全国各地的专家学者前来参加，推动了系统科学的研究和系统工程的应用。

“系统学讨论班”形成的重要成果就是由钱学森概括出的“从定性到定量综合集成方法”，而这个方法的实践基础就是710所开展的“财政补贴、价格、工资综合研究”“国家宏观经济预测与发展规划研究”等多个项目。1990年，钱学森、于景元和戴汝为在《自然杂志》发表了《一个科学新领域——开放的复杂巨系统及其方法论》，提出了“从定性到定量综合集成方法”。综合集成方法的提出，使系统工程方法从工程系统工程发展到了复杂巨系统工程和社会系统工程，掀开系统工程发展的新篇章。

综合集成方法包括定性综合集成、定性定量相结合综合集成和从定性到定量综合集成三个过程，其实质就是把专家体系、数据和信息体系以及计算机体系有机结合起来，构成一个高度智能化的人机结合、人网结合体系。它的成功应用就在于发挥这个体系的综合优势、整体优势和智能优势，它能把人的思维、思维的成果、人的经验、知识、智慧以及各种情报、资料和信息统统集成起来，从多方面的定性认识上升到定量认识。综合集成方法吸收了还原论方法和整体论方法的长处，同时也弥补了各自的局限性，它是还原论方法与整体论方法的辩证统一，既超越了还原论方法，又发展了整体论方法。综合集成方法作为科学方法论，其理论基础是思维科学，方法基础是系统科学与数学科学，技术基础是以计算机为主的现代信息技术，实践基础是系统工程应用，哲学基础是马克思主义认识论和实践论。

5. 系统“J”结构理论

在从现代经济增长事实和复杂性角度深入研究经济增长的原因和机制的基础上，北京师范大学方福康教授在《经济增长的复杂性与“J”结构》一文中提出了复杂系统的“J”结构。

“J”结构是一种经济增长复杂性的重要模式，这种具有潜在后发优势

方福康教授

但又需要先期投入的经济现象普遍存在于国际贸易、金融、教育、人力资源、生态环境等不同领域，但由于增长的复杂性，“J”结构及与之相对应的“J”过程或“J”效应往往被波动所掩盖。事实上，一种具有潜在后发优势但又需要先期投入的经济现象都有可能产生“J”效应或“J”过程，在经济增长的各个方面都有反映。“J”过程的本质就是系统如何从一个定态越过势垒达到另一个定态。在系统方程中的变量间有这么一些条件，如果这些条件满足，则必然导致“J”过程的发生。

“J”过程可用来表示宏观经济系统中宏观变量之间的相互关系，体现了这些宏观变量之间的非线性相互作用机制。

6. 多尺度方法

针对化学工程的多尺度结构和多态性问题，李静海等在《化学工程中的复杂系统及多尺度方法》中提出了多尺度方法。该方法的关键在于不同尺度模型间的关联，对复杂系统进行尺度和控制机制的分解，而不同控制机制分别被表达为一种极值趋势，不同机制之间的协调形成系统的稳定性条件，在数学上它可以表达为这些机制互取条件极值的多目标变分问题，而它也把不同尺度上的动力学约束关联起来，形成封闭的模型。

李静海院士

多尺度方法最先在颗粒流体系统中获得成功，建立了多尺度能量最小（EMMS）模型，后来逐步推广到单相湍流、三相流和乳液体系中。多尺度方法是解决复杂系统不同模型间关联的有效方法，实质是对还原论和整体论的关联。

7. 定性与定量结合的智能决策支持方法体系

清华大学陈剑、朱岩通过研究项目实践，进行了基于神经网络和定性推理的智能化决策支持方法探索，建立了定性与定量结合的智能决策支持方法体系。该体系建立了一个面向复杂决策问题的决策支持系统框架，并就决策问题的界定和表述、决策者偏好获取、优化效率以及神经网络在DSS中的应用等难题进行了深入研究，包括

陈剑教授

定性推理、基于质量功能配置的决策分析、不确定性的表示、基于不完全知识的多目标决策、决策神经网络方法以及神经网络结构优化、基于旋转正交遗传算法和基于数论网格的遗传算法等优化技术等。

该体系在理论研究上已达到国际先进水平，部分成果和思想已经应用于复杂问题决策支持系统的研究和开发工作，如“青岛宏观经济决策支持系统”的研制开发、虚拟企业研究、供应管理研究等，并获得了北京市2001年度科技进步奖二等奖。

8. 量度工程

王崑声研究员

“量度工程”是由中国航天系统科学与工程研究院王崑声研究员等在《数学的实践与认识》上发表的文章《量度工程——精细化管理理论方法与技术初探》中首次系统做出阐述；主要指工程实践中针对工程量化评估体系及优化提升等理论方法技术，包括定量评估与要素优化两方面。系统工程着眼系统整体功能的涌现，重点是完成顶层设计，协调系统要素和组分。“量度工程”则更加关注于系统工程的“对立统一”面，即底层实施过程中的要素和组分实际状态，是充分认识、优化系统，完成系统工程实践的必要条件。系统工程完成顶层设计后，需要对工程的重要状态、节点、因素进行量化评估，针对评估结果，进行“量身定做”的改进并加强提升，这对于保障工程的顺利实施，提高工程的成功率可以起到关键的作用。其基本过程包括“系统构建→系统评价→系统提升”，并形成“评估→优化→提升→评估”的闭环模式，最终达到系统的持续改进。

“量度工程”是系统工程理论方法技术的集成和发展，是在系统工程定量构造方法的基础上发展出来的系统定量评价、定量优化、定量提升的理论、方法和技术。

9. 向量优化的突破性进展

优化是运筹学的基本问题，也是系统工程的基本问题。向量优化是解决多目标优化问题的重要基础理论和方法，陈光亚和汪寿阳等人在这方面的研究中取得了许多突破性进展。

早在20世纪80年代，陈光亚和汪寿阳等人就在向量优化研究中提出了一个新的非控解概念，率先提出了变动偏序下的向量变分不等式和向量互补问题的数学模型。陈光亚等给出了在局部凸拓扑空间与弱收敛意义下的广义Arrow-Baranki-Blackwell稠密性定理，奠定了无穷维空间向量优化问题标量化的理论基础。他们首次建立了集值映射的广义变分原理，为集值分析以及集值优化的近似分析开拓了一个新的研究方向，还率先建立了集值映射的极大极小定理。该工作被国际同行评价为

陈光亚研究员

原始创新。

择一性定理是优化理论研究的一个基本工具，对于集值映射如何建立择一性定理是一个非常基础性的研究课题。他们率先提出集值映射的择一性定理，并应用它去研究集值优化的最优条件及 Lagrange 对偶理论等。这些结果推动了国际同行在这个领域的大量后续研究。

10. 反馈作用及能力的突破性研究

郭雷院士

中科院数学与系统科学研究院郭雷等在国际上率先开展反馈机制的能力与不确定性之间定量关系研究，取得了具有突破性和原创性的成果。反馈在系统与控制领域是一个核心概念，也是对付复杂系统的一条基本的系统学原理。在控制系统中，反馈的主要作用是对付系统中存在的内部和外部不确定性。其中，对一类基本的参数化不确定非线性随机系统，他发现反馈机制的能力依赖于系统本身非线性动态的非线性增长程度和未知参数的个数；在单参数不确定性控制系统中，存在反馈机制可以对付的非线性增长程度的“临界值”。当非线性增长程度小于此临界值时，一定可以构造反馈机制使系统稳定并使性能最优；但当非线性增长程度大于或等于此临界值时，任何反馈控制都不能使系统稳定。

郭雷最近几年在定量研究反馈机制的最大能力和局限的过程中，对一些最基本的不确定性控制系统，发现并证明了反馈机制最大能力的“临界值”，建立了几个关于反馈能力的“不可能性定理”。此外，对具有采样反馈的连续时间非参数不确定系统和具有隐马尔柯夫跳变的随机时变线性系统，也发现并建立了关于反馈机制能力的“不可能性定理”。

11. TEI@I 方法论

汪寿阳研究员

中国系统工程学会理事长汪寿阳研究员提出的 TEI@I 方法论是基于“文本挖掘 + 经济计量 + 智能技术 @ 集成技术”而形成的一种结合传统统计技术与新兴人工智能技术的方法论，系统地融合了文本挖掘技术、经济计量模型、人工智能技术和系统集成技术。在 TEI@I 方法论中，用“@”而不用“+”，就在于强调是一种非叠加性的集成，强调集成的中心作用。

基于先分解后集成的思想，TEI@I 方法论在解决复杂系统问题时，首先将复杂系统进行分解，并利用经济计量模型来分析复杂系统呈现的主要趋势，利用人工智能技术来分析复杂系统的非线性与不确定性，然后利用文本挖掘等技术来分析复杂系统的突破性与不稳定性，最后把以上被分解的复杂系统的各个部分集成起来，形成对复杂系统整体的认识，从而达到分析复杂系统的目的。

（三）研发系统工程高级工具

随着信息化技术高速发展，越来越多的复杂巨系统工具被研发，用来支撑系统工程研究和实践。如李旭教授探索将系统动力学结合多主体建模方法，进行复杂系统的模拟探索；贾仁安教授在流率基本入树建模法的基础上，发展了逐树深入仿真技术、枝向量行列式反馈环算法、新增反馈环的枝向量矩阵算法、反馈基模分析技术、政策实施反馈前传递延迟效应的因果链出树法等；徐寿波负责的“物流资源整合与调度优化研究”对价值创造和最优利益分配原则进行了探索；在王其藩教授的指导下，贾建国研究员等持续开展社会经济生态可持续发展模型研究，建立了国家及区域社会经济生态可持续发展模型体系；盛昭瀚教授在重大基础设施工程管理的研究中提出了一些基础理论与方法，并成功应用于苏通大桥、港珠澳大桥等工程；安实教授负责的“重大基础设施工程管理基础理论创新研究”项目，对中国重大基础设施工程管理系统认知与运行规律进行了分析；陈锡康研究员等对投入占用产出分析中乘数效应的时滞问题进行了探讨，并给出了投入产出乘数时滞长度的计算方法；曾力生教授于2010年首次提出了经济系统中的两种平衡的新概念；杨翠红研究员等基于全球价值链指出，测算中国出口的增加值含量时需要在投入产出表中对加工贸易进行区分；陈国庆教授基于资源配置的视角，结合中国企业实际建立了一个引导企业资源配置的战略执行工具系统；黄建华教授和党延忠教授提出基于时间阈值的多标准快递超网络优化方法；高自友教授等将动态城市交通路网与车辆路径问题相结合，提出一类将初始路径安排与实时路线调整相结合的求解策略；张维教授基于复杂金融系统研究发展了计算实验金融方法，设计了“自底向上”的微观建模方法；高小山研究员针对数字化设计制造与数控系统核心问题，拓展了混合计算的误差可控算法、微分差分方差求解的复合算法以及有限域理论与算法；郭雷教授开启了

“反馈机制的最大能力与局限”的定量研究，首次发现并证明了反馈机制最大能力的“临界值”和“不可能性定理”等系列根本性结果；王红卫教授在重大基础设施工程现场综合协调与控制研究上，重点探索了工程现场安全风险形成和路径演化规律等；张纪峰负责的“代谢网络的模块化建模与控制理论”项目，提出了一种从结构为导向的模块化研究框架，证明了无抑制作用的单底物单产物代谢模块在含有输出节点时不存在多个平衡态等重要性质；张维教授负责的“基于计算实验方法的复杂演化金融系统建模、资产定价及风险管理研究”项目，对金融市场中个体适应性进行了多方位刻画；赵秋红教授负责的“非常规突发事件应急管理体系的组织设计理论与系统评估方法”项目，探索了非常规突发事件的信息处理与演化规律建模和决策理论等问题；梁樑负责的“考虑系统内部结构的效率分析方法研究”项目，建立了供应链系统的DEA效率分析模型；吴群红教授负责的“多目标协同与优化视角下的全民医保理论模型构建、效果评价及制度体系”项目，将复杂系统中的协调优化理论与仿真建模方法应用到卫生政策研究领域，建立了基于优化干预目标的系统优化模型；徐贤浩负责的“紧致化仓储系统优化管理与控制的理论与方法研究”项目重点分析了紧致化仓储中心的货物存取策略优化问题；陈剑负责的“低碳时代的供应链建模、优化与协调的理论与方法研究”项目主要研究“碳排放”成本在供应链上的分布于科学度量；杨晓光研究员负责的“‘十二五’时期物价走势预测及分析”项目，利用成本推动型投入产出价格模型和结构分解技术分别分析了工资增长对物价波动的短期影响和工资增长对物价波动的影响；王文彬教授负责的“预测和基于状态预测的复杂工程系统健康管理”项目，运用统计学、可靠性数学研究系统健康状态估计和预测；徐玖平教授以双重不确定性多目标决策为研究对象，定义了“Me测度”等概念，并设计了一类不确定交互式内聚演进算法及6MRP的研究范式；汪寿阳研究员负责的“不确定性决策的理论、方法与实践”项目，开辟了不

确定性决策领域的一些新研究方向；陈晓红教授负责的“复杂环境下不确定性决策的理论与应用研究”项目，重点探讨了群决策行为、群决策方法、优化算法等决策基础理论和方法，以及决策支持系统的开发方法和开发平台；徐泽水教授负责的“犹豫模糊信息融合理论及其在决策中的应用”项目，对直觉模糊信息的集成方式、直接模糊集的关联测度、距离测度和相似性测度、直觉模糊集的聚类算法等进行了多方面研究；王先甲教授负责的“复杂不确定性多主体多目标合作博弈与协商谈判的合作机制与合作模式”项目对复杂不确定环境下的多阶段多次谈判对策建模理论及解法等问题进行了系列探讨。此外，还有如“综合集成的宏观经济决策支持系统”“人机结合综合集成研讨厅雏形系统”等研究成果，进一步促进了系统工程的发展。

1. 综合集成的宏观经济决策支持系统

基于国家 863 计划“综合集成的宏观经济决策支持系统 MSMEDSS”的研究，中国航天工业总公司第七一〇所、中国科学院自动化所和华中理工大学于 1994 年共同开发了综合集成的宏观经济决策支持系统。

综合集成的宏观经济决策支持系统主要是以“从定性到定量综合集成方法”理论为基础，采用高新技术和软科学方法，形成了人机结合、以人为主、人机智能互补、有效利用智能技术的“人帮机、机帮人”的智能决策体系，实现了基于知识的、人机结合式的、具有综合集成特点的宏观经济分析、预测、规划、评价功能。MSMEDSS 的机器体系功能大大加强了，更便于人机结合、以人为主，进行知识的综合集成。机器体系有两个层次的结构，第一个层次是由模型体系、知识体系、信息体系、指标体系、方法体系所构成；第二个层次是支持这五个体系的软件工具。这个系统开发是成功的，受到有关方面的充分肯定和高度评价。

综合集成的宏观经济决策支持系统是由宏观经济模型体系、数据和信息体系、知识体系和评价体系综合集中。各体系既有独立功能，也可协同工作，以实现从问题的形成和识别到备选方案的产生和评价的决策全过程支持，从而基本上体现了人机结合的从定性到定量的综合集成的功能。

综合集成的宏观经济决策支持系统不仅为国民经济形势预测和分析提供了技术支持，也实现了“从定性到定量综合集成方法”的有益实践和探索，为综合集成理论向前迈进并更好地指导实践奠定了初步的技术基础。

2. 人机结合综合集成研讨厅雏形系统

基于“支持宏观决策的人机结合综合集成体系研究”，中科院自动化所于 2003 年完成了人机结合综合集成研讨厅雏形系统的开发，并于同年 9 月 11 日在国际应用系统分析研究所举办的复杂系统建模研讨会上进行了演示，引起了与会专家的广泛关注。

人机结合综合集成研讨厅雏形系统是由专家体系、知识 / 信息体系和机器体系三部分组成。专家体系是由参与研讨的专家组成，它是研讨厅的主体，是复杂问题求解任务的主要承担者，专家体系作用的发挥主要体现在各个专家“心智”的运用上，尤其是其中的“性智”，是计算机所不具备的，却是问题求解的关键所在；机器体系是由专家所使用的计算机软硬件以及为整个专家群体提供各种服务的服务器组成，机器体系的作用在于它高性能的计算能力，包括数据运算和逻辑运算能力，它在定量分析阶段发挥重要作用；知识 / 信息体系则是由各种形式的知识和信息组成，它包括与问题相关的领域知识 / 信息、问题求解知识 / 信息等，专家体系和机器体系是这些知识和信息的载体。人机结合综合集成研讨厅雏形系统把这 3 个部分连接成为一个整体，形成一个统一的、人机结合的巨型智能系统和问题求解系统。

人机结合综合集成研讨厅雏形系统，采用面向 Agent 的系统开发方法，通过采用语义句法描述方法，提出了一种理性与非理性相结合的研讨厅模型，为定量分析和研究研讨厅系统提供了工具；通过对AHP方法的改进和扩展，提出了一种定性意见的集成算法和集成过程，为研讨厅中定性意见的集成提供了工具；研制了可视化的模型集成工具，对于一些现有的、同类型的模型，可以利用该模型集成工具，通过简单的鼠标拖放操作，将多个局部模型与全局模型相连接，形成一个整体模型；开发了描述群体智慧涌现过程的算法和可视化软件模块，可以生动地表达研讨厅中专家之间的交互关系；进行了研讨组织方法研究，对复杂问题求解的大致研讨过程进行了定义和划分，并提出了各个研讨阶段的组织方法；实现了群体智慧的涌现及其可视化；基于WWW的广义专家与协作推荐技术，解决了特殊“专家”的“邀请”问题。

人机结合综合集成研讨厅雏形系统，在软/硬件体系上和组织结构上实现了综合集成研讨厅，使之能真正应用于复杂问题的研究实践，这显得非常重要。

（四）探索系统工程新兴领域

随着科学技术不断进步及社会不断发展，复杂巨系统的研究逐渐成为系统工程实践对象的聚点。如张文军负责的“混合网络下社会集群行为感知与规律研究”项目，建立了混合网络下社会集群行为信息聚融模型；陈国权负责的“复杂变化环境下企业组织管理整体系统及其学习变革研究”项目，探讨组织如何将有限资源在个人学习、团队学习及组织学习间分配的问题；王刊良负责的“在线个性化定制系统的设计特性对消费者定制行为的影响研究”项目，研究在线个性化定制系统中的交互技术等问题；徐信忠负责的“行为金融：心理偏差、投资行为与资产定价”项目，研究行为金融学在行为认知偏差、前景理论、行为资产定价模型、行为组合理论等方面的影响；梁昌勇负责的“基于云的管理信息系统再造研究”项目，分析了基于云的产业生态链资源整合等问题；王飞跃研究员负责的“ERP3.0：企业平行管理系统理论与关键技术研究”项目对企业平行管理系统基础理论、系统构建、评估体系等问题进行了研究；杨善林院士负责的“群决策过程中群体意见智能集结方法”项目从定性推理、粗糙集理论、证据理论等方面研究了新的智能决策方法；汪寿阳研究员负责的“全球宏观经济监测预警系统”项目对世界上各个国家地区整体和行业产业的经济运行情况进行实时监测分析和预测预警等问题进行了探析，同时，他负责的“促进经济、社会和环境协调发展的物流创新”和“面向经济、社会和环境协调发展的现代物流管理研究”项目对全球化背景下的全球物流网络形成机制及演变规律等进行了深入研究；张菊亮教授负责的“城市物流管理”项目，针对特大城市物流管理新问题进行了重点分析；黄海军教授首次在实际交通网络中应用了多车种组合交通分配模型，并建立了符合FIFO特性的动态交通分配模型等；黄冈教授将农业资源管理理论与农业技术创新学的理论与方法相结合，阐释了基于科技价值链的农业资源型技术创新三环模式及链接机制；贾仁安建立了区域双充分低碳生态能源经济循环农业系统工程典型模式和全乡四责任制低碳生态能源经济循环农业系统工程典型模式；吴群负责的“我国土地资源效率提升能力与系统建模研究——基于转变经济发展方式的视角”项目，从经济增长、工业结构、城镇化等角度研究中国土地资源的有效供给与高效配置机制；张鹭鹭负责的“基于公益性多重CAS建模的公立医院改革循证决策研究”项目，构建了以公益性为核心的公立医院绩效考核体系；陶然负责的“中国城镇化过程中的农地制度与相关社会保障研究”项目对中国城市化过程中的土地制度与相关体制改革进行了全方位的理论分析；陈国青负责的“新兴电子商务参与者行为、经营模式及关键技术研究”项目从行为视角考察新兴电子商务的各类参与者在电子商务活动中的模式特征；石勇负责的“数据挖掘与智能知识管理：理论与应用研究”项目，围绕数据挖掘技术与智能知识的理论创新与应用进行了系统研究；许晓东教授等开展的“全国高校教学基本状态数据系统研究及其在新建院校中的应用”项目，提出建设高校“教学状态数据库”等观点；栾恩杰院士所著的《航天系统工程运行》，不仅对系统工程的基本概念与知识进行了深入阐述，并提出工程文化概念；郭宝柱研究员总结了航天系统工程的主要观点及相应技术方法，并在航天工程管理工作中推广应用；薛惠锋教授在“发射场多星多模智能化微波光线转发系统”“应用航天技术建设智慧蜀山”等项目中，对航天工程管理模式进行了深入研究。此外，还有魏一鸣、张国伍、李德芳、杨建昊等诸多系统工程学者对其进行深入研究和大力推广，并广泛应用到知识管理、社会经济、交通运输、军事探索、农业规划等领域，形成知识系统工程、社会系统工程、交通系统工程、军事系统工程、农业系统工程、过程系统工程、法治系统工程等，受到领导及社会各界的广泛关注和重视。

1. 载人航天工程实践

中国载人航天工程是中国航天领域迄今为止规模最庞大、系统最复杂、技术难度最高、质量可靠性和安全性要求最高、经费有限、极具风险性的一项跨世纪的国家重点工程，也是中国航天成功实施系统工程的典范。

设立了以专项管理为核心的组织管理体系。中国载人航天工程涉及政府、用户、承制方、配套方，处于一个关系复杂的大环境之中。为强化载人航天工程管理，设立了中国载人航天工程办公室，对载人航天进行专项管理，统筹协调 110 多家研制单位、3000 多家协作配套和保障单位的有关工作。设立了工程总指挥、总设计师两条指挥线，建立了总指挥、总设计师联席会议制度，以决策工程中的重要问题。

建立了以工程总体设计部为龙头的技术体系。主要负责：科学确定总体方案，实施技术抓总与协调；统筹优化，确保八大系统优化和整体优化；严格控制技术状态，确保整个研制过程符合技术要求。

制定了一套综合统筹的计划协调体系。在载人航天工程的发展过程中，针对多条战线并举、系统间相互交叉的局面，建立并充分使用了综合统筹的计划协调体系。通过系统统筹和综合平衡，制定工程中长期目标规划，年、月、周、日的计划安排，使工程系统成为纵横有序、衔接紧密、运筹科学的有机整体。

构筑了一套系统规范的质量管理体系。载人航天工程按任务分为研制、生产、测试、发射和回收五个方面；按承担层次分为系统、分系统、单机、原材料、元器件五个环节。各方面、各环节的质量责任同等重要，都关系到航天员的安全和任务的成败。因此，按系统工程管理要求，采取了系统整机研制质量与协作配套产品质量并重，工程硬件产品与软件产品质量并重等做法，全面、全员、全过程抓质量：一抓“头头”（领导和管理机关），二抓“源头”（元器件、原材料、设计和工艺），将质量控制点落实到每个系统、每个单位、每个工作岗位，明确责任，规范制度，层层把关。

设立以专项管理为核心的组织管理体系，建立以工程总体设计部为龙头的技术体系，制定综合统筹的计划协调体系，构筑系统规范的质量管理体系等，充分体现了系统工程的思想和特点，既继承了早期航天系统工程经验，又总结了经济转型期经验，对中国航天系统工程进行了创新和发展。

航天科技工业自创建以来，管理体制历经调整变化，航天产品不

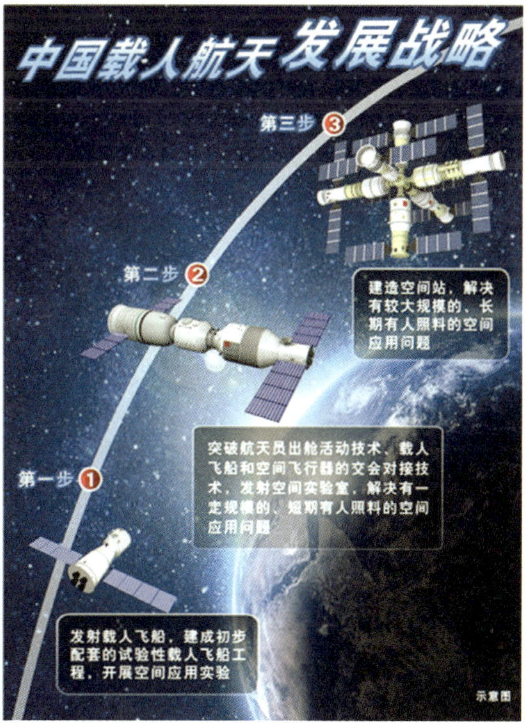

中国载人航天工程的组成

栾恩杰院士

断更新换代，而系统工程方法却是中国航天几十年管理实践不变的主旋律。在不断的航天实践中，栾恩杰、马兴瑞、袁家军、郭宝柱等都总结了自己对航天系统工程的理解，取得了许多系统工程成果。

国防科工局科技委主任栾恩杰院士认为："中国航天系统工程是'运行'的必然结果，是在运行中产生的，'运行'是中国航天系统工程的灵魂；系统工程不是工程系统，而是建造工程系统的过程；中国航天系统工程的要津就是'过程跟踪、节点控制、里程碑考核'。系统工程是管理学科，更深层次讲，是复杂的工程管理学科。"这些观点都在他所著的《航天系统工程运行》中作了详细的论述。

马兴瑞研究员

中国航天科技集团公司原总经理马兴瑞研究员在《中国航天的系统工程管理与实践》一文中，将航天系统工程的核心归纳为"强化了总体设计部的顶层控制作用，形成了型号指挥系统和型号设计师系统的组织体系，实施了以‘三步走’为核心的型号产品发展路线，制定了四个技术状态的型号研制阶段管理，建立了‘系统质量’观念下完善的质量体系和制度”。

袁家军研究员

中国航天科技集团公司原副总经理袁家军研究员在《中国航天系统工程与项目管理的要素与关键环节研究》一文中提出“航天事业的成功得益于系统工程与项目管理的应用与发展，中国航天的发展之路就是航天系统工程与项目管理的发展之路，中国航天在创业中起步、在探索中发展、在改革开放中不断跨域，开创了一条具有中国特色的运用系统工程实施科学管理的发展之路，为航天工业的进一步发展奠定了坚实的基础”。

郭宝柱研究员

郭宝柱研究员在《中国航天系统工程》一文中写道：“中国航天在载人火箭、人造卫星、宇宙飞船和导弹武器的研制实践中形成了一套有效的系统工程方法，包括总体设计部、研制程序、工作分解结构、技术状态控制和阶段评审等。”他认为：“总体设计部的设置强调了系统分解与集成的思想，是中国航天系统工程方法的重要体现；研制程序是有序逐步递进的研制过程；工作分解结构是系统工程技术和管理的一览图；基线是技术状态控制的基准；技术评审是系统研制的节点；型号设计师和指挥调度体系是中国航天系统工程的组织方式。”

2. 中国国情研究

认清国情，特别是基本国情，是正确制定一切路线、方针、政策，以及发展战略的基本依据，它决定着改革的成败和现代化事业的兴衰。为此，在周立三院士主持下，中国科学院国情分析研究小组先后完成了国情研究第1号报告《生存与发展》（科学出版社，1989），第2号报告《开源与节约》（科学出版社，1992）和第3号报告《城市与乡村》（科学出版社，1994）等研究报告，在国内外得到很大的关注和重视，产生了广泛的反响。

在即将进入21世纪之际，中国科学院国情分析研究小组收集了大量的资料，对中国的人口、资源、环境、能源、粮食和发展等问题进行了综合的系统的研究，完成了第4号报告《机遇与挑战——中国走向21世纪的经济发展目标和基本发展战略研究》。

这份报告采用定性研究和定量分析相结合的方法，发挥中国科学院的多学科优势，利用系统科学方法和投入占用产出技术，通过建立数学模型，对中国今后远景经济发展进行了一系列科学计算和预测分析。在对中国国情进行长期研究和探讨的基础上，用大量的数据和材料说明了当前中国在人口、资源、环境等方面存在的危机和将要面临的挑战，以及难得的历史机遇，提出了现代化持久战、非传统的现代化道路、资源节约型国民经济体系、大力开发人力资源、城乡协调发展等重要观点，并给出了基本战略和主要对策建议。

3. 中国领导层系统工程思维

系统工程的建立、发展与推广，基本成功地实现了周恩来总理“将‘两弹一星’的实践经验扩展到其他社会领域”的重要指示。人类社会系统必须在一定的行为规范控制下活动，使得社会得以正常运转和进化发展。当今世界的中国，社会管理与发展始终是执政者及人们所关注的核心。通过改革，扭转头疼医头、拆东墙补西墙、寅吃卯粮、倾其祖业、毁其载体、封闭自负的发展模式，用系统工程的思想支撑社会可持续发展，助推社会发展和管理已经成为系统工程发展的热点与难点所在。

中国领导人在谈治国方略时，多次谈到治国理政需应用系统工程，体现了中国高层领导人在处理国家事务时的系统工程思维。邓小平同志曾言：“改善党的领导工作是个复杂的问题，要系统地、切实地解决这些问题。”江泽民同志讲道：“系统工程是处理复杂系统所用的方法，它使我们学到一种处理任何工作、思考任何问题的方法，把方方面面都想到，处理得更周密、更完整。”他认为，“改革，是一项复杂的、巨大的系统工程，包括经济、政治、教育、科技、文化体制等方面的改革，需要互相协调、配套进行”。胡锦涛同志谈起钱学森提出的系统工程理论，“上世纪 80 年代初，我在中央党校学习时，就读过您的有关报告。您这个理论强调，在处理复杂问题时一定要注意从整体上加以把握，统筹考虑各方面因素，这很有创见。现在我们强调科学发展，就是注重统筹兼

中国领导层系统工程思维

顾，注重全面协调可持续发展”。温家宝同志曾在国务院会议上发言指出，搞好规划编制，是一个庞大的系统工程，制定规划应成为一个发扬民主的过程，集思广益的过程。习近平同志也认为，治理国家和社会是复杂的系统工程，必须统筹兼顾、全面规划，必须发挥执政党的社会整合功能。中央政府从制定国民经济发展规划、实施科技体制和教育改革、推动新农村建设、推进地区改革开放和经济社会发展，到强化社会治安综合治理、构建惩治和预防腐败体系建设等各个方面，都贯穿着系统工程思维。2008 年，国家科技教育领导小组会议强调：制订《国家中长期教育改革和发展规划纲要》是一项十分复杂的社会系统工程，搞好教育改革必须统筹谋划，国务院要求系统设计，试点先行，协同推进。中发［2006］1 号《中共中央、国务院文件》指出，新农村建设涉及经济、政治、文化和社会各个方面，是一项十分复杂的系统工程，必须切实加强规划工作。2012 年 12 月召开的中央经济会议提出，改革必须从解决当前突出矛盾出发，做好顶层设计、总体规划，突出改革系统性、整体性、协调性。这些都充分体现了系统工程思维在推动当代中国社会经济可持续发展中的重要作用。系统工程思维已经成为中国政府、国家领导人制定宏观调控政策，推动中国经济、政治、文化、社会、生态文明建设的重要支撑，是实现可持续发展的重要思想指导。

4. 榆林市社会系统工程实践

2002 年之前，榆林市经济发展十分落后，在陕西省经济排名倒数第一。当时，榆林市市委书记提议在榆林市进行“榆林跨越发展社会系统工程战略”，要把榆林打造成“西部经济强市、特色文化大市、绿色生态名市”。

项目启动之初，常远教授等带领下的社会系统工程专家组经过广泛开展调研，确定了榆林市大的发展战略。在当时榆林经济十分贫困的情况下，立足于当地丰富的煤炭资源，配合国家的能源战略，榆林地区进行煤炭资源的

常远教授（右三）等在榆林市基层单位进行调研和宣传

开发，在短期内获得了良好的经济效益。但这种发展方式仅是权宜之计，因为煤是不可再生资源，挖煤是不可持续的经济增长模式，榆林的未来绝对不能单纯依靠挖煤。于是，在经济增长方面，社会系统工程专家组提出“远近高低双过程”的思路和方法。在世界范围内，利用煤炭资源吸引投资者来榆林投资，让榆林先富起来。之后，再用能源资源的收益进行非能源资源的开发和非能源产业的发展，推行循环经济，进行生态环境保护建设。社会系统工程专家组提出了榆林市“推动科学发展、促进社会和谐”社会系统工程的基本架构。其中，包括经济发展（物质文明）、政治发展（政治文明）、文化发展（精神文明）、环境发展（生态文明）以及人的发展（人本文明）5大发展领域或文明建设领域。

5. 陕西省环境承载力与环境保护战略研究

资源环境及其衍生问题是当今全世界普遍关注的焦点之一，也是当前及未来很长一段时间，中国发展面临的严峻问题。将系统工程应用于资源环境领域，开展资源环境系统工程实践也就随之而生。薛惠锋教授主持开展的“陕西省环境承载力与环境保护战略”研究，就是资源环境系统工程的一项

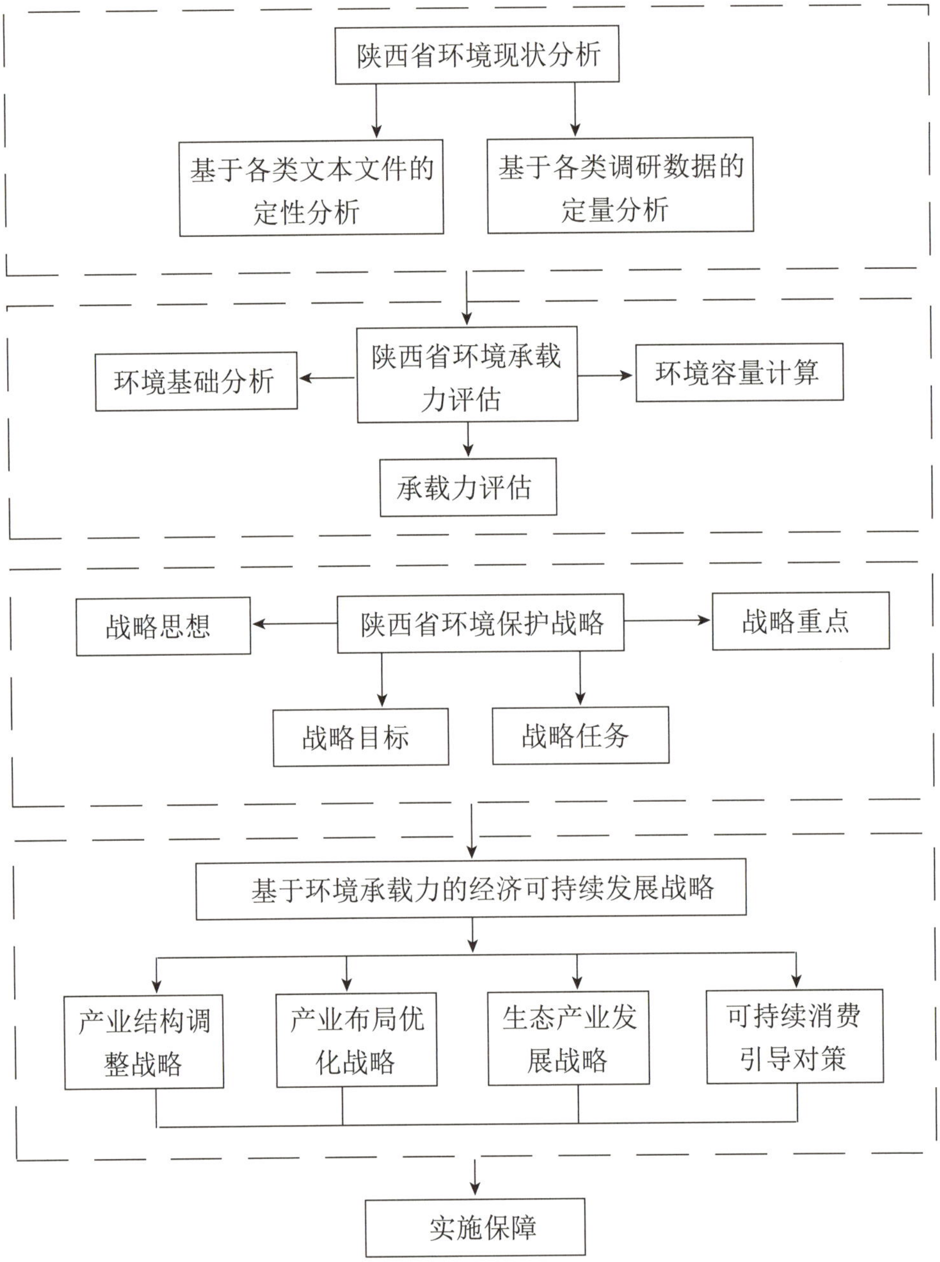

“陕西省环境承载力与环境保护战略”项目研究思路

实践。

薛惠锋教授等在“陕西省环境承载力与环境保护战略”研究中，避免了就环境论环境，而以科学发展观为统领，以正确处理经济发展与环境保护关系为原则，将陕西省环境容量计算，环境承载力评价作为战略制定的切入点，将环境保护视为一个复杂的系统工程，有效融合了环境管理与系统工程两个学科，采用定性与定量综合集成的方法，系统地分析了陕西环境保护发展历史以及当前经济社会发展中存在的深层次环境问题，然后通过动态系统建模，有效模拟和预测了未来发展状态，并通过环境承载力优化与调控，确定了最佳优化方案，为决策部门制定有关经济社会可持续发展战略提供了决策依据和参考。

该项研究，首次系统回顾了三十年来陕西环境保护走过的历程，总结了七条经验，深入分析了陕西经济社会发展中的五个突出环境问题和四个方面的成因，对当前陕西经济社会发展和资源环境发展形势做出了基本判断；构建了包括环境纳污能力、资源供给能力、人为支持能力 3 个目标层和 31 个指标在内的环境承载力评价指标体系，并以区市为最小单元，首次运用状态空间法，系统评价 2001—2007 年陕西省三大板块、十个地市的综合环境承载力，找出了三大板块综合环境承载力的短板因素，摸清了当前环境家底；构建了包含 172 个因子的环境承载力系统动力学模型，通过敏感度分析，找出了影响环境承载力的关键因子，并对陕西省 2008 － 2020 年承载力的变化趋势进行了预测，分析出在五种不同发展模式下，未来十年陕西省环境 - 经济 - 社会系统的综合发展情况；在定量研究的基础上，提出了陕西省未来 10 － 20 年环境保护战略的整体思路、目标、原则、对策和保障措施，为陕西省调整产业布局，制定“十二五”环境保护规划等提供了重要理论支撑，受到了陕西省委、省政府的高度重视，获得了陕西省环境科学技术特等奖。

系统工程还被应用于社会的其他多个领域，薛惠锋教授开展的“用航天技术建设智慧华山”“中尼合作项目”“中央党史信息化项目”等都是将系统工程思想应用于服务业、国际合作、信息化等领域的社会实践新探索。系统工程已成为服务国家的一门重要科学。

6. 面向智慧城市的水资源多元数据融合与建模方法研究

《国家新型城镇化规划》将智慧城市作为发展的全新模式。智慧城市是充分运用信息技术手段感知、分析、整合城市运行核心系统的各项关键信息，对民生、环保、公共安全、城市服务等各种需求做出智能响应，更好地服务现代化城市发展的需要。党中央、国务院提出实行最严格水资源管理制度，中央领导在关于保障水安全重要讲话中明确指出：要“以水定城、以水定地、以水定人、以水定产”。而水资源数据开发利用是智慧城市建设的重要内容。建国以来，国家已先后出台水资源相关法律十部，行政法规十余条，地方性法规近百条，各类部门规章、技术标准、规范性文件上千部，对规范和加强水资源管理发挥了重要作用，也对水资源数据的规范性管理提出了要求。据统计分析，中国 660 多个城市当中，缺水城市比例达到 2/3，但在取水许可、水量监控和水体质量分析方面存在巨大缺口。按照智慧城市对水资源数

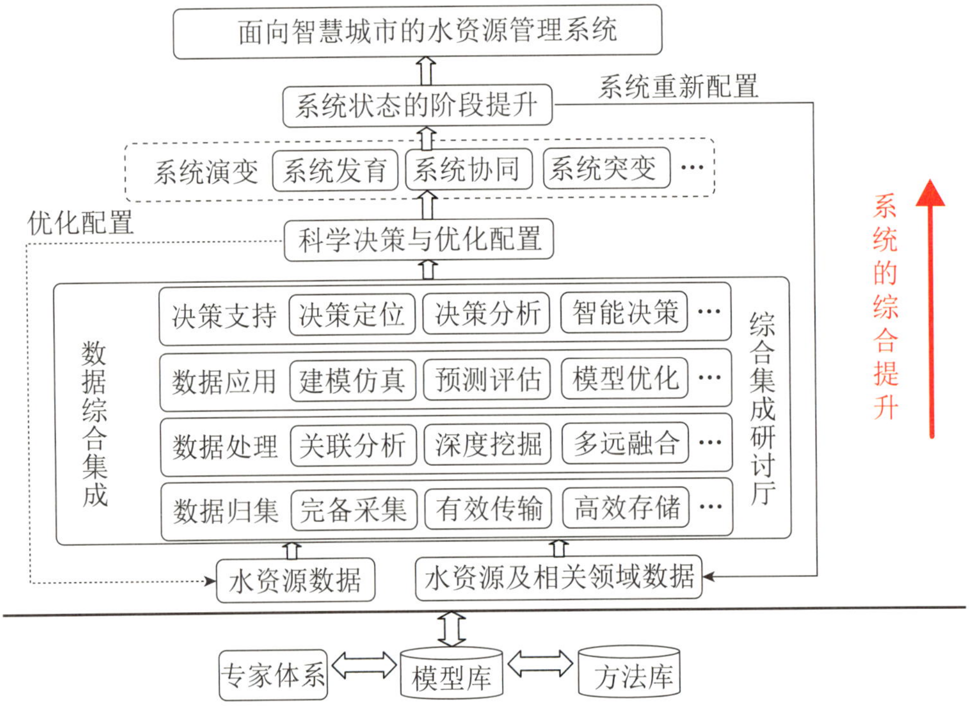

“面向智慧城市的水资源多元数据融合与建模方法研究”项目结构

据保障的新要求，当务之急是要核准这些数据、完善数据体系、建立科学规范并与智慧城市标准相匹配的水资源数据管理系统。

薛惠锋教授主持的国家自然科学基金重点支持项目“面向智慧城市的水资源多元数据融合与建模方法研究”，从国家水资源管理和学术研究的实际出发，针对中国当前水资源管理中存在的数据问题，筛选出数据的完备性、真伪性和功效性三个核心问题。在钱学森提出的综合集成理论的基础上，实现从综合集成到综合提升的理论突破，汲取国内外在数据处理与关联分析、数据挖掘和数据融合、决策支持模型和技术方法等方面的经验，基于水资源数据的多元、多维等特性，开展关键技术研究。通过对广东省水资源管理实践进行理论和技术验证，解决水资源数据管理中的实际问题。同时，从这些实际问题的解决中，进一步完善提升本项目提出的创新系统理论，解决水利部、珠江水利委员会和广东省水利厅面临的水资源数据管理问题，提升水资源决策的有效性，并可将此解决方案推广，以解决智慧城市中其他类似问题。

（五）获得国际学术充分认可

随着中国系统工程的不断研究发展，中国系统工程学会于 1994 年加入国际系统研究联合会（IFSR）。2002 － 2006 年，中国系统工程学会前任理事长顾基发研究员连续担任 IFSR 主席、副主席。

2001 年 10 月，在中国科学院数学与系统科学研究院举办的“文化与科学”国际研讨会上，世界著名的科学哲学家、维也纳大学的 F. 瓦尔纳教授对钱学森的工作称赞“很好”，并希望能够拜会钱学森院士。

2003 年，中国成为 IIASA（International Institute of Applied Systems Analysis，国际应用系统分析研究所）的成员国。中国的系统工程工作者有许多人参加了 IIASA 的研究工作，有许多人访问过美国的圣菲研究所，引进了他们的研究成果，包括一系列著作和SWARM软件等。在中国国内已经多次举办（或承办）系统工程领域的国际学术交流会。

事实上，早在1989年6月在纽约召开的国际科学与技术交流大会，授予钱学森博士“世界级科学与工程名人”称号和“小罗克韦尔奖章”，表彰他的三大杰出贡献，其中之一就是研究与推广系统工程。

当前，系统工程在中国已被广泛谈及，中国的现代系统工程思想绝不局限于上述内容。同时，东方的现代系统工程思想也不仅漫步于中国，在以钱学森为代表的中国系统工程学派繁荣发展的同时，日本椹木义一、中山弘隆和中森义辉等学者在吸收东西方思想的基础上，也于1988年提出了Shinayakana系统方法论；它一方面借鉴了过去处理不良结构问题的技术方法，另一方面利用人工智能等实现人机结合，充分发挥专家作用。该方法分为确定模型类、确定模型结构、核实模型系统三个阶段。第一阶段强调应用专家的知识经验确定模型边界、变量选取以及模型结构选择；第二阶段是通过人机对话对模型进行修正；第三阶段强调各种数学定量方法的综合应用。近年来，中森义辉对Shinayakana方法论进行了发展，提出了科学知识创造的I-system方法论。系统思想在东方源远流长，流淌于每一位东方人的文化血液；崇尚“天人合一，道法自然”的东方人，必将为现代系统工程思想的进步贡献出不可磨灭的力量。

30年来，中国系统工程与系统科学的研究和应用取得了重要成就，协同学的创始人哈肯认为“中国是充分认识到了系统科学的巨大重要性的国家之一”，这为进一步发展系统工程打下了坚实的基础。

二、航天事业 谱写新篇章

2016年是中国航天事业创建60周年。60年以来，中国航天事业在历届党和国家领导人的亲切关怀下，在党中央、国务院的领导下，在各部门的通力配合下，坚持走中国特色的自主创新道路，从无到有，从小到大，从仿制导弹到研制发射各种卫星和载人飞船，航天技术从一片空白到跻身于世界先进行列。钱学森等老一辈航天人所奠基的中国航天事业正在蓬勃发展，中国航天已成为我国综合国力的体现，繁荣富强的象征，兴旺发达的缩影。

20世纪80年代初期，钱学森从一线的领导岗位转入学术研究，而今，中国航天事业仍在按照钱学森指引的方向继续发展。导弹武器更新换代，新型运载火箭、各系列应用卫星相继研制成功，承接对外发射任务，载人航天和探月工程相继启动并取得连续成功，这一系列的骄人成绩使得中国航天成为我国在世界高科技领域展现的闪亮名片。

我国航天人秉承钱学森的意志，学习钱学森的精神和思想方法，在航天领域不断开拓创新，取得了一个又一个重要成就。载人航天、月球探测、“北斗”导航等国家重大科技专项取得突破性进展，空间基础设施建设全面展开，航天技术整体水平大幅跃升，促使我国从“航天大国”向“航天强国”迈进。

（一）航天基础能力得到综合提升

目前，我国已成功研制十余种型号的长征系列运载火箭以及“快舟”小型固体运载火箭，先后将国内外260余个航天器成功送入太空，运载火箭的

“长征六号”运载火箭

可靠性、安全性达到世界先进水平。2015 年 9 月 20 日，我国新研制的新一代无毒无污染小型液体运载火箭“长征六号”首飞成功，成功将 20 颗微小卫星送入太空。此次发射任务的圆满成功不仅标志着中国长征系列运载火箭家族再添新成员，而且创造了中国航天一箭多星发射的新纪录。2016 年，我国新一代大推力运载火箭“长征五号”和中型运载火箭“长征七号”将开展首次飞行试验。

我国已经形成了对地观测、通信广播、导航定位、科学与技术试验等多个卫星系列，在轨卫星数量已经超过 100 颗。我国正在实施建设高分辨率对地观测系统，到 2020 年将使中国对地观测系统达到世界先进水平。我国新研制的“东风四号”大型通信卫星公用平台已经得到成功应用，“东风五号”超大型卫星平台研制进展顺利，使我国卫星研制能力得到大幅提升。

（二）航天重大工程收获丰硕成果

我国自行研制的全球卫星导航系统——北斗卫星导航系统是继美国全球

定位系统（GPS）、俄罗斯格洛纳斯卫星导航系统（GLONASS）之后第三个成熟的卫星导航系统。该系统建设目标是建成独立自主、开放兼容、技术先进、稳定可靠的覆盖全球的北斗卫星导航系统；促进卫星导航产业链形成，形成完善的国家卫星导航应用产业支撑、推广和保障体系，推动卫星导航在国民经济社会各行业的广泛应用。北斗卫星导航系统由空间段、地面段和用户段三部分组成。空间段包括 5 颗静止轨道卫星和 30 颗非静止轨道卫星；地面段包括主控站、注入站和监测站等若干个地面站；用户段包括北斗用户终端以及与其他卫星导航系统兼容的终端。目前，北斗导航卫星已经发射了 21 颗，实现了对亚太地区的覆盖，对我国的国防、经济和社会发展产生了重要作用。

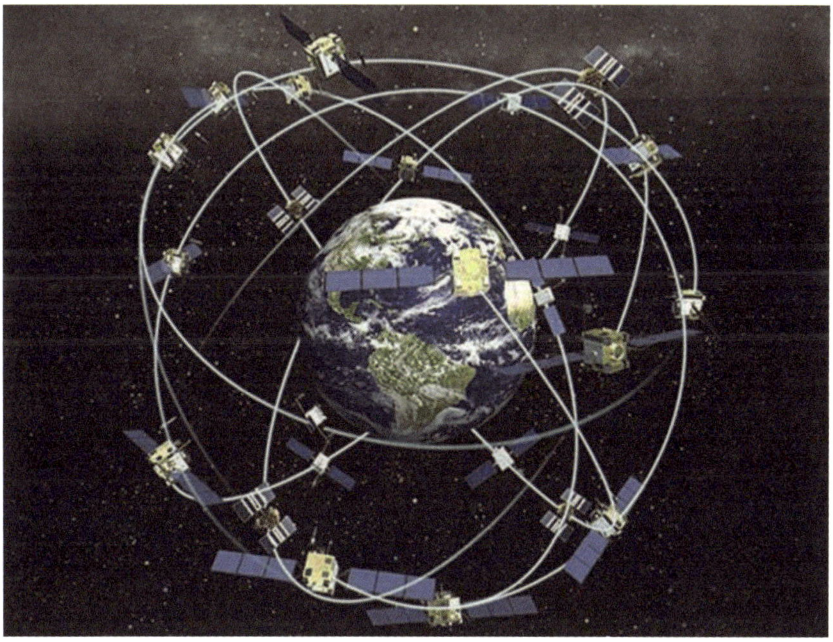

北斗卫星导航系统

2011 年，“天宫一号”目标飞行器和“神舟八号”改进型飞船先后发射成功，完成了我国首次空间交会对接。之后，我国又成功实施了“神舟九号”“神舟十号”载人航天任务，全面掌握了空间交会对接技术，中国载人航天工程第二步战略目标取得重大阶段性胜利。2016 年，我国将发射“天宫二号”空间实验室，还将陆续实施发射货运飞船等更多任务。

2010 年，我国成功发射“嫦娥二号”月球探测器。2013 年，“嫦娥三号”月球探测器成功在月面软着陆，“玉兔号”开展月面巡视勘察探测任务。2014 年，“再入返回飞行试验器”成功发射并回收。标志着我国深空探测技术取得长足发展和重要成功。

“神舟八号”和“天宫一号”交会对接

“嫦娥三号”月球探测器

（三）航天科学技术助推经济发展

航天技术已广泛应用于经济、科技、社会和国防建设的各个领域，取得了显著的社会效益和经济效益。卫星遥感已在气象、地矿、测绘、农林、土地、水利、海洋、环保、减灾、交通、区域和城市规划等方面得到广泛应用；在国土资源调查、生态保护、西气东输、南水北调、三峡工程等重大工程建设中发挥了重要作用。卫星广播电视业务的开展与应用，提高了全国广播电视，特别是广大农村地区广播电视的有效覆盖范围和覆盖质量；卫星通信在“村村通电话”工程中发挥了不可替代的作用；卫星远程教育宽带网和卫星远程医疗网初具规模；卫星导航定位技术广泛应用于交通运输、基础测绘、工程勘测、资源调查、地震监测、气象探测、海洋勘测等领域。航天技术的广泛应用，促进了生产手段的更新和传统产业的改造，提高了人民群众的生活质量，也带动了相关技术领域的发展。

60 年来，以钱学森为代表的航天工作者把个人理想与祖国需要紧密结合在一起，将发展航天事业作为崇高使命，创造了不朽的业绩。在我国航天事业发展中孕育形成的热爱祖国、无私奉献、自力更生、艰苦奋斗、大力协同、勇于登攀的“两弹一星”精神和特别能吃苦、特别能战斗、特别能攻关、特别能奉献的载人航天精神，成为激励一代又一代航天人不懈奋斗的精神力量，也为中华民族增添了宝贵的精神财富。

在新的历史阶段，中国航天面临新的形势、新的任务和新的挑战，中国航天前景灿烂、任重道远。中国航天人将传承钱学森的精神和思想，艰苦奋斗，再攀高峰，续写中国航天发展新篇章，为带动科技发展，支撑国民经济建设和建设和谐社会做出新的贡献。

三、沙草产业　永续新发展

早在 1985 年，钱学森总结历史经验，认为我国西部大开发中必须开拓一条建立于经济、生态、社会三者共同发展基础上的道路，适时地提出了创建知识密集型草产业和沙产业这一条路。

（一）知识密集型草产业获高效益

自 20 世纪 80 年代以来，一些热心草产业的专家学者开展了广泛的研究和实践探索，对不同自然环境条件下的生产方式和管理经营模式进行了试点，取得了良好的经济效益。如新疆荒漠草原区的阜康灌溉草地牧业经济联合体模式，湖南高山草山区的城乡南山牧场种草、养牛、奶加工系统模式等。其中一些项目生产力水平已接近或赶上经济发达国家的同类型草地的水平，达到了扶贫解困、改善生态环境的双重效果。

知识密集型草产业是钱学森把他创立的开放的复杂巨系统理论应用于草产业方面的体现，首创地把以草地为载体和空间的牧草，以及一切共生资源看作是一个密切相关的统一体。草产业就是要运用生物、机械、化工、信息等一切可利用的现代科技手段，综合开发草地上以牧草为主的共生资源。在种植优质牧草、改良土壤、建立优化生态系统的基础上，发展草、牧、林、渔、工、商、旅等连锁产业，建立起高度综合的、能量循环的、科学管理的、生态优化的、多层次的、高效益的产业巨系统。把历来草地资源开发利用上孤立分割、技术分散、效益单一的传统方式，变为综合开发、科技密集、效益耦合的科学方式。

（二）知识密集型沙产业创生态奇迹

知识密集型沙产业就是在“不毛之地”的戈壁沙漠上搞农业生产，充分利用戈壁滩上的日照和温差等有利条件，推广使用节水技术，搞知识密集型的现代化农产业。甘肃的张掖地区从 1994 年开始试搞沙产业，在实践中创造了“多采光，少用水，新技术，高效益”的沙产业路线。内蒙古东达蒙古王集团积极践行钱学森创建的知识密集型林、草、沙产业理论，根据当地特殊气候特征，遵循自然规律，走可持续发展的路子，投资建设了库布其沙漠周边地区 30 万亩的沙柳种植基地。集团董事长赵永亮通过拉通联动经济杠杆原理，实施产业链加生物链的办法。他认为养一个獭兔可以拉通 6 个链条，獭兔产生的没价值的东西可以喂貂，貂的下脚料喂貉子，貉子的下脚料喂狐狸，狐狸的下脚料喂狼，狼的下脚料变成药材，整个系统就是生态型、环保型、科技型的。这个产业发展起来可达 300 亿元产值，加上工艺园，这个地方 10 年以后产值要达到 1000 亿元。

昔日沙海

千人会战种植沙柳

今日绿洲

内蒙古自治区沙漠的生态建设

经过几十年的试点实践，沙产业在甘肃、内蒙古、新疆等地区取得了丰硕成果，成为当地农业在脱贫之后再上一个新台阶的战略举措。

除此之外，钱学森的其他思想也得到了进一步的传承和发扬，包括搞好社会主义民主与法制建设、深入研究信息技术革命对历史和社会的影响、运用“世界社会形态”新概念对世界发展态势进行研究、发展“现代科学技术体系”、建立党和国家的“总体设计部”、发展社会主义建设的系统结构、建设“山水城市”、实行大成智慧教育、倡导“科学与艺术结合”等。

四、全面培养 育大成智慧

钱学森十分重视科技创新人才培养，对我国高等教育事业和学科专业建设倾注了大量心血，培养了大批科技帅才。他一生心系教育，一直与国内外的教育界保持着非常密切的联系。钱学森依据自身成长经历、个人从教实践及我国教育现状，提出了著名的“钱学森之问”——为什么冒不出拔尖人才？并撰文《要为21世纪社会主义中国设计我们的教育事业》，形成了“钱学森大成智慧教育”思想。

（一）解读钱学森大成智慧教育思想

钱学森认为，伟大的科学精神、崇高的品德、高度的爱国热忱、集体主义和严格的组织纪律性，是认识世界和改造世界的无限力量。而理、工、文、艺结合起来，既有渊博的学识又使科学精神与人文精神并重，将会使人们迸发出巨大的热情和威力。这是素质教育的核心，也是大成智慧教育的灵魂。

“钱学森大成智慧教育思想”后发展成为一种全新的创新教育体系，是真正的素质教育、创新教育，具有丰富的思想内涵。其教育理论可概括为三观、三论。三观即学制观、人才观、创新观；三论即全面学习的认识论、教育教学的系统论、科学研究的实践论。通俗地说，大成智慧教育就是教育、引导人们如何陶冶高尚的品德和情操，尽快获得聪明才智与创新能力的学问。其观点是：“必集大成，才能得智慧！”

钱学森提出人才培养的目标定位是“通才”。通才教育是全面实施素质教育的有效途径和方法，重在培养学生的整体素质。“科学家应该学点艺术，艺术家也应该学点科学”，在人才培养中“不但要理工结合，要理工加社会科学”“只用专业知识教育人是不够的”“他必须获得对美和道德上的‘善’的鲜明的辨别能力”，否则就不是一个和谐发展的人。

（二）当前我国教育界的传承和探索

钱学森倡导的“大成智慧”教育思想理念大大推动了我国教育的发展，引起了全国的重视。为了探索出杰出的人才培养模式，当前全国有 5 所高校、7 所中学设立有“钱学森实验班”。

清华大学创办“钱学森力学班”，采取因材施教的个性化教学方式，激发学生的学习兴趣，强化学生的创造力，力求使之具备成为力学领域顶尖人才或相关科学技术领域领军人才的潜力。西安交通大学开办“钱学森实验班”，按照现代科学技术体系构架实验班课程体系，注重学生的人格养成教育以及综合素质和学习能力的培养，使学生成为知识面宽、基础扎实，有思想、有品位、守诚信、团结协作的优秀杰出创新人才。武汉生物工程学院为进一步贯彻钱学森“大成智慧学”的教育思想，为钱学森提出的第六次产业革命和即将到来的生物产业大发展培养品学兼优、具有创新精神的高素质研发人才，成立了“钱学森实验班”。2013 年，上海交通大学机械与动力工程学院也首次设立了“钱学森实验班”。该班采取“本博”连读、全员导师制、国际合作培养方式，培养创新型的拔尖人才。

2011 年 10 月，中国教育发展战略学会立项的“十二五”专项课题——“大成智慧教育研究与实验”总结出了钱学森教育思想的“五六九理念”，取得了丰硕的研究成果，出版了专著《钱学森教育思想及其探索与实践》，其研究成果已经在全国多个小学、中学得到推广应用。

（三）西安市高新一中的探索与实践

坐落于西安国家级高新技术开发区的西安高新第一中学（以下简称高新一中），承载着深厚历史文化底蕴的同时，也迸发着改革创新的活力。在建校短短二十年的时间里，就有 556 名优秀学子从这里步入清华大学和北京大学深造学习，连续 8 年的高考共有 11 名学子勇夺陕西省文理科第一。学校坚持“以人为本，以学生为中心，面向世界，面向未来，培养高素质的合格人才”的办学理念，创造出辉煌的办学成就，使学校一跃成为西部领军、国内知名、国际有影响的育人摇篮。

西安市高新一中

高新一中老校长皎秋萍就一直在反思钱学森去世前提出的关于中国为什么培养不出杰出人才的问题，也一直带领高新一中的教师队伍为杰出人才的培养做着自己的尝试。2009 年，王淑芳接任高新一中校长，在继承皎秋萍老校长教育发展理念的同时，进一步完善学校办学定位，塑造优质的育人环境。沿着钱学森所提出的大成智慧教育思想，高新一中在不断地探索和实践。

1. 教学培养先育人

从高新一中建校开始，皎校长就提出“以人为本”的根本教育理念。一个人如果在做人的层面上出现了问题，其别的方面也一定不会取得成绩，更不要说为国家和社会做出巨大的贡献了。想要真正培养一个人正确的人生观，需要教师采用合理的教育方式引导学生的学习，更重要的是需要用爱来感化学生。“爱的要求”无不渗透在学校生活的方方面面。

在教师们的影响下，高新一中的校园里面流行着一种爱叫大爱。这种爱不光是指老师对学生的关爱，也包括了学生对老师、学生对社会的责任和爱。点点滴滴都体现着高新一中育人为先的教育思维和教育理念。

2. 创新办学塑文化

在接过高新一中的管理和发展重任以后，王淑芳校长面对不断变化的教育形势，面对日新月异的社会、文化环境，创造性地提出了“高起点，新体制，实行现代化管理；高标准，新思想，组建高素质队伍；高质量，新方法，培养国际化人才”的三维拓展办学思想。在创新的办学理念下，高新一中形成了“压力能创新，理想能创新，实践能创新，课堂能创新，求真能创新，时时能创新，人人能创新”的文化氛围。以教师的创新引领学生创新，大胆创新课堂教学模式，形成了特有的探究式、开放式、思辨式三种教学模式。近几年，学校先后在德育、教学、创新人才培养方面申报了52项国家、省、市级课题。

3. 德育文艺共发展

在钱学森独特的教育思想中，最主要的内容就是全才与专才相结合的“大成智慧学”，他认为科学家不仅要有自然科学知识，还要有哲学和人文艺术修养。根据这个理念，高新一中相应地提出了新时期的发展思路——“一体两翼”，即以国内升学为体，以国际高中课程引进、艺体特色课程开发与开设为两翼，强化课堂建设，深化教学改革，在提高学生成绩的同时加强学生综合素质的培养。

高新一中不仅在各项考试中取得优异成绩，也在学生素质的全面培养方面让人瞩目。他们实行以德育为先，用精神引领学生积极发展，培养志存高远、诚信笃志，并富有深厚的民族情怀的学生。

在德育教育的基础上，高新一中着重于学生对哲学和人文艺术修养的培养，建立了兴趣爱好等四大类共八十余个学生社团，让学生在社团中锻炼自己，使自己的特长、个性得到了充分发展。为了给学生全新的成长体验，在学校承办的大型活动中征集学生服务志愿者。这不仅仅是学生参与学校日常管理工作的机会，还是一种全新的成长体验，是一个锤炼能力的平台。

4. 知行合一创新高

在“三维拓展办学思想”中，着重强调知行合一的学习方式，即传承求真求实的学风。在人的实践过程中，“知”与“行”二者必不可分离，使学生将知识运用于实践，并在实践中深化对知识的认识。

学校在学生中成立青年科学研究院，强调“做中学”，让学生通过动手获得实践知识，还与美国麻省理工、中科大、复旦等国内外名校开发了数、理、化、生多领域实验课程。每年暑假，高新一中都请麻省理工的师生来给学生们上动手实验课。全国的五大学科竞赛中，高新一中也斩获颇丰，226 人次获省级一等奖，一等奖获奖人数稳居陕西前茅，两人入选国家集训队，多人入选全国奥林匹克竞赛冬令营，十多人夺得全国奥赛金、银奖。在全国科技创新大赛活动中，学生获国家级金奖 1 人、银奖 10 人，省级一等奖 77 人。学校多个项目参加世界青少年机器人大赛获金奖和最佳发明奖，并荣获“中国科协青少年科技创新人才培养优秀学校”称号。

2016 年 3 月 1 日，在中国致公党总部举行的“模拟政协活动提案上两

西安市高新一中学生委托驻陕全国政协委员王元上交提案

会新闻发布会”上，高新一中学生介绍完提案形成的全过程之后，全国人大常委、全国人大教科文卫委员会副主任，高度评价高新一中学生书写提案的科学严谨态度，发布会现场爆发出雷鸣般的掌声。

5. 系统规划志长远

高新一中是把整个教育阶段统筹起来系统规划。高新的教育是一个整体，从幼儿园到小学、初中、高中，创新性地提出了小学部对幼儿园做要求，初中部对小学做要求，高中部对初中做要求，实现各个阶段教育的无缝衔接，包括教材对接，教学方式对接，管理对接，真正把对学生的培养变成了系统教育而非割裂开来。

为了实现对学生的系统教育，皎秋萍校长专门研究了小学教育，在教育方式上做出了创新尝试。早期的做法是学完 5 年课程之后的一年，普通的学生因为涉及到考学继续做练习，把拔尖生单独分到一个班继续培养，学习科学知识，参观科技展览，这些学生上初中以后在形象思维方面会更加活跃。鉴于小学阶段学生的时间很多，在这个时期就开始培养良好的阅读习惯，培养好写作的基本功底。各位老师也都在培养孩子诚信、担当、感恩、爱国方面，抓紧把知识的学习和做人及行为习惯的培养有机结合起来。

这种教育实践比现在研究钱学森大成教育思想的人都往前走了一大步，因为现在大部分人都还停留在素质教育的阶段，就是逻辑思维、形象思维、创新思维平衡发展，与艺术相结合。高新一中则把钱学森一些关于学制的设想和教学手段以及系统思维都结合起来运用到教育实践中。其在基本的学制改革和教育模式改革方面的尝试，不仅证明了基础教育阶段教育改革的必要性和拔尖人才培养模式的可行性，也为钱学森实验班的设立打下了良好的基础。

6. 启钱学森实验班

高新一中经常邀请钱学森之子——钱永刚教授到校开展“走进钱学森”等专题讲座，他为学生展现了一个真实的、伟大的人民科学家钱学森，详细讲解钱学森的大成智慧教育思想理念。无数的学生为钱学森的爱国、敬业、奉献的精神所打动，这些讲座更是影响了莘莘学子，引领他们为科学献身。

为了进一步践行钱学森的教育思想，探寻培养拔尖创新人才培养的新途径，2014 年 3 月 25 日，由中国航天系统科学与工程研究院牵头的“钱学森

钱学森生平业绩展览馆在西安市高新一中落成，钱学森之子钱永刚教授给大家当起讲解员。前排左起：钱永刚、张文台、糜振玉

钱学森纪念群雕《期待》揭幕

左起：方光华、赵红专、杨希文、王佐书、钱永刚、陶西平、皎秋萍、张文台、糜振玉、王淑芳、常远

实验班”在西安高新一中正式设立，学校成为全国设有“钱学森实验班”的七所中学之一。2015年，学校建成钱学森生平业绩展馆和钱学森纪念群雕，用人民科学家钱学森的故事和业绩激励学子。

在钱学森实验班里，学生不仅可以在自己的学校里听到高校教授的讲座，还可以自愿选修大学课程，参与到高校的科学实践中去，还有大量的实践考察课程，让学生边观察边思考。在课程设置上，“创新班”的学生还可根据自己的兴趣和特长，选修综合拓展课程。高新一中为“钱学森实验班”量身定做了生物、物理、化学实验探究课。教师们结合学习内容，从生活实践到最新技术、从现实生活到未来趋势，一路拓展开来。学生们在动手中轻松地学习到知识，也体味到科学的奇妙，学习的欲望愈加强烈。

钱学森实验班的培养模式与钱学森全才与专才相结合的“大成智慧学”完全契合，各种创新的培养方法突破了以往把教学禁锢于室内的模式，让学生在实践中发现问题，在质疑中提出问题，在探究中解决问题，极大地拓宽了学生的眼界，开阔了他们的思维，让他们在科学、地质、历史、文化、艺术等方面全面发展，为一大批有创新潜力、有想法、爱思考的优秀学生提供了适合他们的良好教育环境，规避了均衡教育的弊端，打下了学生未来成长为通才的坚实基础。在伴随知识大爆炸而来的终身学习模式下，这种学习能力的培养将使学生受益终身。

在 20 年的发展历程中，高新一中从未停止过对“钱学森之问”的思考；钱学森实验班的设立，也只是高新一中创新人才培养之路上的里程碑之一。它必将沿着钱学森的教育思想，不断进取，不断探索，取得一项又一项新的成绩，在我国的基础教育发展史上留下浓墨重彩的一笔。

五、口述工程　传钱学森精神

钱学森是中国共产党的优秀党员和我国航天事业的奠基人，为我国航天事业和国防现代化建设建立了不朽功勋；钱学森是一位享誉海内外的杰出科学家，他始终站在世界科技前沿，在系统科学、社会科学、思维科学等领域做出了开创性工作；钱学森也是一位战略科学家和思想家，对未来科技发展和社会变革提出了许多科学预见，随着时代的变迁和社会的发展，他的许多预见正在逐步变成现实。因此，钱学森的精神品质和科学思想是一个宝贵的精神财富，值得我们继续学习和传承。“书不尽言，言不尽意”，虽然记录钱学森的公开出版物已经很多，但是，钱学森的精神和思想内涵，只有与他有过直接接触的当事人才能真正理解。同时，许多与钱学森共事过的同时代专家与领导大多年事已高，他们所记忆的有关钱学森的事迹会随着时间的推移而逐渐消失；钱学森生活、工作过的许多场地面临被拆迁的命运。因此，抢救这些资料也显得迫在眉睫。

为了挖掘和整理钱学森的生平事迹和思想方法，传承钱学森的精神，建成记录钱学森的权威资料库，为以后的研究和宣传教育提供生动、真实的史料，2014 年 4 月 15 日，中共中央党史研究室和中国航天科技集团公司发布了“中央史办 [2014]49 号”文件《关于实施党史资料征集“口述钱学森工程”的通知》，联合启动“口述钱学森工程”，并委托中国航天系统科学与工程研究院（以下简称“航天系统院”）具体组织实施。

根据中共中央党史研究室和中国航天科技集团公司的要求，航天系统院在前期工作的基础上，从 2014 年开始，组织了专门力量，成立了项目办公室，认真实施了“口述钱学森工程”，通过口述历史的形式，发掘和整理钱学森的生平事迹、科学思想和崇高精神。

（一）精心策划，全面启动工程

“口述钱学森工程”是一项国内外高度关注的工作，项目办公室秉承钱学森的系统工程思想，精心策划，系统实施。

项目办公室首先策划了《口述钱学森工程总体方案》和《口述钱学森工程实施细则》，确定了工作目标、工作原则和工作任务，并明确了工作组织架构、工作细则和工作纪律等，使后续工作有据可循。

“口述钱学森工程”得到了全国政协、中共中央党史研究室、总装备部、国防科工局、中国科协、中国科学院、中国系统工程学会、中国航天科技集团公司、中国航天科工集团公司等单位的大力支持。“好的开始是成功的一半”，2014 年 4 月 22 日，项目办公室组织了一场高规格的项目启动会，通过这个启动会来部署工作，动员各方力量参与、支持工作。中共中央党史研究室高永中副主任、中国航天科技集团公司雷凡培董事长、军事科学研究院原副院长糜振玉中将、中国航天科技集团公司原总经理王礼恒院士、中国科协原副主席刘恕同志、总装科技委钱学森办公室涂元季将军、航空医学研究所俞梦孙院士、上海交通大学“钱学森图书馆”钱永刚馆长等领导出席会议；全国政协、中共中央党史研究室、总装备部、国防科工局、中国科协、中国科学院、中国系统工程学会、中国航天科技集团公司、中国航天科工集团公司各单位代表以及各领域老专家代表，共 200 余人参加了会议。高永中副主任和雷凡培董事长都肯定了“口述钱学森工程”的重大意义，并对此项工作给予厚望。

启动会以后，项目办公室进一步征求了各单位意见，优化了“口述钱学森工程”领导小组、顾问组和项目办公室的成员构成。中共中央党史研究室高永中副主任、中国航天科技集团公司雷凡培董事长和中国航天科工集团公司高红卫董事长联合担任工程领导小组组长，全国政协、总装备部、国防科工局有关部门，航天各单位以及中科院力学所、中国系统工程学会、上海交通大学“钱学森图书馆”等单位的领导为工程领导小组成员，并指派工作人员加入项目办公室。陈大亚、于景元、钱永刚等专家担任顾问。项目办公室在领导小组的领导下，在顾问组专家的指导下，负责具体工作。

项目办公室在航天科技大厦建成了专业的访谈工作室，购置了专业的采访设备，进一步优化了工作程序和标准，组织航天系统院声像组参与摄像工作，并组织航天系统院的研究生参与访谈录音的整理工作。

（二）脚踏实地，扎实开展工作

在各单位的积极支持下，“口述钱学森工程”项目办公室按照工作程序扎实推进各项工作。口述历史是一种搜集历史资料的途径，一般由工作人员访问曾经亲身经历该历史现场的见证人，并进行文字笔录、有声录音、影像录影等，然后在这些原始记录中抽取有关的史料，再与其他历史文献比对，进行学术分析，让历史更加全面、真实、丰富。项目办公室在开展这项工作时，不仅仅局限于口述历史本身，而是同时开展了专家访谈、外景拍摄和资料收集三方面工作。

项目办公室已访谈 70 多位专家，包括钱学森的亲友及身边工作人员、航天及国防系统专家、系统工程及科学界专家，其中有钱学森在美国的博士生、国家最高科学技术奖得主郑哲敏院士，沙草产业专家、中国科协原副主席刘恕同志，钱学森好友郭永怀的夫人李佩教授，钱学森长子、上海交通大学“钱学森图书馆”馆长钱永刚教授，钱学森秘书涂元季将军，系统工程专家王众托院士、汪应洛院士、于景元研究员、顾基发研究员、方福康教授、魏洪森教授、黄顺基教授、姜璐教授、糜振玉将军、汪浩将军等，航天及国防系统专家王越院士、张履谦院士、陈士橹院士、姜延斌局长、许祖凯书记、张文杰所长、李颐黎研究员、褚桂柏研究员，等等。项目办公室在联系被采访专家时，花费大量精力寻找线索，确定专家状况和联系方式。即便如此，也常因为专家身体状况不好等原因，需要经过多次周折才能落实访谈工作。除北京外，项目办公室还屡次赴上海、大连、合肥、长沙、西安等地采访专家。每次访谈，项目办公室都需要提前详细了解专家背景，与专家协商访谈提纲；在访谈工作过程中同时开展摄像、照相、录音和文字记录等工作；采访后将录音整理成文字稿，制作录像资料，并提交专家本人审核校正；根据专家的审核意见，再次修改视频文件和文字稿，确保所有访谈资料的准确性与权威性。

项目办公室组织专门力量拍摄了钱学森曾工作和生活过地方的外景，包括国防部五院旧址、中科院力学所办公室、国防部五院办公室、北京大学风洞实验室、上海浦东老港基地、安徽603基地等，拍摄了钱学森在中关村的宿舍和在航天大院的宿舍，并拍摄了各单位建立的钱学森塑像和展览。其中多处旧址很快就要拆迁，这项工作及时抢救了一部分史料。

项目办公室还通过各种渠道收集了钱学森的手稿、信件、照片、录像和录音等，搜集整理和钱学森有关的各类出版物。已经搜集了钱学森在“系统学讨论班”的发言录音、钱学森的书信，以及各类录像、录音和专著。

到目前为止，项目办公室已经积累了音像资料一百多小时，出版工作简报90多期，收集了钱学森的书信、文集、录音等一百多份，初步建成了关于钱学森同志的资料库。

在开展这项工作时，项目办公室与总装备部钱学森办公室、中国系统工程学会、上海交通大学“钱学森图书馆”、“钱学森与中国航天”课题组等单位和组织紧密合作，联合各方力量，共同做好有关资料的搜集、整理和研究工作。

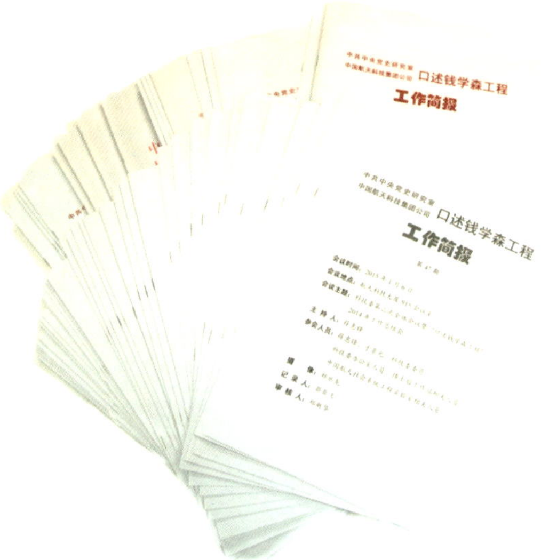

“口述钱学森工程”工作简报

（三）初见成效，获得专家好评

“口述钱学森工程”得到了许多专家的积极支持和高度评价。每一位收到访谈邀请的专家都很激动，认为本工程的意义重大。刘恕副主席在参加启动会时就给项目办公室留下信件，表示：“得知启动了‘口述钱学森工程’十分高兴。钱学森高尚的品德、深邃的科学思想，值得人民永远崇敬和学习。”于景元研究员、顾基发研究员、车宏安教授和钱永刚教授曾专门召开会议，讨论如何继承和发扬钱学森的思想方法，几位老专家都非常支持此项工作，希望“口述钱学森工程”能够帮助他们早日实现这个愿望。石磊、陈大亚、陈中青等多位航天老专家自发组成了“钱学森与中国航天”课题组，研究和宣传钱学森的事迹和思想方法，他们对项目办公室说：“要站在整个民族的高度来看待和开展‘口述钱学森工程’，要为民族留下精神遗产。”钱学敏教授对项目办公室说：“你们做的这件事情非常好，很有意义！钱学森的事迹我三天三夜也说不完。”国防科大的汪浩将军认为接受“口述钱学森工程”

的访谈是他当年遇到的一件喜事，为这次访谈，他光访谈材料就写了三个记事本。涂元季将军为了确保他的口述资料的准确性，对他自己的采访稿进行了3次审核修改才最终定稿。

通过开展“口述钱学森工程”，项目办公室收集了大量有价值的珍贵史料。例如，涂元季将军详细、客观地解答了关于钱学森的两个有争议话题——“万斤粮”问题和“人体科学”问题，通过“四要九不”描述了钱学森科学、严谨的办事风格和朴素、严格的生活作风；钱永刚教授详细介绍了钱学森归国的背景和历程；孔祥言教授、李颐黎研究员、吕德鸣研究员等专家详细介绍了钱学森创建我国航天工业的过程；于景元研究员详细介绍了现代科学技术体系和系统科学体系；钱学敏教授全面介绍了钱学森的思想体系；姜延斌局长、蒋通研究员介绍了钱学森在航天初创时期调整航天体制机制的情况；刘恕副主席介绍了钱学森发展沙草产业的背景；宋孔智研究员系统地介绍了钱学森倡导并组织开展人体科学研究的情况；等等。访谈资料中有许多内容都是专家第一次对外讲述，许多专家对钱学森学术思想的产生背景进行了详细的介绍，这对于正确理解钱学森的思想有着重要作用。

在中国系统工程学会第九次全国会员代表大会上，时任航天系统院副院长薛惠锋代表项目办公室做了“口述钱学森工程”专题报告，引起了与会600多人的高度关注，成为会议讨论的热点。

“口述钱学森工程”也引起了新闻媒体的高度关注。2015年1月23日和26日，《中国改革报》分别以《“口述钱学森工程”再现“人民科学家”风范》和《弘扬大师风范 用系统工程服务国家》为题，用两个整版报道了“口述钱学森工程”工作成果。《中华工商时报》于2015年2月6日对“口述钱学森工程”进行了专题报道。中央党史研究室所属的《百年潮》杂志在2015年出版专刊，专门报道了“口述钱学森工程”在2014年的工作成果。光明日报社所属的光明网也从2015年6月份开始，跟踪报道项目办公室的工作情况。

使命光荣而艰巨，任重而道远。项目办公室将扎实开展工作，不辱使命，继续组织采访专家，搜集整理有关资料，研究挖掘钱学森的科学思想，为当前及今后的工作提供参考，教育启迪年轻人，为国家的改革开放事业出谋划策，为提升中华民族的软实力添砖加瓦，为实现中华民族伟大复兴的中国梦做出贡献。

（四）风范永存，展现精神内涵

伟大的精神造就伟大的人物，伟大的人物成就伟大的事业。钱学森的人生是一段精彩的传奇，钱学森的成就是一座巍峨的高山，钱学森的精神更是一笔宝贵的财富。钱学森作为时代的领军人物在关键时期为中华民族挺起脊梁发挥了无法替代的关键性作用。学习钱学森，不仅要了解他的生平事迹，更应该学习他高贵的精神品质，让这些宝贵的精神、优秀的品质成为最广大人民群众的学习资源，同时，还要挖掘钱学森精神本身的形成规律，探索出培育这种精神的科学途径。

我们认为钱学森精神的内容至少包括以下几个方面。

1. 心系国家民族，永葆民族自信

钱学森从小就立下了救国救民的志向，这种精神激励着他的一生，也是这种精神促成他能够将自己的事业与国家民族的兴衰结合起来，成就伟大的功勋。上中学期间，钱学森在实业救国运动的影响下，选择学习铁道工程专业，力求振兴华夏民族；上大学期间，看到日军空袭中国军民，钱学森受到极大的触动，毅然投身航空救国的热潮，改学航空工程，决心为祖国的航空事业做出自己的贡献。在美国期间，虽然他过着富足的生活，但他没有购买一美元的保险，从未打算在美国住一辈子，一心想着回国效力；回国以后，更是全身心地投入到关系国家命运的国防科技工业中。

钱学森还有一种强烈的民族自信，这种自信激励他不断取得优异成绩。在美国留学期间，钱学森学习比别人勤奋得多，就是为了用成绩证明中国人不比外国人差。钱学森回国后，虽然面对的是资金短缺、人才匮乏、技术落后的局面，但是，在陈赓大将问“我们中国人能不能搞导弹”时，钱学森仍然自信满满地回答道：“有什么不能的？外国人能造出来的，我们中国人同样能造出来。难道中国人比外国人矮一截不成？”在“系统学讨论班”上，钱学森对中国学者讲道：“一切世界上难的题目，中国人应该有信心，我们可以攻克这些难题，而且我们能够取得胜利，比他们要好。”

2. 追求科学信仰，坚信共产主义

钱学森虽然较晚才深入了解马克思主义哲学，但是，他对这种哲学思想深信不疑，并用来指导自己的工作和生活。钱学森在航天初创时期提出总体设计的思想时，就运用了全面、联系、动态的辩证唯物主义哲学思想；钱学森在晚年研究科学技术体系时，更是将马克思主义哲学置于科学技术体系的最高层次。

钱学森坚信共产主义理想，拥护中国共产党的领导。他认为，只有实行民主集中制的中国共产党，才可能科学地管理国家，对国家进行总体设计，而资本主义国家是永远做不到的。钱学森还对如何建设社会主义、推动实现共产主义提出了一系列开创性的观点。

3. 独具战略眼光，发扬系统思维

钱学森思路开阔、目光深远，凡事都能够从战略高度来思考问题，从系统的角度来解决问题，这种思维使他能够成为科学大家，并创建了系统科学学科。当“东风二号”导弹失利后，他并没有仅仅针对发生的故障采取补救措施，而是反思了整个科研体制，提出了加强总体设计、地面试验和技术责任制等一系列措施，对我国航天科研体制机制的建立产生了极为重要的影响。

面对“东风三号”发动机不断出现故障，钱学森提出：“我们不能被故障牵着鼻子走，是不是应该回过头来想一想，我们在最初设计的时候，有哪些重要因素还没有考虑到？”通过他的指点，问题迎刃而解。在航天事业起步不久，他就主持制定了“八年四弹”的战略规划；在研制卫星工作中，他提出了“三步走”的发展途径战略，这些战略指导了我国航天事业的顺利发展。通过对人类发展历史的总结，钱学森划分了人类历次产业革命，指出了第五次产业革命（信息革命）的特征，并预见21世纪将出现两次新的产业革命。这些预见正在逐渐实现。

钱学森的系统思维则更加明显，他从航天工程实践中总结出了系统工程思想方法，并在航天和国防工程中得到广泛应用，还将系统工程推广到社会经济各领域，并创建了系统科学体系。

4. 勇于承担责任，立誓破解难题

钱学森做事具有高度的责任感、务实的工作作风和坚强的毅力，这些品质保障他攻克了一个又一个难题，完成了祖国和人民交给他的任务。当中央将研制导弹、卫星等重要任务交给他时，他面对当时恶劣的条件，没有任何退缩，勇敢地承担起了责任，全身心投入了工作。

为了克服“东风二号”的控制难题，他提出“我们要在控制问题上杀出一条血路”，坚持每周四下午到12所，与技术人员共同研究解决问题，连续几个月，直到彻底解决这个难题。为了解决“东风五号”的防隔热问题，钱学森提出在空气动力界打一场“淮海战役”，动员全国有关工业部门、研究部门和试验单位，开展理论研究、材料和试验几方面的工作，经过两年的时间，彻底解决了难题。

5. 践行务实做事，恪守严谨治学

在航天初创时期面临着“机弹之争”（优先发展飞机还是导弹）时，在

“三年自然灾害”时期面临着导弹研制是否要下马的争论时，钱学森凭着务实的态度和战略的眼光，给中央提出了正确的决策建议，保障了我国国防科技工业的顺利发展。钱学森凭着务实的态度确定了我国导弹、火箭和卫星的技术途径，保障了我国的航天事业能够顺利发展。

钱学森一生都严格遵守科学规律，严于要求自己，以严谨、认真的态度对待任何事情。钱学森在美国期间，将研究工作中的手稿认真保存，他的好友 Frank Marble 在整理手稿时，发现他二十年的手稿竟然一页也不少！这在整个科学界都是罕见的。1964 年，钱学森在《力学学报》发表了一篇关于动力学问题的文章，远在新疆的年轻人郝天护发现他的论文当中有错误，就给钱学森写信指出错误。钱学森不仅回信承认了错误，还推荐郝天护将他的观点写成论文并在《力学学报》公开发表。钱学森在晚年时不参加任何成果鉴定会，不管是多高背景的人物邀请，他也不去，他说他在短时间内并不能了解项目技术细节，不懂绝不装懂。

6. 坚持以人为本，亲自授业育人

钱学森非常重视人才。在航天初创时期，不管工作多忙，他仍然花费相当多的时间和精力亲自办班授课，培训人才。从 1956 年举办的工程控制论讲习班到 1963 年举办空间技术进修班，培训的学生达千余人；1958 年倡议创办中国科学技术大学，对创建国防科大提出了许多指导意见；退居二线后，钱学森还举办了系统学、思维科学、人体科学等多个研讨班；2005 年，作为 94 岁高龄的老科学家，仍向温家宝总理进言教育问题（“钱学森之问”）。钱学森的学生将钱学森对教育和人才培养的执着精神概括为：呕心沥血，身体力行。

在晚年期间，钱学森更加重视人的因素，以人为本，研究人体科学、思维科学、大成智慧教育和大成智慧学，将人才的培养和教育提到一个更高的

层次。

7. 赤子之心永恒，名利不萦于怀

钱学森一心为祖国、为人民勤恳工作，淡泊名利，堪称楷模。钱学森为了潜心科研，主动辞去了国防部五院院长的职务。涂元季秘书在“口述钱学森”时说钱老一辈子不愿为名所累，就想非常低调地做人做事，在日常工作中，他对自己的生活规定过很多个‘不’，包括不题词、不为别人的书写序、不参加任何成果鉴定会、退出一线工作以后不去外地出差、不出国、不参加任何应景的活动、不担任任何荣誉职务。美国总统的科学顾问基沃斯曾来华邀请钱学森访美，由总统或副总统授予他国家科学勋章，钱学森仍然拒绝了。他说：“如果将来我死了以后，中国人民说我钱学森还为党、为国家、为人民办了点事的话，那才是最高的奖赏。”

（五）继扬精神，助推梦想腾飞

钱学森精神是中华民族宝贵的精神财富，它将持续不断地为中国特色社会主义的发展发挥积极作用。尤其在当代中国市场经济快速发展、改革开放不断深化、科技发展日新月异、经济全球化浪潮汹涌的背景下，学习钱学森精神，对于我们今天建设中国特色社会主义、推动科学发展、促进社会和谐、建设社会主义核心价值体系具有重要的现实意义。

1. 弘扬钱学森精神，有助于推动各项工作协调发展

党的十八大以来，以习近平为总书记的党中央深邃思考、准确定位、谋篇布局，在坚持和发展中国特色社会主义的历史进程中，创造性地绘制了全面建成小康社会、全面深化改革、全面依法治国、全面从严治党的中国梦路线图，“四个全面”，“四轮”驱动，系统性地形成了以习近平为总书记的党中央治国理政总体方略的顶层设计。这对于解决我国发展中面临的许多矛

盾和问题，推动经济社会的全面协调可持续发展，实现中华民族的伟大复兴，具有重要的指导作用。要推动“四个全面”落实，实现各个全面的协调发展，既离不开求真务实的作风和开拓创新的精神，也离不开深谋远虑的前瞻意识和统筹兼顾的大局观念。“四个全面”所蕴含的统筹兼顾的要求，与系统学的精神高度契合。习近平总书记指出，全面深化改革是一项复杂的系统工程，需要加强顶层设计和整体谋划，加强各项改革关联性、系统性、可行性研究。而钱学森是最早关注研究系统工程、运筹学、系统科学的科学家之一，并为该领域的发展做出过里程碑式的贡献；钱学森是中国系统科学的创建者和奠基人，为推动系统工程的应用和系统科学的发展做出了不可磨灭的贡献。在这些方面，钱学森精神不仅与“四个全面”的要求相一致，能为“四个全面”的落实提供良好的精神支撑，而且钱学森本人的学术思想还可以直接为落实“四个全面”提供智力决策支持。

2. 弘扬钱学森精神，有助于自觉践行社会主义核心价值观

正如爱因斯坦在追念居里夫人时所说，“第一流人物对于时代和历史进程的意义，在其道德品质方面，也许比单纯的才智成就方面还要大。即使是后者，它们取决于品格的程度，也远超过通常所认为的那样。”钱学森的事业成就也是与他的道德品质密不可分的，他的高风亮节与他的丰功伟绩同样不朽。钱学森精神是社会主义中国宝贵的精神财富，它充分体现了社会主义核心价值观的要求，是践行社会主义核心价值观的光辉典范。首先，钱学森作为一位伟大的马克思主义者，以坚贞不渝的情怀信奉马克思主义，以与时俱进的思想研究马克思主义，在马克思主义哲学的指导下，事业取得了卓越的成就。其次，钱学森始终坚持中国特色社会主义共同理想，一方面他以自己辛勤的劳动，几十年如一日投身社会主义现代化建设，为社会主义中国的国防现代化、科技现代化做出了突出的贡献；另一方面，他持之以恒地学习

中国特色社会主义理论，晚年以耄耋高龄仍然在认真学习新世纪新阶段党的创新理论。再次，钱学森精神是体现以爱国主义为核心的民族精神和以改革创新为核心的时代精神的绝佳典范。自强不息、厚德载物，谦虚谨慎、勇于担当等中华民族的优秀品质，都在钱学森精神中有很好的体现，尤其是钱学森的爱国主义精神更是广为人知。自从钱学森回到祖国，他几乎就是中国爱国知识分子的代名词，他的爱国主义精神一直是激励人们精忠报国的动力。最后，钱学森的道德修养是崇高的，在社会主义荣辱观所倡导的各个方面，他几乎都可以成为道德模范，正如有人所说，钱学森的科学成就或许可以被超越，但钱学森的思想高度是难以逾越的，永远值得人们珍视仰望。

3. 弘扬钱学森精神，有助于建设马克思主义执政党

面对新形势，党的十八大报告中指出“要建设学习型、服务型、创新型的马克思主义执政党”。该战略思想的提出与落实，对于我党的发展有着深远而重大的影响。如何贯彻落实其战略思想，是当前面临的一项重大课题。完成好这一历史课题，需要全社会的共同参与，需要从经济、政治、思想、文化、社会等方面全方位协调配合。学习钱学森精神可以站在全党战略高度，立足全国经济社会发展实际，为提出科学合理的论述，促进党的执政水平和执政能力再提高，推动执政基础更稳固提供良好的精神动力、学习内容和智力支持。从一般意义而言，钱学森精神作为具有进步意义的、人类宝贵的精神财富，它是学习型、服务型、创新型马克思主义执政党应该学习研究借鉴的资源。从具体内容而言，钱学森精神所蕴含的有关要素尤其值得认真对待。首先，建设学习型、服务型、创新型马克思主义执政党，一项根本性的任务就是要研究和掌握共产党执政规律、人类社会发展规律、社会主义建设规律。然而，规律是客观的，也是隐蔽的，需要我们掌握科学合理的学习研究方法，树立良好的学风。钱学森精神中的务实创新、为民服务的科学精神，愿为公仆、

永守誓言的爱党情怀，以及深谋远虑、未雨绸缪的前瞻意识等，都是建设学习型、服务型、创新型马克思主义执政党所不可或缺的。尤其钱学森“活到老、学到老”的学习型人生，更是为我们树立了学习的标杆。其次，建设学习型、服务型、创新型马克思主义执政党需要倡导终身学习、自我教育，但同时也离不开高素质的教育者，因此，钱学森精神中蕴含的淡泊名利、甘为人梯的奉献精神也是需要大力提倡的。

4. 弘扬钱学森精神，有助于培养适应时代需求的杰出人才

当今世界，国家与国家之间的竞争是综合国力的竞争，说到底是人才的竞争；一个国家、一个民族的发展和未来，最终依赖于高素质人才的培养；人类社会的一切发展，最终也是为了人的自由全面发展。当前我们要建设社会主义现代化国家，实现国家富强，民族复兴，亟需各类高素质的杰出人才。然而，问题正如钱学森在晚年经常思考与担忧的：为什么中国现在出不了大师级人才？中国大学为什么培养不出创新型人才？在这个自由开放、人才辈出的年代，我们期盼的杰出人才却还是可遇而不可求。钱学森作为中国大师级人才的杰出代表，他本身就是值得我们深入研究的典范，他的精神品质就是我们今天试图培养杰出人才时需要认真学习、深入思考的要素。钱学森锐意创新的精神和能力是人们通常认为杰出人才所具有的突出特点。然而，就钱学森本身而言，钱学森精神是一个有机的整体。今天，学习钱学森精神也要从整体着眼。杰出人才需要培养实事求是、求真务实的科学精神，离开实事求是、求真务实，创新就没有了根基；杰出人才需要培养前瞻意识，没有前瞻性眼光，就找不到创新发展的方向；杰出人才需要培养艰苦奋斗、自强不息的进取精神，从来都是天才来自勤奋，创造缘于拼搏；杰出人才需要培养开放包容的民主精神，闭门造车、固步自封，难以实现发展进步，更不用谈创新了；杰出人才需要培养担当精神和奉献精神，这是发展进步的不竭动

力；杰出人才需要有坚定的信仰和执着的信念，这是人生事业的精神支柱；杰出人才还需要培养谦虚淡泊的人格品性，“宁静以致远，淡泊以明志”，成大事者当不被名利所束缚。因此，从培养具有创造性的杰出人才来说，钱学森不仅为我们贡献了他的“大成智慧”教育思想，他的精神本身就是我们学习研究的典型范例和资源宝库。

“未出土时先有节，待到凌云更虚心。”钱学森智周万物，功勋卓著，面对反法西斯战争中德国的飞机与坦克让反法西斯国家节节败退的现实，他成为捍卫人类和平的坚强卫士，虽不能上阵杀敌，但可以充分利用自己学术特长，抢占科技高地，提高盟国空中力量，用最有效、最擅长的方式加入到全人类反法西斯的浪潮中；面对国外优厚的生活待遇和工作条件，他始终将祖国的需要与个人理想志向、民族利益与个人奋斗目标相结合，毅然决定回国；面对筚路蓝缕的祖国，他不畏艰险、冲破重重阻力，为中国航天事业殚精竭虑，为中国的科技进步、经济发展和社会和谐鞠躬尽瘁。而他对科学研究的孜孜以求，对马克思主义哲学的拳拳服膺以及在此过程中散发的人格魅力，更是让我们铭记于心。在全国人民为实现中华民族伟大复兴的中国梦而努力奋斗的历史转折时期，我们有责任、有义务去挖掘和学习他的思想精髓，继承和发扬他的爱国、奉献、求真、务实、创新的精神，为实现“两个一百年”的奋斗目标和中华民族伟大复兴的中国梦做出新的贡献！

附录一

钱学森同志生平

钱学森同志，汉族，1911 年 12 月 11 日出生于上海，祖籍浙江省杭州市。研究生学历，博士学位，中国科学院资深院士，中国工程院资深院士。应用力学、航天与系统工程学家。

1923 年 9 月，钱学森进入国立北京师范大学校附属中学校（现北京师范大学附属中学）学习。1929 年 9 月，他以优异成绩考入国立交通大学（现上海交通大学、西安交通大学）机械工程学院。1934 年 7 月大学毕业后，他考取“庚款留美”公费生。1935 年 9 月，他进入美国麻省理工学院航空系学习。此前，钱学森先后到杭州笕桥的中央飞机制造厂、南昌第二航空修理厂、南京第一航空修理厂、上海海军制造飞机处等地实习 1 年。1936 年 10 月，他转入美国加州理工学院航空系，在世界著名空气动力学大师冯·卡门教授指导下，从事航空工程理论和应用力学的学习研究，先后获航空工程硕士学位，航空、数学博士学位。

1943 年 6 月至 1955 年 8 月，钱学森先后任美国加州理工学院航空系助理教授、副教授，麻省理工学院航空系副教授、教授，加州理工学院航空系教授和古根海姆喷气推进中心主任等职，从事空气动力学、固体力学和火箭、导弹等领域的研究。他与冯·卡门共同完成的高速空气动力学问题研究课题和建立的“卡门－钱近似”公式，使他在 28 岁时成为世界知名的空气动力学家；独立完成的《关于薄壳体稳定性的研究》，使他在航空技术工程理论界获得很高声誉。他提出的火箭与航空领域中的若干重要概念、超前设想和科学预见，尤其是执笔撰写的有关美国在第二次世界大战后飞机和火箭、导弹发展展望的报告，奠定了他在力学和喷气推进领域的领先地位。他开创了工程控制论、物理力学两门新兴学科，为人类科学事业的发展做出了重要贡献。

钱学森在美国学习、工作期间，始终心系祖国，思念早日学成、报效祖国。1949 年，他为了准备回国，退出美国国防部科学咨询团，辞去美国海军军械研究所顾问职务。新中国成立后，他回国的心情更加急迫。1950 年夏，为了顺利返回祖国，他向加州理工学院提出回国探亲，但临行前被美国当局以莫须有的罪名拘捕，遭受无理羁留达 5 年之久。他不屈不挠、顽强斗争，在毛泽东、周恩来等党和国家领导人的亲切关怀下，经过中国政府的严正交涉和国际友人的热心援助，冲破重重阻力，于 1955 年 10 月回到祖国，并立即投入到新中国建设的热潮中。1958 年 10 月，钱学森同志加入中国共产党。

从 1955 年 11 月起，钱学森同志为筹建中国科学院力学研究所，深入东北地区有关厂矿、大学和研究所考察调研，召集国内科研院所的领导和专家座谈讨论，统一建所思想，明确建所方针，在不到 3 个月的时间，领导组建了力学研究所。1956 年 9 月，钱学森同志担任中国科学院力学研究所所长。同年 2 月，按照周恩来总理的意见，他起草了《建立我国国防航空工业的意见书》，为我国火箭和导弹技术的创建与发展提供了极为重要的实施方案。3 月，中共中央、国务院决定制定新中国第一个科学技术发展远景规划纲要（1956—1967），钱学森同志担任综合组组长，并主持起草建立喷气和火箭技术项目的报告书，为推动新中国的科学技术、工业、农业、国防发展起到了重要作用。同时，钱学森同志参与筹备组建我国导弹、航空科学研究领导机构——国防部航空工业委员会，受命负责组建我国第一个导弹研究机构——国防部第五研究院。10 月，钱学森同志任国防部第五局第一副局长兼总工程师。1957 年 2 月，钱学森同志任国防部第五研究院首任院长，后又兼任国防部第五研究院第一分院（现中国运载火箭技术研究院）院长，担负起新中国导弹航天事业技术领导工作的重任。国防部第五研究院成立之初，在组建液体导弹研制队伍的同时，钱学森同志预见性地组织科技人员探索固体复合推进剂，为后来研制固体火箭发动机和固体燃料地地战略导弹打下了良好基础。同时，他还设立空气动力研究室，组建了我国第一个空气动力学专业研究机构。

1957 年 9 月，钱学森同志随聂荣臻同志赴苏联访问，为中苏“国防新技术协定”的顺利签订做了大量卓有成效的工作。访苏归来后，钱学森同志遵照中共中央提出的国防工业发展方针，突出抓了技术消化、科研协作和制度建设等工作，参加了导弹卫星发射试验基地勘察选址，负责领导了运载火箭、人造卫星以及卫星探测仪器的设计、协调和研究机构建立等工作。中苏关系破裂后，面对苏联撕毁协定、撤走专家的困难局面，他团结带领科技人员艰苦奋斗，联合攻关，依靠我国自身力量，实现了导弹武器研制试验一系列重大突破。1960 年 2 月，钱学森同志指导设计的我国第一枚液体探空火箭发射成功。同年 11 月，他协助聂荣臻同志成功组织了我国第一枚近程地地导弹发射试验。1964 年 6 月，钱学森同志作为发射场最高技术负责人，同现场总指挥张爱萍同志一起组织指挥了我国第一枚改进后的中近程地地导弹飞行试验。

1965 年 1 月，钱学森同志任第七机械工业部副部长，主持制定了《地地导弹发展规划（1965—1972）》，组织领导地地导弹、地空导弹、岸舰导弹和固体火箭发动机、固体燃料导弹、低温高能燃料液氢液氧发动机、运载火箭以及卫星研制试验等任务。1966 年 10 月，他作为技术总负责人，协助聂荣臻同志组织实施了我国首次导弹与原子弹“两弹”结合试验，把国防现代化建设向前推进了一大步。1968 年 2 月，钱学森同志兼任新成立的解放军第五研究院（现中国空间技术研究院）院长。在周恩来总理等中央领导同志的支持下，他努力排除“文化大革命”的干扰，狠抓解放军第五研究院机构组建、工作规划、基础设施建设和卫星研制质量，指导地面发射和跟踪测量系统建设。1970 年 4 月，他牵头组织实施了我国第一颗人造地球卫星“东方红一号”发射任务，成为新中国科技发展史上的一座重要里程碑。同年 5 月 1 日，钱学森同志与参加第一颗人造地球卫星研制工程的代表一起，在天安门城楼受到毛泽东、周恩来等党和国家领导人的亲切接见。

1970 年 6 月至 1987 年 7 月，钱学森同志先后担任国防科学技术委员会副主任、国防科学技术工业委员会科学技术委员会副主任。1988 年、2002 年，他先后被聘为国防科工委科学技术委员会高级顾问、解放军总装备部科学技术委员会高级顾问。他全身心投入国防科学技术领导工作，参与组织实施我国导弹航天技术领域重大型号研制和发射试验，并开始从更高层次思考其他领域诸多重大科学和技术问题，提出了许多创新、超前的思想。1971 年 3 月，钱学森同志组织完成“实践一号”卫星发射试验，首次获得我国空间环境探测数据，为我国研制应用卫星、通信卫星积累了经验。1972 年至 1976 年，在“四人帮”干扰破坏十分严重的情况下，钱学森同志参与组织领导了运载火箭和洲际导弹研制工作，提出了建立导弹航天测控网概念；参与领导设计制造了我国第一艘核动力潜艇；参与组织启动了航天远洋测量船基地建设工程；参与指挥成功发射了我国第一颗返回式卫星，使我国成为继美国、苏联之后第三个掌握从轨道上回收卫星技术的国家；同时，钱学森也是我国载人航天事业的开拓奠基人。

进入改革开放新时期，钱学森同志先后于 1980 年 5 月、1982 年 10 月、1984 年 4 月参与组织领导了我国第一枚洲际导弹全程飞行试验、首次潜艇水下发射导弹飞行试验和第一颗地球静止轨道试验通信卫星发射任务，为实现我国国防尖端技术的新突破建立了卓越功勋。他潜心研究的工程控制论、系统工程理论，广泛应用于军事、农业、林业乃至社会经济各个领域的实践活动，在我国现代化建设中发挥了重要作用。他敏锐把握信息技术对人类社会发展的深远影响，积极倡导信息技术研究应用和信息产业发展，为推动军队信息化建设做出了重要贡献。

1980年至1991年，钱学森同志先后担任中国科学技术协会副主席、主席，1991年5月被授予中国科学技术协会名誉主席荣誉称号。其间，他积极践行科学技术是第一生产力的战略思想，开创、推动面向企业的“讲理想、比贡献”竞赛活动，引导企业科技工作者把振兴中华的理想与企业发展目标和个人理想有机结合起来，促进群众性技术创新活动蓬勃开展；积极推动科技兴农活动，倡导发展沙产业和草产业，支持开展多种形式的送科技下乡活动，帮助农民依靠科学技术脱贫致富；倡议设立“中国科协青年科技奖”（1994年更名为“中国青年科技奖”），促进优秀青年科技人才脱颖而出，培养造就了一批优秀的青年学术和技术带头人；主持成立中国科学技术讲学团，倡导学科交叉融合，促进自然科学与社会科学结盟，支持编纂出版《中国科学技术专家传略》，充分发挥科协组织在社会主义精神文明建设中的重要作用。他高度重视科协工作的理论研究，推动理顺科协管理体制，加强科协工作制度化、规范化建设，为发挥好科协组织横向联系广泛、组织网络健全的独特优势，促进科学技术的繁荣发展和普及推广、促进科技人才的成长和提高，做出了突出贡献。他始终不辍耕耘，科学思想活跃，驰骋在自然科学领域，同时对社会科学研究也投入了很大精力。他深入学习和研究马克思主义哲学，并用以指导研究工作，在自然科学与社会科学的结合点上，诸如系统工程与系统科学、思维科学，科学技术体系与马克思主义哲学等研究领域，做出了许多开创性贡献。

1986年至1998年，钱学森同志担任中国人民政治协商会议第六、七、八届全国委员会副主席，其间曾负责全国政协科学技术委员会的工作，在团结广大科技工作者进行政治协商、民主监督和参政议政方面发挥了重要作用，为巩固与加强中国共产党领导的多党合作和政治协商制度做出了积极贡献。

钱学森同志是中国共产党第九、十、十一、十二届中央候补委员，第二、三、四、五届全国人大代表，政协第二届全国委员会委员。他是中国力学学会第一届理事会理事长，中国自动化学会第一、二届理事会理事长，国际自动控制联合会第一届理事会常务理事，中国宇航学会第一、二届理事会名誉理事长，中国自动化学会、中国空气动力学会、中国系统工程学会理事会名誉理事长，1982 年被授予中国力学学会理事会名誉理事长最高荣誉称号。钱学森同志在 1957 年被增聘为中国科学院学部委员，1994 年被选聘为中国工程院首批院士；1981 年当选为中国科学院主席团成员，1984 年被增选为中国科学院主席团执行主席，1992 年当选为中国科学院学部主席团名誉主席。他著有《工程控制论》《物理力学讲义》《导弹概论》《星际航行概论》等。其中，《工程控制论》于 1957 年 1 月获中国科学院科学奖金一等奖。他先后获国家科技进步奖特等奖（1986 年 7 月），“小罗克韦尔奖章”和“世界级科技与工程名人”、“国际理工研究所名誉成员”称号（1989 年 6 月）；1991 年 10 月被国务院、中央军委授予“国家杰出贡献科学家”荣誉称号，被中央军委授予一级英雄模范奖章；1999 年 9 月被中共中央、国务院、中央军委授予“两弹一星”功勋奖章；2009 年 9 月被评为“100 位新中国成立以来感动中国人物”之一。2001 年，江泽民同志号召“向人民科学家钱学森同志学习”。

作为一名中国共产党的优秀党员、忠诚的共产主义战士，钱学森同志具有坚定的共产主义理想信念。几十年来，他始终保持对马克思主义的崇高信仰、对共产主义的坚定信念、对党的高度忠诚，不论遇到多少艰难困苦，都坚定理想信念不动摇。他始终刻苦学习马克思列宁主义、毛泽东思想、邓小平理论、“三个代表”重要思想和科学发展观，坚决贯彻中央的决策部署，以敏锐的政治眼光，紧密联系社会发展和科学技术发展实际，运用马克思主义世界观和方法论，指导科学和理论研究工作。他具有崇高的民族气节，对祖国和人民无限忠诚，始终把爱祖国、爱人民作为人生的最高境界，自觉地把个人志向与民族振兴紧紧联系在一起，为祖国强盛和人民幸福鞠躬尽瘁、死而后已，不愧为爱国知识分子的杰出典范。

钱学森同志具有勇攀科技高峰的创新精神。他对科学执着追求，青年时代就已成为世界知名科学家，回国后勇敢承担起创建我国航天事业的重任，为中华民族屹立于世界民族之林不懈奋斗，被公认为我国航天事业的奠基人。他始终站在世界科技前沿，以自己的远见卓识，从战略上思考我国科学技术发展特别是国防科技发展的重大问题，提出许多富于创造性、前瞻性的重要学术思想和有重大价值的建议，以渊博知识和超凡智慧解决了一系列关键技术难题，为我国导弹航天事业发展做出了许多具有里程碑意义的贡献。他十分重视科技创新人才培养，对我国高等教育事业和学科专业建设倾注了大量心血，大力倡导培养科技帅才和将才，较早提出了尽快提高我军指挥员科学文化素质的建议。他以自己的模范行动和严谨作风、学风，培养造就了一大批堪当历史重任的一流科学家和工程技术专家。

钱学森同志具有德馨品高的大家风范。他一生襟怀坦荡、光明磊落，坚持原则、维护大局，严于律己、一身正气，始终保持党和人民军队的优良传统。他淡泊名利、无私奉献，一心扑在事业上，从不计较个人得失，始终保持艰苦奋斗的政治本色。他坚持真理、科学求实，治学严谨、精益求精，不图虚名、不尚空谈，学术作风民主，善于团结同志，在我国科技界享有崇高的威望。

钱学森同志因病于 2009 年 10 月 31 日 8 时 6 分在北京逝世，享年 98 岁。

附录二

纪念钱学森的文章

钱学森虽然离开了我们，但是，随着时间的流逝，他所创建的事业将会更加兴旺，他的功绩将会被历史证明更加伟大，精神和思想对当今社会有更重要的指导意义。钱学森的亲友和同事一直对他充满怀念和感激，更多与钱学森素未谋面的领导、专家和普通群众也一直在纪念他。本文在此展示几篇纪念钱学森的文章，以映衬钱学森在科学技术、产业实践、学术研究、精神品质等各方面树立的一座座丰碑。

人类和平的坚强卫士[①]

——记为世界反法西斯胜利做出杰出贡献的人民科学家钱学森

高永中

世界反法西斯战争是人类历史上最伟大的正义战争，它给全人类留下的历史启迪也最为珍贵。面对这场正义与邪恶激烈交锋、良知与罪恶深度博弈、理性与狂热殊死较量的战争，千千万万中国人民做出了巨大的民族牺牲和重要的历史贡献。而钱学森作为中国科学家的杰出代表，怀着科技报国的梦想和对人类和平正义的坚定捍卫之心，远赴大洋彼岸的美国，以自己的聪明才智和满腔热血，在航空工程、空气动力学、薄壳稳定性、喷气推进技术等方面取得了令世人瞩目的开创性成就，为提升反法西斯战略同盟的战斗力，加速世界反法西斯战争胜利及推动人类和平与进步做出了独特的贡献，体现了剔透的科学良心和崇高的价值坚守，堪称战胜法西斯主义，捍卫人类尊严、正义的科学先锋与幕后功臣。

一、立志航空救国　奠定科学地位

钱学森早年怀抱“学习知识，贡献社会，报效国家”的宏大理想，青年时期以航空救国为使命远赴美国深造，取得辉煌的学术成就。在美期间，钱学森师从世界著名空气动力学家冯·卡门教授学习尖端科学技术，跃升为世界最顶尖的空气动力学家、航空工程与火箭技术专家之一。他的导师冯·卡门说：“钱学森的研究成果为航空工业和火箭技术提供了‘强大的发展原

① 本文作者为中共中央党史研究室副主任、“口述钱学森工程”领导小组组长。本文是高永中同志为纪念钱学森归国60周年暨世界反法西斯胜利70周年而作。

动力’。”

1932 年 1 月，一·二八事变爆发，日本凭着强大的空军对上海进行狂轰滥炸，而中国却无力反抗，这让起初立志铁道救国的钱学森转向航空救国，并在 1935 年考上了清华大学航空门（机架组）“庚款留学”留美公费生赴美学习。在离开祖国的第三年，七七事变爆发，日本发动了全面侵华战争，日益严峻的抗战形势牵动着海外学子的心，让立志科技报国的他悲愤异常。钱学森时刻关注着战争局势，祖国同胞遭受日本大肆掠杀等灭绝人性的暴行，这时刻鞭策他尽快学成归国效力，并促使他在短短几年内成为了当时世界著名的青年科学家。他在航空理论上取得了一系列开创性的研究成果，一步一步实现着自己航空救国的梦想。

1938 年，钱学森与冯·卡门在美国《航空科学学报》发表《可压缩流体边界流层》一文，该文从理论上预见了实现高速飞行面临的“热障问题”，奠定了飞机实现高速飞行基础。同年 10 月，他在《航空科学杂志》上发表了《倾斜旋转体上方的超音速流》，该文讨论了以超音速飞行的尖头抛射体的抬升过程，并发现在以固定速度飞行时这种升力与攻角成正比。1939 年，他又在该杂志上发表了一篇题为《二维空间下压缩液体的亚音速流动》的文章。在这篇论文中，提出了著名的“卡门－钱近似”公式，该公式不仅能比较简便、精确地估算出翼型上的压力分布情况，同时还可估算出该翼型的临界马赫数值。当飞机的构造变得越来越复杂，速度越来越快，飞机会出现“压缩效应”，飞行员开始体会到空气中的猛烈震动，这种现象有时会令飞机突然失去升力，从半空中急坠。部分轰炸机出现极为严重的震颤现象，甚至造成尾翼断裂。在该公式问世前，飞机工程师大多应用普朗特－格劳特公式，但它只能计算出相当于音速一半时气流的扰动近似值[1]。因此，他们需要借助更精确的公式完成设计，而“卡门－钱近似”公式可以帮助他们校正因为简化而导致的误差，成为反法西斯战争期间及之后很长一段时间中设计高速飞行器的工程师不可或缺的公式。当时航空工业正处在从老式的螺旋桨飞机向超音速的喷气式飞机发展的时期，世界各国飞机的飞行速度和高度是空军实力对比强弱和空战胜负的关键。法西斯德国建立了独裁政权，非常重视空军发展，而其它国家航空工业并不发达，无论是理论和工程技术都与德国和日本相差甚远。而反法西斯战争全面展开后，美国航空工业迅速发展，战斗机性能反超日本，这都与钱学森在空气动力学与火箭技术等领域的成就密不可分。而此时祖国正陷入艰苦卓绝的抗日战争，钱学森虽远隔重洋，但他以独特的方式与同胞并肩抗战。1940 年，他向成都航空研究局寄送了一份论文，其中包含“卡门－钱近似”公式，期望它能提升中国空中力量，以此抗击日本法西斯。

1940 年至 1941 年，钱学森撰写了多篇关于球体外壳、薄圆柱体外壳和圆柱结构屈曲问题的论文。彼时空军力量对战争作用明显，交战各国都在设法提高飞机性能，欲采轻薄的金属制造飞机的壳体，但金属壳体若过于轻薄就有可能皱瘪，发生“屈曲”而失稳。这就要求工程师精确了解不同材料的特点及预测最可能发生屈曲问题的结构位置，以设计出高性能的飞机结构。虽然航空设计中有了经典线性理论，但此方法得出的结果通常误差较大，甚至达到 4 倍误差，可应用性较差。在对薄壳理论的相关研究成果进行系统分析的基础上，钱学森敏锐地察觉到非平板式的金属壳体在受到外界的干扰时会被激发而发生位能的高低跃变。他指出仅仅关注经典线性理论所给出的“上”屈曲载荷的准确数值还不够，还要找出使壳体发生有限变形时“下”屈曲载荷的准确数值。经过大量的试验分析，后者的计算结果更加接近于试验值，可作为飞机设计的重要依据[2]。当工程师设计飞行器的不同外形时，便可以参照这些论文成果为理论依据。这一理论立即得到了学术界和工程界的广泛认可。1942 年，经过艰苦的努力，钱学森同他的导师冯·卡门一起成功建设了除德国以外第一个持续运转的超音速风洞实验室，钱学森承担设计的数学计算任务和负责实验室使用和管理工作。这对后续音速飞行体的试验和设计工作提供了强有力的帮助。

经过不懈探索，钱学森在空气动力学领域取得了巨大学术成就，解决了空气动力压缩效应与薄壳稳定性等航空面临的难题；发现“热障”理论，为高速空气动力学做出了重要贡献，奠定了他成为世界公认的一流空气动力学家的地位，为日后参与军工研究项目，进而对同盟国取得反法西斯战争的胜利做出巨大贡献打下了坚实基础。

二、加入反战浪潮　捍卫世界和平

不论身在国内还是国外，钱学森都坚持把自身命运同维护人类正义融为一体，义无反顾地加入捍卫世界和平的先锋队中。在反法西斯战争中，欧洲局势不容乐观，德国的坦克与飞机已让反法西斯国家节节败退；中国人民同拥有强大空军、配备先进武器的日本法西斯浴血奋战，一场维护正义的战争全面展开。面对中国急需优秀的军事人才和先进的武器装备，钱学森意识到他虽然不能上阵杀敌，但他可以充分利用自己的学术特长，抢占科技高地，提高盟国军事力量，用最有效、最擅长的方式加入到全人类反法西斯事业的浪潮中。

1938年，美国陆军航空兵团司令亨利·哈瑞·阿诺德将军预见到美国加入大战不可避免，要求加州理工学院研制火箭助推起飞装置，使军用飞机、特别是重型轰炸机能从航空母舰及太平洋小岛的短跑道上起飞。当时传言德国法西斯正在发展火箭，美军感到特别紧迫，冯·卡门回到学校立即找马林纳、钱学森等人商议，决定接受这个名为“JATO”的任务。在当时，研究火箭却被认为是旁门左道、不切实际的事情，麻省理工学院就是其中之一，而加州理工学院积极承担了这一项目，这一切都得益于加州理工学院的火箭兴趣小组。该小组成员大多是冯·卡门的学生，钱学森就是五个核心成员之一。

1937 年，他应小组创始人马林纳的邀请，加入火箭兴趣小组，成为小组的常驻数学家，帮助解决理论与计算的问题。5 月 29 日，钱学森完成了一份重要报告，具体描绘出一个燃烧室和废气喷嘴大小都固定的理想火箭的理论模型。其中强调火箭尾端喷出的火焰周径要小，才能在太空中集中推力，不致失控。1938 年 12 月，钱学森和马林纳合作发表《探空火箭的飞行分析》一文，文章中提出一个可以重新装载的使用固态燃料黑色火药的火箭引擎设想，它可以通过一系列的爆炸为火箭提供推进力，而不是像液体燃料那样持续燃烧，理论上，这种引擎可以将火箭送到比当时探空气球所能达到的更高的太空。珍珠港事件爆发后，钱学森很快通过美国宪兵司令部的安全考核，拿到了保密许可证，被批准参加海陆空三军、国防部、科学研究发展局等一切军事机密工作，再次加入火箭小组，大大加快了研制进度。1942 年 4 月 15 日，冯·卡门、钱学森、马林纳等火箭小组成员在摩哈维沙漠成功进行了道格拉斯 A-20 轰炸机火箭动力装置试飞试验。有了这种火箭助推起飞装置，飞机的跑道就可以大大缩短，起飞速度也将大大提高。这种火箭起飞助推器很快在美国空军中得到应用，为太平洋战争的胜利做出了重要贡献。钱学森在这一系列研究、设计过程中，发挥了极为重要的作用，作为研究计划负责人的冯·卡门深知这点，他曾评价道："钱对加州理工学院喷气助力起飞计划的实现做出过重大贡献。"

钱学森不遗余力，曾一度深入洛杉矶地区的航空企业，发现并解决飞机设计与生产过程中遇到的应用力学问题。当时洛杉矶是航空工业最发达、发展最迅猛的地区之一，美国政府在该地区航空公司订购飞机约 10 万架，几乎占全国的一半，相当于英、德、苏等国的飞机数量。这些飞机制造公司在反法西斯战争期间研发生产的先进战机，在珊瑚海海战和中途岛海战中重创日本舰队，为打破日本航空母舰绝对优势、扭转太平洋战场乃至反法西斯战争整体战略态势发挥了巨大作用。

战争如火如荼，为做好长期的反战准备，1942 年美国开始了军事人才储备工作，政府精心选拔出来了一批空军和海军青年军官至加州理工学院攻读航空学硕士，这些军官都具有出色的领导才能，钱学森负责给他们讲授工程数学和喷气推进理论两门核心课程，在反法西斯战争中为军事技术人才储备做出了重要贡献。他编写讲授的《喷气推进》成为了该领域的权威著作，在此后的十几年间都被奉为不可或缺的参考书。

他以巨大的勇气和科学远见，参加了加州理工学院火箭俱乐部；一度深入企业，发现并解决飞机设计与生产过程中遇到的问题；参加了由美国军方资助的加州理工学院火箭助推起飞装置研究计划及其他军工项目，为高速空气动力学和喷气推进技术的发展，为战争期间美国火箭助推起飞技术的发展、扭转太平洋战争格局做出了重要贡献。

三、总结反法西斯战争经验　勾画科技蓝图

为实现反法西斯战争后人类的和平发展，钱学森总结战争期间欧洲战场科技发展经验，参与编写《迈向新高度》系列报告，勾画出世界科技的发展蓝图，为维护世界的正义与和平起到了重要作用。1945 年 3 月，德军在欧洲战场全面崩溃，反法西斯战争胜利在望。同年 6 月，钱学森以美军上校身份，随着冯・卡门率领的国防部科学咨询团赴德国考察，在诺德豪森审问了德国火箭研究的最高权威冯・布劳恩。回到美国后，钱学森参与起草了一份高技术系列报告《迈向新高度》。纵观已解密的 13 卷《迈向新高度》系列报告，钱学森是所有参与写作的人之中承担写作任务最多的，包括《技术情报附录》、《空气动力学与航空器设计》、《航空器动力装置》、《航空器燃料与推进剂》、《导弹与无人航空器》。他总结了欧洲各国特别是德国的研究成果与经验，描述了各地不同风洞设施、飞机后掠翼的设计思路以及各种推进剂的性能，并结合美国的现状对喷气推进实验室在战时所做的各种理论分析，做了详细

的比较和说明。他翔实地论述和预见了高速气体动力学、脉冲式喷气发动机、冲压喷气发动机、固体与液体推进剂火箭，以及超音速有翼导弹等技术的研究成果、存在的问题和发展的前景[3]。

《迈向新高度》系列报告可以看作是对反法西斯战争科技的一个总结，勾画了人类在火箭、导弹、飞机的长远发展计划的重要蓝图，为世界航空未来 50 年发展指明了方向，从根本上改变了未来战争的形态。它成为了世界高技术战略或者世界军事战略中最重要的战略计划之一。《迈向新高度》的编写研究工作，使钱学森受益匪浅。他和冯•卡门这样杰出的世界级大师一起，站在航空航天科学技术的最前沿，学会了更高、更全面、更系统地思考全局性、战略性规划的思路和方法。由此，钱学森也迈向了他人生的新高度。

1949 年钱学森首次提出了对洲际运输火箭的设想蓝图，人们将可以在一个多小时之内横跨整个欧洲，它可以垂直起飞，沿太空椭圆轨道以每小时 10000 英里的速度飞过最初的 1200 英里，在到达 300 英里的高度后，它便会掉头在向地球表面飞去，穿过大气层，滑行 1800 英里后抵达目的地。从现代航天的发展来看，当时钱学森的火箭客机构想就是航天飞机的雏形。此后五年中，钱学森对世界科技的发展做出了两项重大贡献：一是在长期从事的应用力学的基础上开创了物理力学。他把描述物质微观性质的原子分子结构理论、描述物质微观行为的量子力学、沟通微观和宏观性质的统计力学联系起来，加上发展的较为完整的传统力学，构筑了“物理力学”这门全新的科学。物理力学的提出对量子力学、应用力学、原子力学的发展起到了无可估量的促进作用。从现代科技的发展来看，它的成果和贡献数不胜数，最突出的有核受控、现代航空航天技术、微机械、纳米科技等，甚至毫不夸张地说，没有物理力学，这些工程将一事无成[4]；另一项是结合自己的实践经验用三年时间撰写出轰动世界的巨著——《工程控制论》。《工程控制论》是对控制与制导领域进行创造性论述的经典专著，以更广阔的眼界、更系统的方法，揭示了控制论对科学技术的影响和意义。尤其是提出了用不可靠的元件，组成高度可靠系统的理念，这远远超出当时自动控制理论的研究对象，进入了系统学的领域，成为他在系统科学发展的第一个里程碑。《工程控制论》不仅为中国航天事业的发展提供了科学的方法指导，更是为世界控制科学的研究开辟了崭新的视角。《工程控制论》英文版出版之后，在学术界引起了强烈的反响，在各国迅速开展了该书的翻译工作，包括俄文版、德文版和中文版，在全世界范围内掀起了一股“控制热”。

从《迈向新高度》系列报告的撰写到火箭客机概念的提出，再从“物理力学”的创建到《工程控制论》的问世，钱学森作为一名享誉世界的科学家，在世界反法西斯战争取得胜利的同时，总结战争期间的科技成果，为战时乃至战后许多年的世界科技发展做出了巨大的贡献。

四、战时研究与计划　奠基美国兰德智库基础

钱学森在美国留学期间不仅为二战做出了卓越贡献，同时他所从事的美国国防研究及发展计划也为著名的兰德智库奠定了前期基础。1942 年，美国航空喷漆公司成立，冯·卡门出任总经理，钱学森担任顾问。之后，他承担了多项密级很高的军事项目，在美国莫哈维沙漠军事基地，同冯·卡门、马林纳等火箭研究小组成员，对硝酸—苯胺燃料火箭发动机进行首次飞行试验。这是美国轰炸机首次采用固定火箭动力装置起飞。年底，冯·卡门专门致函美国战争部（二战结束后与其他机构合并为国防部）军械部，推举钱学森参加合同号为 W-101-ORD（741）的研究工作，他指出，钱学森是从事超音速飞行研究的最优秀专家之一，在该领域发表的论文为他赢得盛誉。最终，钱学森获得参加到海、陆、空三军、战争部和科学研究发展局等美国军事机密的研究工作。钱学森还曾是美国军方委托加州理工学院举办喷气技术训练班的教员之一。在二战结束前夕，1944 年钱学森作为美国陆军军械署技术

部提交的以应对德国 V-2 火箭的远程火箭研究计划的理论组责任人，在此钱学森对当时各种类型火箭发动机的优缺点进行了比较分析，同时对火箭喷气推进技术推广到商业应用做出了预见与研究。1945 年 12 月 21 日，美国陆军航空兵司令亨利·哈瑞·阿诺德将军签署嘉奖令，以表彰钱学森在美国国防事业中做出的杰出表现，他认为钱学森对美国以及欧洲的喷气和火箭推进做出了优秀而全面的调查，同样还对喷气机、火箭性能原理做出了原创性理论工作。后来，钱学森还以美国航空喷气公司顾问身份提交了《关于远程火箭导弹的优化轨道的备忘录》，对该问题进行了一个全局性的论证。这些美国最高级别的国防试验与研究成果注定了钱学森对美国后来安全发展型智库提供了重要理论来源和实践探索。

钱学森对美国国防研究与发展规划的贡献奠定了他与兰德智库有着深厚的渊源。1944 年 11 月，亨利·哈瑞·阿诺德将军提出《战后和下次大战时美国研究与发展计划》的备忘录，要求将二战期间为美国军方服务的科学家组成一个“独立的、介于官民之间进客观分析的研究机构”，“以避免未来的国家灾祸，并赢得下次大战的胜利”。据此，美国陆军航空兵于 1945 年底与道格拉斯飞机公司签订了一项 1000 万美元的“研究与发展”计划（即著名的“兰德计划”）合同，“兰德 (RAND)”是英文“研究与发展 (Research and Development)”一词的缩写。不久后，美国陆军航空兵独立成为空军。1948 年 05 月，阿诺德将军在福特基金会捐赠 100 万美元的赞助下，将“兰德计划”脱离道格拉斯飞机公司，正式成立独立的兰德公司。这家著名智库，先以研究军事尖端科学技术和重大军事战略而著称于世，继而又扩展为综合性的世界顶级智库。1946 年兰德公司的创始人亨利·哈瑞·阿诺德再次致函钱学森，指出钱学森在陆军航空兵科学顾问团做出了极其有价值的贡献，认为其报告对陆军航空兵科学的研究项目规划提供了巨大的帮助。由此看出钱学森虽然未直接在兰德公司担任相关职务或相关研究项目，但其在美国军事尖端科学技术和重大军事理论研究上所做的贡献直接对兰德公司的研究项目具有指导意义和实践价值。可以说，兰德公司后期的一些国防安全研究是在钱学森的相关研究基础上完成的。

钱学森从铁道救国到航空报国，无不是为了和平而做出人生的选择，而他在为世界反法西斯战争胜利所做出的贡献，更体现了他是捍卫人类和平的坚强卫士。在反法西斯战争胜利 70 周年后，我们再次回顾这场战争带给全世界的深重灾难，“铭记历史，珍视和平”仍然具有深刻而恒久的时代昭示和现实启迪[5]。我们将继承钱学森留给世界人民的宝贵科学遗产，坚定捍卫来之不易的反法西斯战争的胜利成果，负重奋进、砥砺前行，继续为人类和平与发展做出自己应有的贡献。

参考文献

[1] 钱学敏．钱学森在美国的 20 年：(2). 2006: 56-69.

[2] 张纯如．蚕丝——钱学森传．北京：中信出版社，2011.

[3] 石磊，等．钱学森的航天岁月．北京：中国宇航出版社，2012.

[4] 朱如曾．钱学森开创的物理力学．力学进展，2001，31(4): 489-499.

[5] 钱学森图书馆．“科学先锋 和平卫士——反法西斯战争时期的钱学森”主题展览大纲 .2015.

难忘的教诲[①]

刘　恕

我在年轻求学时，自愿选择了沙漠治理专业。1959 年，为了搜集论文资料，在中亚的卡拉库姆、克孜尔库姆中开始了与沙漠打交道的生涯。40 多年，在与沙漠打交道过程中，有幸接受过许多方式的教育和帮助，其中钱学森先生对我的言传身教，包括通信指导，有着特殊的影响和作用。

1989 年秋，我由甘肃调入北京中国科协工作，当时我国著名的科学家钱学森担任中国科学技术协会的主席。由于工作之便，使自己有可能在每次中国科协主席办公例会上，聆听到主席们对各类学科发展睿智的见解。更由于自己在西北生活、工作多年，又是从事沙漠治理的科技人员，有机会在办公会后专门就沙漠治理问题与钱学森主席讨论。

1989 年 10 月 12 日，在科协常委会通过我作为书记处成员后，向主席报到。钱老在谈完工作后，以平等的身份、平和的心态与我交换对他所倡导的沙产业的看法。当时对于沙产业这个新颖的理念，我还十分蒙钝，不仅答非所问，同时还提出了不好理解的缘由。在交换意见中，钱学森这位对我国科学技术发展有杰出贡献的科学家，以平和的态度作出解释，使我感受到在科学问题讨论中，体现了真正意义上的“平权的争论”。讨论后钱老拿出了他在 1984 年 5 月和 1984 年 12 月两篇论述《创建农业型知识密集产业——农业、林业、草业、海业和沙业》及《第六次产业革命和科学技术》送给我，并自谦而又诙谐地写上了“老旧货了，请您把它作为古董存着吧”，并提议

① 本文作者曾任中国科协副主席，在钱学森的指导下开展第六次产业革命的研究和实践工作。本文原载于《 光明日报 》2010 年 10 月 31 日 5 版。

我根据工作实践体会，写一篇《建设社会主义中国沙业》的论文。

时隔两月，同年12月28日上午，钱老在他的办公室就重视地理学科建设和学风问题，以及科技人员学习马克思主义哲学的重要性作了详尽的指示，并叮嘱我科协的学会工作可从这几方面开始。钱老谈完有关工作后，再一次谈到沙产业，特别谈到了他对沙产业概念的形成过程。他说，他在酒泉卫星发射中心，看到部队挖甘草，就形成了一个概念，既然在干旱荒漠中有天然生成的植物，就是有可能形成另一种种植业，也就是说以太阳能为动力，通过光合作用的农业型产业可以在干旱荒漠地区形成。他解释说，农业型产业由于地域的差异，可分成不同的类型，像农业、林业、草业、海业和沙业，但当前海业、沙业类型未能得到发展原因是由于农业型产业技术落后，使海洋农业型产业和干旱荒漠中农业型产业无法得到发展。他认为，当科学技术有突破性进展、综合利用可能性大大提高时，沙产业、海产业的价值会充分显示出来，整个农业型产业（包括农产业、林产业、草产业、海产业和沙产业）都成为知识密集型的产业了。这是在短短的两个月中，再一次听到钱老有关沙产业的亲自阐述。聆听过他深入浅出又语重心长的解释，加上阅读他的论述文章，使自己有种茅塞顿开的感受。原来钱老倡导的沙产业是他预见性提出的即将迎来的新一次产业革命（钱老称之为第六次产业革命）中新的知识密集的产业类型。在新一次产业革命中，新技术革命的成果，应用到农业型产业体系，把农业变成一个高度知识密集、技术密集的产业体系，并实现生产工厂化。由于农业型产业既是以阳光为能源靠生物光合作用进行生产的体系，阳光充沛的干旱荒漠农业型产业必然会彰显出它的特殊价值。可见，沙产业的内涵超越了我们习惯了的沙漠治理的理念。钱老称沙产业为农业型知识密集产业系列中的“小弟弟”，并满热情地认为“小弟弟”的发展会走在其他产业类型的前面。对于沙产业发展钱老一直十分关注，凡报纸杂志有关干旱地区农业开发的报道、评述，他都要剪裁下来亲笔注记报刊的名称和刊登的年月日及时寄给我。钱老对沙产业的关注和支持，令人感动，还体现在他两次将获得的捐赠和奖金交给我们，作为专项基金委托以此鼓励有志于从事沙产业的学子和各界人士。这里包含着一位大科学家、一位耄耋长者的信任和殷切的期盼。在其后的十几年中，虽然先生年事已高，但当来自甘肃、内蒙古西北沙区工作人员到京，钱老还是抽暇与大家座谈。记得1994年9月与1995年11月有两次关于沙产业目标任务的谈话，他认为，随着人口增加，人们对食物需求不断加大。过几十年，对食物需求不仅是量的增加，而且吃的东西也要变化，沙产业要提高利用阳光生产食品的效率。明确地把“变不毛之地为沃土”的目标锁定在利用绿色植物通过光合作用来进行高效益生产，除光合作用直接产品外，还包括二次转化生成的动物性蛋白以及各类天然荒漠植物光合作用产生的次生代谢物的产出。将提供新食品源的任务赋予了具有独特阳光优势的干旱荒漠地区，赋予了沙产业。钱学森先生的这两次谈话，给我留下深刻的印象，使我懂得了一位功成名就的科学家为什么对一项远离他从事行当的事业倾注如此热忱，这不单纯是学术推进，而是博大胸怀的体现。当今人类社会虽早已跨过21世纪门槛，但仍有近40个国家，十亿以上的人口面临食物短缺，每年仍有560万儿童因营养不良而夭折，而这些饥饿的人群大多生活在干旱区内。依托人们的智慧和技能，变干旱不毛之地为可利用的资源空间，增加食物生产，正是科学技术使“所有人蒙利”“贴近人、为了人”崇高目标和科学家的博大胸怀体现。

十多年来，自己得天独厚，除聆听钱学森先生耳提面命指导外，很多时候以书信方式进行。钱老的书信，从不假他人之手，以严谨的用词、工整的字迹、简洁准确的语言叙述着道理，指导我们推进沙产业工作，提醒和告诫我们应注意的问题。例如，1991年12月21日的一封信中，严肃指出：“在沙漠、戈壁有个能干什么不能干什么的课题，要尊重地理学规律。这个宏观理论（指地理学规律－作者注），在沙产业中比在农产业、林产业、草产业和海产业中要突出得多——一方面人们有改造沙漠美好设想的诱惑，一方面又有地理（气象、水文、土质等）自然规律的限制”，“还有一点：沙产业属第六次产业革命，是21世纪中叶才能开花结果的”，“对沙产业我们现在只是作初步探索工作。”事过19年，这段告诫今天仍值得我们去理解体会。由于沙产业特定的发展空间是在干旱荒漠不毛之地脆弱的生态环境中，这里，植物性生产所必需的光、热、水、土等自然资源不匹配，天然形成了开发与保护的矛盾。因而，发展沙产业必须遵循在重视诱人潜力的同时，切记荒漠既是资源开发的空间，又是荒漠生物的基因库，应审慎地把握人与自然界和谐发展的原则。将保护生态环境寓于开发之中，寻求生态保护、经济效益和社会效益共赢，才是沙产业发展永恒遵守的主题。作为长者和导师，钱老在来信中也有鼓励和批评。有一次我特向钱老报告说，内蒙古阿拉善盟领导杨力生非常支持沙产业，但在信中马虎地将盟、旗和县混淆了，钱老在回信中特写上一段“我查看了地图，应该是县级的旗、阿拉善左旗”。这种无声的批评不仅至今仍令我汗颜，更记住了要认真负责地对待任何看来不甚重要的小事。

每当翻阅先生的书信，对照一批沙产业示范基地上丰硕的成果，对钱老超前的、预见的新一次产业革命充满信心和期待，对于他所倡导的沙产业的价值和其影响意义有了更深的认识。

众所周知，干旱地区的农业开发活动有着悠久的历史。在生产力低下的自然经济时期，先人们聚居在干旱地区的河、湖畔，倚仗充足的阳光、干燥的气候避开潮湿病痛、虫兽侵袭，谋求生存，曾孕育了古老文明。伴随经济进步，人类对干旱荒漠加大了开发力度。人们普遍认为，干旱荒漠地区阳光充沛，限制开发的关键因素是水，只要有充足淡水供应，便可以大规模进行农业开发活动。20世纪70年代有两项饮水项目被称为是“开发利用干旱地区土地资源的良策”，一是，苏联中亚地区卡拉库姆运河的建设，二是，国际援救萨赫地区改善供水方案。两项“良策”实施后，无一不带来始料不及的副作用。前一项目，在灌溉棉田获得丰收十几年后，由于原本流入咸海河水经人工运河灌溉大面积棉田，流入咸海水量逐年减少。到2000年，咸海水面较人工运河修建前下降20米，水域面积减少一半。裸露出的干涸湖底成了盐尘、沙尘的发源地。与此同时漫灌后的棉田盐渍化已不能耕种，严重的环境后果至今仍困扰着人们。后一项目费用高达6.25亿美元，国际援助的计划实施后，在昔日的无水草场上，出现了水井，人们开始汇集于水井周围提水供应畜群，大量的集结在水井周围的牲畜强度啃食使水井周围的植被迅速地消失，土地表层被过重地、多次反复地践踏，从而加剧土壤风蚀，导致土壤沙化，直至流动沙丘出现。以水眼为中心的同心圆式的沙化圈半径可达5公里，沙化圈相联结便构成草场全面沙漠化。

上述两个曾被公认的对抗荒漠化良策都在实施后遭遇到环境退化的后果震动了决策者和科学家，纷纷发表评论。主持了苏联荒漠研究所30多年的著名荒漠专家巴巴耶夫院士，直言不讳地指出，产生严峻后果的原因在于目前在干旱荒漠农业开发中“当代的生产方针，包括原理、技术和工艺，不能保证荒漠区土地开发的质量和效益，不管是为了在这种条件下解决人类生活问题，还是为了维护自然环境。”巴巴耶夫院士将干旱荒漠土地农业开发后衍生的环境问题摆放在开发策略和生产方针的层面去思考，提醒人们干旱荒漠区农业开发需要有新的思路和视角。钱学森沙产业的理念及根据沙产业理念所制定的技术路线，不失时机地应对了人们对干旱荒漠土地开发利用新方针和策略的呼唤，突破传统的思维模式带给人们的是创新的、人们所期待的干旱荒漠土地开发利用的方略。

十多年来，我有幸参加了钱学森院士倡导的农业型知识密集产业的五大类型之一沙产业的理论研讨和实际践行活动；亲历了人们从开始认知沙产业理念内涵，完善沙产业技术路线以至收获实效的全过程；见证了十余年——

历史长河的瞬间，沙产业这一陌生名词已为生活在我国西部干旱荒漠区广大群众认识和领悟。在钱学森先生前瞻性的理性思维，对人民关爱、对科学不断追求的高尚情操鼓舞下，“地方政府中积极的领导者、群众中的实干家和有奉献精神的科技工作者”已汇成一支志愿大军，认领了传播沙产业理念、推进沙产业发展任务。2008 年的世界防治荒漠化日时，联合国秘书长在人类社会最高讲坛上，特别呼吁“国际社会应认识到，世界上有一半穷人所居住的干旱和边缘土地并非荒地，那些土地有可能成为农业集约化生产区以满足人类对粮食和能源的需求”。钱学森先生倡导的沙产业理念和在中国干旱荒漠区实践案例证明了早在 15 年前钱学森先生提出的“高新技术将引发人类历史上的第六次产业革命！中国人是可以带头的！”的前瞻预见的科学性。

学习社会系统工程，推进现代化建设①

黄顺基

钱学森回到祖国后，全心全意把现代科学技术与中国的实际相结合。70年代末，他就对中国的改革与发展面临的复杂多变的问题进行思考，卓有远见地提出：光靠经验方法不行，必须有现代化的科学方法，这个科学就是系统科学，这个方法就是社会系统工程。

钱学森在马克思主义哲学的指导下，应用这个科学理论、科学方法，提出了一系列前瞻性的有重大意义的建议，为中央领导决策提供智力支持。

一、社会主义现代化建设是复杂的社会系统工程

马克思主义认为，社会发展就是社会形态的发展，什么是“社会形态”？马克思在《“政治经济学批判”序言》中认为，社会形态是生产力、生产关系、上层建筑和社会意识形式的总和。

1991 年，钱学森在中组部、中宣部、中国科协、中直机关工委与中央国家机关工委联合举办的《九十年代科技发展与中国现代化》系列讲座上，对司局级以上领导干部作了题为《我们要用现代科学技术建设有中国特色的社会主义》的报告。钱学森从系统的观点出发认为，为了全面贯彻执行党的路线、方针、政策，必须从马克思主义关于“社会形态”的观点出发，对社会主义现代化建设的各个方面加以系统化。他提出了我国社会主义现代化建设的系统结构。这是一个事关社会主义现代化建设全局的重大问题。钱学森

① 本文作者为中国人民大学教授。本文是黄顺基教授于 2015 年 12 月 11 日在中国航天系统科学与工程研究院纪念钱学森 104 周年诞辰座谈会上的发言稿。

坚持与发展马克思主义观点，认为“社会形态是一定历史时期社会经济、政治和思想文化的总称，是一定历史阶段生产力和生产关系、经济基础和上层建筑的具体的、历史的统一。”他根据时代的发展，根据社会主义现代化建设的需要，提出社会主义现代化建设是一个复杂的系统工程：（1）它包括四个子系统：经济建设（即物质文明建设）、政治建设（即政治文明建设）、思想文化建设（即精神文明建设）和地理环境建设（即生态文明建设）。（2）它的四个子系统是相互联系、相互制约和相互作用的，要应用系统科学与系统工程方法研究它们之间的关系，研究如何使它们协调发展，以取得最好的整体效益。（3）四个文明建设协调发展，才能互相促进，为此必须加强社会主义政治文明建设，因为社会主义政治文明的本质与核心是“人民当家作主，真正享有各项公民权，享有管理国家和企业的权力。”这体现了“人民，只有人民才是历史发展的动力。”（4）四个文明建设是系统的、完整的理论体系，系统发展就是科学发展，社会主义现代化建设的系统结构是深入改革开放的一个理论基础。十六年后（2007 年）十七大胡锦涛的政治报告总结改革开放与历史经验，提出“科学发展观”，提出经济建设、政治建设、文化建设与生态文明建设“四位一体”的总体布局，基本要求是全面协调可持续，根本方法是统筹兼顾。他提出的科学发展实际上就是系统发展。

二、社会主义现代化建设需要设立总体设计部

我国的改革开放，是一项复杂的系统工程，包括经济、政治、教育、科技、文化体制等方面的改革，各方面需要相互协调，配套进行。这就要求用现代科学技术方法，即系统科学与系统工程方法，分析面临的热点问题、重点问题，向中央提出有科学依据的方案，供中央参考。

社会系统工程是钱学森以马克思主义哲学为指导，根据现代科学技术革命的新形势，运用系统科学的新成就，深入地探索“开放的复杂巨系统”的

方法论而独创地提出的。它把400年来近代科学的研究方法提升到一个新的、更高的层次，是在认识方法上一次重大的飞跃。钱学森认为，系统学及其方法论的建立，“是一次科学革命，它的重要性绝不亚于相对论或者量子力学。”

总体设计部是应用系统科学与社会系统工程方法、向中央提出建议、供中央参考的咨询单位。按照钱学森的设想：

1. 总体设计的要求。从全局、从发展的观点出发，紧盯世界科技前沿、国际发展局势，根据我国的实际，围绕阶段任务，进行总体谋划（顶层设计），实现可行的与综合效益显著的、国家治理的能力。

2. 总体设计部的组成。包括下列三个组成部分：知识体系，包括各种科学理论、专家经验、情报资料、统计数据、常识性知识；工具体系，以计算机为核心的多种高新技术集成的机器体系（如信息网络、人工智能）；专家体系，由与研究问题有关的专家组成，由知识面较宽的专家领导。这三个部分构成高度智能化的人机结合体系，它不仅具有知识与信息采集、存储、传递、调用、分析与综合的功能，更重要的是具有产生新知识和智慧的功能，既可用来研究理论问题，又可用来解决实际问题，是智能化的组织机构。

3. 总体设计部的方法。“从定性到定量综合集成方法”，由“以人为主”，计算机体系、信息库与知识库为辅，在知识面比较广的专家负责领导下完成。

（1）人－机结合。把人的“智慧”和计算机的智能结合。

（2）人－网结合。人与计算机网络结合，把人的知识、智慧和计算机存储的各种情报、资料、信息统统集成起来，“集大成，得智慧”，所以叫大成智慧工程。

（3）以人为主。因为人脑有逻辑思维、形象思维与创造性思维，其中，创造性思维是智慧的源泉，而逻辑思维和形象思维都是手段。计算机在逻辑思维方面比人脑做得好、做得快，对信息的处理更精确。但在形象思维方面，计算机不如人。至于创造思维只能靠人脑。

（4）计算机是必不可少的工具。从人机结合的角度考虑，实行“从定性到定量综合集成方法”的过程实际上是信息的加工处理工程，即：信息——知识——智慧的过程，可分别叙述如下：

第一步，由信息转化为知识的过程。由于问题的复杂性，收集的信息量非常之大（大数据），要建设高效能的信息网络，让人能够很方便地提取和使用信息，把“死”的情报资料“激活”，使它成为可用的信息。利用信息技术与网络技术，建立情报的检索体系，创建一个实现系统辨识和情报激活的综合框架和模型。

第二步，由知识转化为智慧的过程。把各种情报、资料、信息统统集成起来，提出方案、计划、战略决策。

第三步，模型的验证。通过计算机仿真实验。从经验性的模型出发，通过人机交互、反复对比、逐次逼近的方法，实现从定性到定量的认识，并将仿真实验的结果及时地向上级汇报。

总之，社会系统工程方法是决策科学化、民主化与程序化的方法。钱学森说：我们的社会主义总体设计部“是以马克思列宁主义、毛泽东思想为指导的，对党和国家负责的，决不是资本主义国家所谓的思想库，那是为垄断资本家服务的。”二十二年后，2013 年 11 月十八届三中全会明确提出，加强中国特色新型智库建设，建立健全决策咨询制度，这是中央文件首次提出“智库”概念。

“智库”实际上就是钱学森提出的“总体设计部”。

在 2014 年 10 月 27 日，中央全面深化改革领导小组第六次会议上，习近平总书记指出：要把中国特色新型智库建设作为一项重大而紧迫的任务切实抓好。因为我们进行治国理政，必须善于集中各方面智慧、凝聚最广泛力量。改革发展任务越是艰巨繁重，越需要强大的智力支持。加强智库建设，对推动科学决策、民主决策，推进国家治理体系和治理能力现代化，增强国家软实力至关重要。

钱学森归国的影响及意义①

钱永刚

60 年前的 10 月，钱学森冲破重重阻力，毅然回到祖国，6 年前的 10 月，钱学森离开了我们。60 年在人生的长河中是漫长的，而在祖国的历史上只是短暂的一瞬。在已经过去的 60 年中，祖国已经发生了翻天覆地的变化，让中华民族蒙受百年耻辱的一页已经翻过，今天的祖国是世界第二大经济体，联合国安理会常任理事国，祖国的发展变化已经深深地影响着世界。抚今追昔，当我们沉浸在这幸福美好生活、感受祖国强大的时候，我们是否应该思考今天的一切是如何得来的呢？短短的 60 年是什么能够让一个半殖民地、半封建的祖国发生如此大的变化呢？

66 年前的 10 月，以毛泽东主席为代表的老一辈革命家带领中国人民推翻了三座大山，建立了中华人民共和国，中国人民从此站起来了；但是，站起来的中国人民腰杆子并没有硬起来，以钱学森为代表的老一辈科学家开创的“两弹一星”事业，让中国人民的腰杆子硬起来了；邓小平同志倡导的改革开放又让中国人民富裕起来了；2012 年 11 月，习近平总书记提出的“中国梦”，为实现中华民族的伟大复兴又开辟了新的征程；在我们纪念钱学森归国 60 周年之际，思考钱学森归国到底对中国产生了什么影响，具有怎样的意义，是一个非常有正能量的命题。让我们一起来研讨。

共和国刚成立时，我们的工业基础、科研力量非常薄弱，人才极为匮乏，

① 本文作者为钱学森长子，上海交通大学等高校兼职教授，现任中国航天系统科学与工程研究院决策顾问委员会主任委员、上海交通大学钱学森图书馆馆长。本文是钱永刚教授为纪念钱学森归国 60 周年而作。

甚至连卡车都造不出来（1956 年 7 月第一辆卡车出厂）。在这样的情况下，尽管国家希望尽早拥有自己的导弹、火箭，但是现实的条件还不允许我们开展这项工作。而钱学森的归国，使开展导弹、火箭研制成为可能。因为他在美国就从事过导弹、火箭的研究和试验，而且早在 1945 年钱学森随美国国防部科学咨询团从欧洲考察回来，就参与了美国军方《迈向新高度》总结报告的起草，规划了美国战后二三十年导弹、航空的发展。1955 年 10 月，钱学森归国后，工作虽然安排在科学院，但他的回来引起军方高层领导的高度重视，当钱学森在东北考察期间，获悉他要去哈尔滨军事工程学院看望老朋友时，国防部长彭德怀元帅让担任该院院长的陈赓大将立刻去哈尔滨见钱学森、并陪钱学森参观。彭德怀跟陈赓说，你见了钱先生就问：我们国家能不能造导弹？还说，只要钱先生说能造，我们就组织人干；钱先生说不能造，那我们只好等将来了。在钱学森参观哈尔滨军事工程学院的当晚，陈赓设宴欢迎钱学森，饭快吃完了，陈赓突然问钱学森："钱先生，你看我们国家能不能造导弹啊？"钱学森回答说："怎么不能啊？外国人能造，我们中国人为什么不能造？中国人又不比外国人矮一截！"回答得非常干脆。钱学森晚年回忆与陈赓大将的这次见面时说："我当时的心里是憋了一股子劲，所以陈赓大将问我，我的回答当然干脆。"让钱学森感到非常奇怪的是，陈赓一下子握住了他的手，激动得了不得说："钱先生，我要的就是你这句话呀！"陈赓在宴会结束后，当晚就赶回北京了。向彭德怀报告：钱学森说了，我们国家能造导弹。

1956 年 2 月，钱学森根据周恩来总理的指示起草了《建立我国国防航空工业的意见书》。这个意见书不只是一个意见，而是为中国航天创建与发展提供了极为重要的实施方案。钱学森的意见书受到了党中央高度的重视，周总理亲自主持中央军委会议，研究决定成立国防部航空工业委员会，同时授命钱学森组建我国第一个导弹研究机构——国防部第五研究院。1956 年

10 月 8 日，在钱学森归国一周年时，国防部第五研究院宣告成立，正式任命钱学森为该院院长，后又兼任国防部第五研究院一分院（现中国运载火箭技术研究院）院长，担负起新中国导弹航天事业技术领导工作的重任。

国防部第五研究院的成立，标志着我们国家航天事业正式起步了，那时人才问题成为最迫切需要解决的问题，身负领导重任的钱学森把选好各类专业带头人视为他头等重要的工作。五院成立当天，钱学森就给刚分配来的 143 名大学生讲授“导弹概论”，着手培养新中国第一批导弹、火箭技术人才。他还通过找业务尖子、技术骨干谈话，讨论相关的科学技术问题，阅读他们的报告，从而掌握他们的专长所在；并规定相关部门的领导每双周的星期五下午向他专门汇报业务尖子、技术骨干的情况。许多型号研制的业务尖子、技术骨干就是这样被选拔出来，成为各级型号研制的带头人。

钱学森还把培养科技帅才作为自己的崇高使命，造就了一大批堪当历史重任的一流科学家和工程技术专家，王永志院士就是他们当中的一个杰出代表。钱学森大胆地使用年轻人、大胆地重用年轻人、尽力把年轻人往第一线上推、为年轻人的成长创造条件。在我国中近程导弹发射试验时，由于西北地区戈壁沙漠上的高温，导弹推进剂发生气化和膨胀，导弹燃料储存箱内不能加注足额的燃料，导致导弹打不到原来设定的距离。但落区测试网点的安排已经就绪，如果导弹打不到设定的距离，落区的测试设备就什么数据也测不到，试验就等于白做。面对着这种突发的情况，多数人认为要扩大燃料储存箱容量，加大推进剂的加注量。而王永志的意见则截然相反，他认为可以通过减少推进剂的加注，使导弹打到设定的距离。在讨论现场，谁也不同意王永志的意见，王永志没有办法，最后鼓起勇气向钱学森汇报。钱学森看了他的演算，认为王永志讲得有道理，就决定按他的主意办，结果发射试验取得了成功，这也让钱学森发现了王永志这个人才。40 年以后，当“神舟五号”载人航天任务完成以后，担任载人航天工程总设计师的王永志带着航天员杨利伟去看望钱学森，钱学森望着这位昔日的中尉，高兴地对他说：你们现在干成功的事情比我干的要复杂，你们已经超过了我！祝贺你们。

我国航天起步了，我国航天应该怎么发展摆在航天人面前。钱学森作为长期主持领导国家航天科研攻关和试验工作的技术负责人，带领航天人坚持有所为、有所不为，集中力量打“歼灭战”，把有限的人力、物力、财力集中起来，优化组合，形成合力，尽快实现重点突破，使我国航天大幅度地缩小了与发达国家的距离，走出了我国航天自己的发展之路。

当时，苏联援助给我们的导弹是在第二次世界大战中从德国缴获的V—2火箭的改进型，该导弹使用的推进剂是酒精和液氧，发射前要从液氧车里把液氧一点点地加注到要发射的导弹里，然后才能发射，而液氧是一种极易挥发的气体，难以长时间保存，所以这种推进剂不适应实战的需求。苏联援助给我们的导弹其制导方式是通过由地面发射两束无线电波来控制导弹保持正确的飞行方向，而理想的无线电波依赖于发射前方的地形，地形不平，无线电波发生畸变，导弹就瞄不准目标，所以这种制导方式也不适应实战的需求。当时，美国正在研制洲际导弹，采用何种推进剂和制导方式也在研究当中。美国是发达国家，研制经费非常充裕，几种方案都拨款进行研究，继而从中选优。但是我们国家受国力所限，不能拨更多的研制经费给航天，因而要求我国航天人，必须选准重点攻关方向，选准了我们航天的发展就快，否则航天的发展就要走弯路。在钱学森的主持下，最终选取了可存储推进剂和全惯性制导方式作为重点攻关方向，后来又把制导用的计算机经集成电路化后，从地面装进了导弹内，这样我国航天一步就走到了世界的前列，绕开了外国当时研制中的许多弯路，进而实现了我国导弹从中近程导弹、中程导弹、远程导弹到洲际导弹的跨越式发展。

在我国航天初创时期，型号研制的各级领导对于科学管理的重要性的理解比较肤浅，在我国中近程导弹首次发射失败以后，各级领导对于科学管理的重要性才有了深刻的认识，在此基础上，制定科研工作规范成为型号研制工作中的当务之急。1962年《国防部第五研究院暂行条例》颁布，把以前在型号研制中形成的行之有效的规章制度，譬如：型号总体设计部；两条指挥线（以总设计师为首的技术指挥线和以行政总指挥为首的行政指挥线）；科研生产计划协调管理系统……经过进一步完善后写入《条例》。1963年根据钱学森的建议，国防部第五研究院又将所属的各分院从专业研究院转型为型号研究设计院。型号院的建立，使之成为适合我国国情的政治、行政、技术、经济统一的组织结构，使型号研制的两条指挥线运行更加畅通。通过钱学森和航天人的探索和实践，一种崭新的科研管理体制，一套科学管理模式开始形成并在型号研制中发挥了重要作用，从而为我国航天事业健康发展提供了坚实保障。钱学森曾经称赞道：我们的这套办法，就是把人民解放军大兵团作战的那套办法，有效地用到了科学管理上来了，把成千上万的科技大军组织起来了。

对于型号院这种体制，原航空部的老领导非常感慨地说："我国航空工业比导弹工业建立的早，既有技术造诣高的专家，又有自己办的航空学院和知名的教授，但总感到分配到航空部门的毕业生不如分配到五院的毕业生成长快，而且分配到五院的毕业生有独特的进步，能够支撑起型号设计及担当型号总设计师的重任。分配到航空部门的学生，应该说在学校里也都是比较优秀的。在同一种用人政策下，为什么分配到了五院的学生出成果、出人才的速度就快呢？我们观察了多年，认为主要是体制问题。我们把研究所放在工厂内，这种体制，有利于科研与生产结合，科研为生产服务，但同时也削弱了研究所的预先研究工作。科研为生产服务，科研成果要运用于生产，这个道理不错，但过分强调科研为生产服务，甚至在体制上把科研放在生产的从属地位，使有限的研究力量得不到合理配置，导致航空工业长期处于跟踪仿制状态。而五院用全部技术力量的三分之一搞预先研究，并在经费上加以保证，这就使赶超先进技术的工作得到有力的保证，也有利于促进、保证型号的发展。所以，把研究、设计、试制、生产，按照不同类别的型号有机地组织在一起，建立型号院，是科研与设计、科研与生产、技术与行政相结合的极好的体制，是导弹工业迅速发展的有力措施和保证，实践证明这种体制有很强的活力和生命力。我们吃亏就在于没有按不同类别建立不同的型号院，没有把预研、设计、试制、生产的相互关系有机地结合起来，以至于影响了航空工业的技术发展。” 中国有句俗话：“旁观者清。”这位老领导的看法，对于国防部五院所建立的型号院，直到现在仍保持旺盛生命力的型号院体制，从一个侧面给出了中肯的评价。

在我国航天初创时期，国家受国力所限，航天发展所需要的试验条件并不能全部得到保障，有时候试验就需要“冒点险”，需要“闯”一下。在我国发射第一颗人造地球卫星的时候，人造卫星已经做了五天的地面模拟试验，试验非常理想。当卫星准备出厂运往基地发射的时候，有人向卫星研制负责人孙家栋提出：卫星设计的寿命是二十天，这才模拟了五天，怎么能保证它在太空中可靠运行二十天呢？孙家栋答不上来。因为模拟试验需要低温的环境，受当时全国生产和储存液态氦能力的限制，模拟试验只能够做五天。结果没有人敢在产品测试报告上签字，孙家栋心急如焚，卫星不能按期出厂，就要拖整个发射任务的后腿。孙家栋没有办法，只好向钱学森报告，并附上所有的测试材料。看着孙家栋满脸着急的样子，钱学森只是笑了笑对他说：材料放在我这儿，后天上班你再来。第三天一上班，孙家栋来到钱学森办公室，只见钱学森坐在办公桌前，手指着办公桌一角上的材料，说道：你把材料拿走吧。孙家栋赶忙拿起材料，只见在材料封面的右上角，端端正正写了一行小字：“我看此卫星可以出厂运往基地。钱学森” 孙家栋一看乐了，因为在那个时候，航天上上下下，在技术上只要钱学森说可以，那就可以，没什么说的。结果卫星顺利出厂，在太空有效运行了二十八天。年纪大的人都记得那个时候《东方红》乐曲在太空响起，全世界都为我国航天事业飞速发展所震惊的情景。这种情况在航天初创时期虽不常见，但会遇到，在条件不完全具备的情况下“冒险”是需要勇气的，而钱学森就是这样一位敢于担当的科学家，并且他有这个权威，只要他一发表自己的看法，不同的意见很快就能统一。

在我国航天初创时期，通晓业务的干部还是比较少，遇到难办的即使是非技术上的事，也要请钱学森出来解决。“两弹结合”试验是我们在自己国土上发射携带原子弹的导弹。一旦失败，就等于往自己的国土上扔一颗原子弹，所以“两弹结合”试验是空前的，大概在人类历史上也是绝后的，因为到目前为止敢这么做的只有我们国家，而且也仅仅做了一次。为了把万一失败造成的损失降到最小，周恩来总理要求对导弹飞行经过地区的人员、物资进行疏散，被要求疏散的单位包括兰新铁路旁的一家工厂，但是这家工厂就是不疏散，谁去做工作也不行，试验日期一天天临近，负责疏散的行政领导去做工作也碰了钉子，最后，只好请钱学森出来做工作。工厂的工人们听说大科学家来了都感到非同寻常，自发地站在厂区道路两旁来欢迎钱学森。钱学森了解到，工厂不愿意搬家的理由是因为前几次的导弹试验都没有出事，这次也不会出事，因此没有必要疏散。况且疏散一次对生产的影响也蛮大。钱学森就跟他们说：感谢工人同志们对我们工作的信任，但是我们的每次试验都存在着失败的可能。中国人有句俗话，“不怕一万，就怕万一”，虽然这次试验失败的可能性仅是千分之一、千分之二，但仍然是万一的十倍，二十倍，你们说说，该不该有所防范，该不该疏散呢？这么一讲大家没意见了，厂长表态：我们听科学家的，结果是工厂按时疏散了。后来这类事多了，居然在航天界形成了一条潜规则：遇到这类事，如果一时找不到好的解决办法，就找钱学森，请他来帮忙。

在我国航天初创时期，钱学森起的作用是多方面的，而且经常是无形的。

在“两弹结合”试验的准备工作中，有一项工作叫“两弹对接”。就是要把导弹和原子弹之间上百根线路一根根连接好。操作场地非常狭小，只能容一个人来操作。发射前一天“两弹对接”时，现场刮起大风，扬起沙尘，真是天昏地暗，只见基地一名叫田现坤的操纵员在紧张操作，操作不能出错，稍有差错就可能导致试验失败，甚至造成导弹还未升空、原子弹就在地面爆炸的情况发生。当时凡是参加这个工作的人都向党组织写了决心书，那些决心书实际上就是遗书啊，后事都交代清楚了，随时准备牺牲。田现坤平时训练40分钟就能完成所有线路的连接，而当天整整用了80分钟。在这80分钟里，钱学森就站在“两弹对接”现场，一刻也没有离开，当然，现场还有聂荣臻元帅和发射基地的司令员，聂帅在场对大家是一个很大的鼓舞，这个不用说。但是钱学森在场另有一种作用：科学家站在这里，说明实施“两弹对接”操作，人身安全完全有保障，这不仅对田现坤本人是一个鼓舞，而且对参加“两弹结合”试验的基地官兵也是一个鼓舞。

“两弹一星”事业的成功，改变了中国“冷战”时期在世界政治格局中的地位，为中美、中苏关系的改善奠定了重要的政治基础，中国也成为维护世界和平的重要力量。大家知道，朝鲜战争爆发，中美走向了严重的对抗，20世纪60年代初中苏关系破裂，苏联甚至一度想对中国进行核打击。在“冷战”时期，中国同时和美苏两个超级大国对抗，加上我们国防力量薄弱，经济发展落后，科技水平低下，就是在第三世界国家里的影响力也要大打折扣，这样的国际环境对我们的发展是极为不利的。“两弹结合”试验的成功，成为破解险恶国际环境的重要砝码。1966年10月，“两弹结合”试验成功，大大增强了我国的国防实力，我们拥有了自己的战略核武器，随后，我们的国际环境也悄然发生了变化。1971年7月，美国国务卿基辛格秘密访华，1971年10月25日，联合国第二十六届大会恢复了中华人民共和国在联合国的一切合法权利。1972年2月美国总统尼克松访华，中美关系开始缓和，

1979年1月中美建交。中美建交，缓解了我国的国际压力，许多西方国家看到美国都和我们搞好关系，也纷纷效仿。中美关系之所以改善，一个不容忽视的因素是美国看到我们拥有了导弹核武器，可以成为“冷战”时期对抗苏联的重要力量，才主动改善和我们的关系。到1985年，中苏关系也得到了改善。至此，我们的国际环境全面改观。正是有了这样的国际环境，我们的改革开放才能得以进行，为成为有影响的大国赢得了重要的战略机遇期。正如邓小平指出的那样：“如果（20世纪）60年代以来，中国没有原子弹、氢弹，没有发射卫星，中国就不能叫有重要影响的大国，就没有现在的地位。这些东西反映一个民族的能力，也是一个民族、一个国家兴旺发达的标志。”一位科学家曾经这样说过：“如果没有钱学森这个人，我们国家航天的起步要推迟十年。”我们国家航天起步于1956年，如果推迟十年那就是1966年，这一年“文化大革命”开始了，一闹又是十年，这么一算，我们国家航天的起步，就不止是推迟十年了。1976年“文化大革命”结束了，1978年要进行改革开放，而那时的国际环境如何呢？中美、中苏关系能否改善呢？美国，甚至包括苏联是否让你搞还是个问题呢，另外，我们的经济实力将会是什么样子也很难说，历史也许将改写。

一位英国的诺贝尔奖得主曾经说：“我们不如钱学森，我们没有上天赐予他的那种机遇。我们之所以获得诺贝尔奖，是因为我们在学术和理论上有所贡献。钱学森的幸运之处，是他不仅仅在理论上有重大贡献，更重要的是他有机会将理论与工程实践相结合，并付诸中国的建设，做出了卓越的贡献，同时也推进了人类的科学技术发展。在这点上，不是每一个科学家都能做到的，从这点上来讲，钱学森已经远远超过了我们。”

我给大家讲述一个发生在半个世纪前的故事：

半个世纪前的德国分为东德、西德，该国首都柏林也分为东柏林、西柏林，我讲的故事就是发生在西德的一个小城市里，在这个小城市里有家杂货铺，经营该店铺的老板是一位华侨。他是20世纪第一次世界大战时，中国政府为支持英、美、法国对德国作战征召到欧洲的华人劳工。第一次世界大战结束了，中国为此也成为“战胜国”，但却无力把活下来的劳工接回国内，而是就地遣散，使得这些华人劳工有家不能回，流落他乡。这位华侨当时年纪七十上下，终身未婚，辛辛苦苦几十年经营一家小铺子。那时的中国人在欧洲被人瞧不起，受外国人欺负是常有的事。老华侨唯一的办法只有忍气吞声，逆来顺受。让老华侨特别心堵的事是，由于那时小城市不如大城市那样发达，没有固定的垃圾收集点，一般情况下，是晚上居民把自家的垃圾袋放在马路边，待清晨时垃圾车拉走。而店铺周围的居民就把垃圾袋堆到店铺的门口，把店铺当作垃圾收集点。老华侨每日清晨都需要把扔到店铺门口的垃圾袋一袋袋拿到马路边上。年复一年，尽管心中不快，但也无奈。

1964年秋的一天，老华侨照例打开店铺门，准备清理门口的垃圾袋时，一打开门发现店铺门口干干净净，一袋垃圾都没有。这反而让老华侨感到奇怪：这是怎么了？正当他心存疑虑、左顾右盼之际，当地巡街的警察正好从店铺门口走过，拍了拍他的肩膀讲：“别发呆了，我保证今后再也不会有人在你店铺门口丢垃圾袋了！”老华侨将信将疑。几天过去了，诚如警察所言，再也没有人在老华侨店铺门口丢垃圾袋了。而且让老华侨更感到奇怪的是：周围居民对他的态度也明显改善了，对他客气多了，老华侨对这些天发生变化的原因一直心存不解。后来周围的人告诉他，现在的祖国强大了，能造原子弹了，以后再也没有人敢小瞧中国人了。这才明白发生在他身边变化的原因：祖国强大了，让万里之遥的炎黄子孙都有了脸面，在外国人面前再也用不着低三下四、忍辱受气了。明白缘由的老华侨为此热泪盈眶，后来成为致力于中德两国友好的民间积极分子。

我们通过这个故事，分明感受到老华侨身上多了种东西，这个东西看不见、摸不着，但却实实在在地存在着。有了它，人就昂头挺胸、腰杆笔直；

没了它，人就低三下四、忍气吞声。这东西是什么？是尊严！以钱学森为代表的老一辈科学家，在当时那么落后的条件下，艰苦奋斗，把我们国家自己的“两弹一星”研制出来，为全体炎黄子孙赢得了尊严，让所有中国人的腰杆子硬起来。中国自从有了“两弹一星”，再也没有人敢欺负中国人了！

在许多人的心目中，钱学森由于在我国航天事业发展中的突出贡献，被誉为“中国航天奠基人”，被党中央、国务院、中央军委授予“两弹一星功勋奖章”，但这并不是他科学成就的全部。20 世纪 70 年代末以后，钱学森开始从更高层次思考科学技术的发展问题，他深入学习和研究马克思主义哲学，在社会科学、系统科学、思维科学、人体科学、地理科学、行为科学、军事科学、建筑科学等诸多领域，提出了一系列新观点、新思想、新理论，为科学技术的发展做出了新的开创性贡献。很多科学家认为，这些成就作为他整个科学成就的“另一部分”，与他在航天事业上的成就相比，毫不逊色，更显辉煌。

钱学森本人曾经告诉自己的孙子：“如果这点事（指研制导弹、火箭、卫星）也叫伟大的话，那么 21 世纪的爷爷将更伟大。”他认为自己的这些新观点、新思想、新理论将对祖国“四化”建设产生更深远的影响。钱学森的这些新观点、新思想、新理论我们称之为“大战略”。这是钱学森运用马克思主义观点，结合自己几十年的科研实践，纵观人类社会历史发展以及当今世界发展的现状，站在中华民族发展的制高点上，以自己的智慧和理想信念得出来的，这是一位大科学家从心底发出的“呐喊”。我们所熟悉的系统科学思想、“大成智慧教育”理念、“山水城市”的理论等等，已经在我们国家的“四化”建设中发挥着重要的作用。钱学森提出的知识密集型大农业的理论，已经在中国西部地区实践中得到证明，让西部地区人民富裕起来的愿望正在变成现实，人类历史上存在了几千年的“三大差别”将随着第六次产业革命的实现而逐步消除。钱学森的这些“大战略”思想将为实现中华民族伟大复兴产生巨大的推动作用，也必然会为人类社会的进步与发展做出贡献。

钱学森归国后，用一生践行他“让中国人民过上有尊严的幸福生活”的诺言，矢志不渝。在他身上以复兴中华民族为己任、以服务国家人民为骄傲、以不畏强权压迫为信念的爱国主义精神；以崇尚科学、严谨求实、敢于创新、勇于担当、学术民主、综合集成的科学精神；以严于律己宽以待人立身、以淡泊名利不图虚名立德、以理想信念奋斗终生立行的奉献精神贯穿他百年人生，构成了钱学森精神的重要内涵。这些精神已经影响并正在影响着共和国几代科技人员。

作为一名爱国者，钱学森早在上中学时就有强烈的爱国心，他说：“我们在（师大）附中上学，都感到民族、国家的存亡问题压在心头，老师们、同学们都在思考这个问题，在这样的气氛下，我们努力学习，为了振兴中华。”在美国受迫害时，面对强大的美国政府，钱学森表现出大无畏的不屈不饶意志，始终在和美国政府做斗争，一直为自己的不公正待遇提出上诉，忍受屈辱，坚持了五年之久。当美国政府 20 世纪 80 年代邀请钱学森访美时，钱学森说：“美国政府如果不公开给我平反，今生今世我绝不再踏上美国国土。”当 1989 年美国一个科研机构给钱学森颁发奖章，有人写信表示祝贺时，钱学森回信说：“美国佬给我发奖章，我觉得没什么。因为对一个中国科技工作者作评价，最有权威的是人民，而不是一个美国的什么评审委员会！”他把忠诚和服务国家、人民作为自己一生的信仰。

作为一名科技工作者，钱学森始终把追求科学真理并为国家民族复兴奋斗作为自己的理想信念。钱学森办公室在今年编著了《科学道德 --- 钱学森的言与行》一书，反映了钱学森在追求科学真理的道路上，在科学道德方面的所作所为。这本书分六个部分：一是追求科学真理；二是激励科学创新；三是净化学术风气；四是倡导学术民主；五是淡泊名利地位；六是勇担社会责任。这六个部分体现了钱学森的科学道德境界。作者在前言中说：“一方面，理想信念是道德的基础，一个科学家的科学道德境界与其理想信念密切相关，正是在科学上的广泛追求、坚定信念铸就了钱学森高尚的科学道德境界，并使其在一生的科学实践中不断取得辉煌的科学成就。另一方面，科学道德境界体现在有形的科学贡献上，没有高尚的科学道德境界，科学研究本身将受到影响，难以取得高层次的科学实践成果。”钱学森做到了崇高科学道德和伟大科学成就的完美结合。晚年的钱学森完全可以颐养天年，但是他没有停留在过去的功劳簿上，1982 年，70 岁的钱学森退出一线工作后，又驰骋在诸多科学领域。这时候的钱学森思想极为活跃，进行了大量而深刻的思考，对中国及世界今后如何发展，提出了许多有预见性的大战略思想，充分体现了一个科学家的高度社会责任感，科学道德境界已经到达常人难以企及的高度。

作为一名共产党员，他十分珍惜党员这个称号。当 1959 年 1 月 5 日，科学院党委通知力学所党总支：钱学森“已被接收为中国共产党预备党员，预备期一年，自 1958 年 10 月 16 日至 1959 年 10 月 16 日”，钱学森说自己激动得一夜没有睡好觉。一个自幼追求进步但又不是共产党员的人，在美国却背上“共产党”的罪名，遭受了那么大的屈辱和磨难，一旦他为了更好地服务国家和人民，而希望加入党组织的愿望终于实现，真的成为一名光荣的共产党员时，他怎能不激动得彻夜难眠呢？

入党以后，不管是在工作中还是在生活上，他总是以共产党员的标准严格要求自己，无私奉献，淡泊名利，把一生献给了国家。他不恋权，钱学森本人说过，要不是工作需要，他什么官也不愿当，所有的职务都是他主动辞去的。他姓钱但不爱钱，把一生获得的几乎所有奖金都捐了出去，或者是交了党费。他看淡荣誉，1991 年钱学森获得国务院、中央军委授予的“国家杰出贡献科学家荣誉称号”后，坚决制止对他的宣传，并说“不要因为宣传钱学森过了头，而影响了党的知识分子政策”，在至高荣誉面前表现的是那样的冷静和理智。

钱学森党性原则极强，只要是党组织决定的事，他从不说二话，坚决执行。比如他一直坚持不准给他写传，有人迫不及待要写，他知道后非常生气，曾十分严厉地说："我还没死，他们急什么！"他在这个问题上的态度之坚决，真是达到了令人敬畏的程度。

然而，当听说他已被列入《中共党史人物传》名册了，他不再坚持己见，完全服从组织的决定，并嘱咐秘书说："我想，写传不是为写传而写传，更不能为个人歌功颂德去写传，而是要通过写传反映一个时代，反映我们党在那个时代的科学技术成就：总结过去的经验教训，指导以后的工作。所以，第一，要实事求是；第二，千万不要写出矛盾来；我绝不和任何人争功劳，特别是关于我们国家'两弹一星'，我过去多次讲过，一切成就归于党、归于集体，我本人只是恰逢其时，做了自己该做的工作，仅此而已。这就是我的观点，实事求是的观点，你要按照这个观点去写。"

有人写信给钱学森，称赞他是一位爱国主义科学家，他回信说，我已经是一名共产党员了，共产党员难道还不爱国爱民吗？有人写信给钱学森，称赞他品德高尚，他回信说，一个树立了马克思主义哲学世界观的人，自然知道应该如何做人，他的品德必然是高尚的。他站在历史唯物主义的高度，坦然面对自己的过去，有人称他为"导弹之父""航天之父"，他多次重申，像航天这样的大科学工程，远不是爱迪生时代的科学工程，那时他可以一个人在实验室搞发明创造，而航天是一项成千上万人的事业，没有党的领导，没有集体的努力是谁也干不成的，还是那句话，"一切成就归功于党、归功于集体"。钱学森说的"一切成就归功于党、归功于集体"，不能一般地看成是个人品德上的谦虚，而是一个历史唯物主义者发自内心的真实写照。

钱学森多次说过："我作为一名科技工作者，活着的目的就是为人民服务，如果人民最后对我的工作满意的话，那才是最高奖赏。"他用自己的一生，践行着一名爱国知识分子、一名共产党员、一名具有高尚品德的人、一名科学家、一名思想家所拥有的理想信念，践行实现中华民族伟大复兴的中国梦，成为我们这个时代的楷模；他的科学成就成为中华民族宝贵的精神财富，人民是历史的创造者，但是，英雄却可以引领历史的发展方向，钱学森正是这样的英雄人物；他的归国成为改变中国历史的命运的重要里程碑，他的思想，他的大战略，也许还将引领新的历史发展方向；他为中华民族所做出的贡献必将彪炳史册！钱学森虽然离开了我们，但他德馨品高的大师风范将历久弥新、光耀后人。永远是我们立身做人、治学研修、办事创业、为官从政的光辉旗帜。

我想，这就是我们纪念钱学森归国六十周年的初衷，这就是我们研讨钱学森归国六十周年意义的目的。

事理看破胆气壮①

——对钱学森科学道德境界的认识和理解

李　明　顾吉环

一

从 2001 年至 2011 年钱老诞辰 100 周年，我们几位钱老身边的工作人员陆续编辑出版了《钱学森手稿（1938—1955）》、10 卷本《钱学森书信》、6 卷本《钱学森文集》和 5 卷本《钱学森书信补编》等书籍，内容涵盖了钱老一生涉及的全部科学领域，可谓是“钱学森百科全书”。自 2012 年起，我们力图分专题更深一步研究钱老的科学贡献、科学思想和科学精神。

钱老文稿中有大量体现其在科学道德上的“想法、说法和做法”，1983 年 3 月 14 日，钱老在原国防科工委航天医学研究所每周“人体科学讨论班”第一次学术讨论会上，还就科学道德问题作过全面系统论述。有关这方面的内容非常丰富，并且自成体系，很具有钱学森特色。比如在追求维护科学真理上，钱老强调“要把理论和实际灵活地结合，不能刻板行事，既反对机械唯物论，又反对唯心主义”；在激励科学创新上强调“跨度越大，创新程度也越大，而这里的障碍是人们习惯中的部门分割、分隔，打不通”；在学风问题上强调“学问的事不在于起哄！对此我辈要有信心，千古自有评说”；在学术民主上强调“一定要有学术民主和充分民主上的集中，正确的方法是要靠集体的智慧，要有领导、有组织地干”；在对待名利地位上强调“如果

① 本文作者为钱学森生前的秘书。本文是李明同志和顾吉环同志为纪念钱学森归国六十周年而作，原载于《光明日报》2015 年 10 月 30 日 11 版。

人民最后对我的一生所作的工作表示满意的话，那才是最高的奖赏”；在科学家的社会责任上强调“我们当参谋的，要善自为之，要对得起党，对得起人民”；等等。

我们几位编者有幸在钱老身边工作多年，共同感受最深的是从钱老这些言行中学到了“做人”的道理，思想和灵魂潜移默化中不断得到净化。十几年来，在整理钱老文稿过程中，我们一直想把有关“科学道德”方面的内容系统梳理出来专集出版。经过近三年的努力，终于从钱老近千万字的文章、讲话、报告以及书信中，把有关钱老科学道德的论述和故事整理出来，编辑成《科学道德——钱学森的言与行》一书，奉献给广大读者。

道德抽象而无形，却是客观存在，能被人们所认知。那么，如何从总体上认识和理解钱学森的科学道德境界呢？

一方面，理想信念是道德的基础，一个科学家的科学道德境界与其理想信念密切相关，正是在科学上的广泛追求、坚定信念铸就了钱学森高尚的科学道德境界，并使其在一生的科学实践中不断取得辉煌的科学成就。另一方面，科学道德境界体现在有形的科学贡献上，没有高尚的科学道德境界，科学研究本身将受到影响，难以取得高层次的科学实践成果。本文从理想信念和科学贡献两个方面谈谈我们对钱学森科学道德境界的认识和理解。

二

钱学森在科学上做出的杰出贡献、在科学道德上达到的崇高境界以及获得的至高科学荣誉，根本动力在于他具有坚定的理想信念。1955 年 9 月 17 日，被美国无理扣留 5 年之久，即将登上克利夫兰总统号邮轮的钱学森坦露了回归祖国的心愿：“我已经考虑了很久，不打算再回到美国，我要尽最大力量来建设自己的国家，让中国人民过上幸福、有尊严的生活。”当一位菲律宾华侨从报纸上了解到钱学森放弃了在美国的舒适生活毅然回归祖国后深受感动，到船上探望钱学森时问：“您为什么想回到中国？”钱学森的回答是：“我想为仍然困苦贫穷的中国人民服务，我想帮助在战争中被破坏的祖国重建，我相信我能帮助我的祖国。”

钱学森用毕生心血践行了自己的心愿，始终不改初衷。1991年10月16日，在国务院、中央军委授予他“国家杰出贡献科学家”荣誉称号和一级英模奖章后的答谢词中，80岁高龄的钱学森表示自己“并不很激动”，原因是“这一辈子已经有了三次非常激动的时刻。”事实上，在答谢词的最后，钱学森又道出了另外两个原因。其一，“今天不怎么激动也还有另一个道理，就是在刚才领导同志的讲话里，在聂荣臻同志的贺信里，讲人民对我的工作是很满意的。我想，但愿如此。可是我现在还没有到生命的最后一刻，到底我怎么样，还有待于将来吧。”这段话的蕴义是钱老一贯坚持的“我作为一名中国的科技工作者，活着的目的就是为人民服务。如果人民最后对我的一生所做的工作表示满意的话，那才是最高的奖赏。”其二，钱老在答谢词中再一次坦露出自己余生的心愿：“我有个打算，我的打算就是：我认为今天科学技术不仅仅是自然科学工程技术，而是人认识客观世界、改造客观世界整个的知识体系，而这个体系的最高概括是马克思主义哲学。我们完全可以建立起一个科学体系，而且运用这个科学体系去解决我们中国社会主义建设中的问题。”从这两点中我们可以看出，钱老心中装着的始终是中国人民，他最看重的是人民对他的最后评价。他在80岁高龄时的心愿仍然是为人民服务，是用现代科学技术体系去解决中国社会主义建设中的问题。有着如此坚定信念而且还在继续努力实现自己心愿的钱老在至高荣誉面前是真的“不激动”。

事实上，钱老晚年还有更加宏大的理想信念，并深具人类意义。钱学森本人是集东西方文明精华而得大成者。他到美国学习时就下决心一定要把美国最先进的科学技术学到手后再回来报效祖国，所以回国前导师评价“在学术上你已经超过我了”，使他激动得彻夜难眠。在美国学习工作20年，使他深悉西方文明特别是现代科学技术的优势；自幼受中华传统文化熏陶，回国后又在党的领导下创立了举世瞩目的“两弹一星”事业，使他更加清楚社会主义制度和中华传统文化的优越性。同时，钱学森又深刻知晓东西方文明各自的劣势和局限性。深刻洞悉了东西方文明各自的优缺点和互补性，因此钱学森晚年的理想信念是将东西方文明的优秀精华集成起来，创立认识客观世界、改造客观世界整个的知识体系，开创人类历史上的第二次文艺复兴。正如钱老在 1991 年 1 月 15 日致孙凯飞的信中指出的：“我们社会主义中国应该纠正这一缺点（指西方建立在还原论基础上的所谓科学方法具有很大的局限性），以马克思主义哲学为指导，取出我国传统文化中的精华，结合现代科学技术，辩证统一扬弃为新的文化。这就是我说的将在社会主义中国出现的第二次文艺复兴。”由此可见，钱老对以马克思主义哲学为指导的共产主义理想，对现代科学技术体系和中华优秀传统文化有着坚定的信念。钱老坚信这三者结合开创的第二次文艺复兴不但会使中国出现“历史上从未有过的繁荣和强大”，而且综合集成了古今中外的优秀文明成果，是“站在世界系统整体的角度看世界”，能够从总体上解决人类面临的现实问题，“更长远地为我们人民造福，为全世界、为全人类造福”，因而具有深远的世界意义。

三

钱学森的科学道德境界和他在科学上的卓越贡献是统一的。如果没有崇高的科学道德境界，钱学森不可能做出如此杰出的科学贡献；科学上的卓越建树也不断提升着钱学森的科学道德境界。

钱学森的科学贡献体现在其科学实践成果和科学理论体系两个方面，前者是“立功”，后者是“立言”，而科学道德则属于“立德”；“立德”的境界要由“立功”和“立言”的水平和层次来反映和体现。

在“立功”方面，钱学森作为中国科技界的领军人物，其在“两弹一星”

上对中华民族做出的历史功绩标榜史册。邓小平曾说：“如果60年代以来中国没有原子弹、氢弹，没有发射卫星，就不能叫有重要影响的大国，就没有这样的国际地位……大家要记住那个年代，钱学森、李四光、钱三强那一些老科学家，在那么困难的条件下，把‘两弹一星’和好多高科技搞起来。”“两弹一星”的研制成功是新中国由弱变强的标志，是新中国成立后最振奋人心、最为世界瞩目的事业。但钱学森本人却把自己的贡献看得很淡。钱老多次表明：“称我为‘导弹之父’是不科学的。因为导弹卫星工作是‘大科学’，是千百人大力协同才搞得出来，只算科技负责人就有几百，哪有什么‘之父’？我做的只不过党所领导的、有千万科技工作者参加的伟大科研系统工程中的一粒小芝麻，真算不上什么。一切成就归于党，归于集体！” 另一方面，钱学森是一位真正的科学家，他最看重的是在科学理论上的创新。在他看来，“两弹一星”应用的是成熟的技术，是他在美国就从事过的。而他从“两弹一星”工程实践中提炼出的系统工程理论和后来发展出来的开放的复杂巨系统理论，以及以马克思主义哲学为最高概括的现代科学技术体系才是真正的理论创新，对整个科学技术的发展，对中国未来的社会主义建设，以及应对人类社会面临的重大问题都有着更加长远的重要意义。中华民族由弱变强只是钱老心愿的第一步；改革开放使中国富了起来，是钱老心愿的第二步；“让中国人民过上幸福、有尊严的生活”才是钱老归国的最终愿望。

在“立言”方面，钱学森在整个科学技术体系的“系统性”上做出了自己的创新性贡献。按照辩证唯物主义的观点，客观世界是普遍联系的，因而认识客观世界和改造客观世界的各项科学技术也应该是普遍联系的，是一个完整的体系。恩格斯100多年前在《路德维希·费尔巴哈和德国古典哲学的终结》一文中指出“世界不是一成不变的事物的集合体，而是过程的集合体”，我们不但要“能够指出自然界多个领域内的过程之间的联系”，而且要“指出多个领域之间的联系”。德国著名物理学家普朗克也有一段名言：“科学是内在的整体，它被分解为单独的整体不是取决于事物的本身，而是取决于人类认识能力的局限性。实际上存在着从物理到化学，通过生物学和人类学到社会学的连续的链条，这是任何一处都不能被打断的链条。”而现实情况是，以还原论为基础建立起来的现代科学技术部门越分越细，物理学对物质结构的研究已经到了夸克层次，生物学对生命的研究也到了基因层次，但认识了基本粒子并不能解释大物质构造，知道了基因也回答不了生命是什么。钱学森认为：“这种只讲分不讲合的研究方法就有点机械唯物主义的东西在里面了，这样分得越细就越看不见全貌了，你只见树木，不见森林嘛。一棵棵树看得很清楚，但整个森林是怎么回事就不清楚了。”这说明在还原论基础上发展起来的科学领域各自分隔，尚不成体系，无法从总体上回答一些复杂的系统问题，有着很大的局限性。

钱学森将以分析为主的西方还原论思维和以综合为主的东方整体论思维辩证统一起来，开创了系统论思维，在此基础上建立的现代科学技术体系是一个不断发展的开放系统，使人类的智慧达到了新的高度。这个体系在横向上包括从各自不同角度研究整个客观世界的十一个科学部门：自然科学，从物质在时空中运动这个角度研究整个客观世界；社会科学，从人类社会的运动和发展这个角度研究整个客观世界；数学科学，从数量与质量的辩证统一这个角度研究整个客观世界；系统科学，从系统的结构与功能这个角度去研究整个客观世界；思维科学，从人的认识这个角度研究整个客观世界；人体科学，从人体在整个宇宙环境中的发展和运动这个角度研究整个客观世界；军事科学，从不同集团的矛盾和斗争这个角度研究整个客观世界；行为科学，从个人与社会的相互作用这个角度研究整个客观世界；地理科学，从人与自然环境的关系这个角度研究整个客观世界；建筑科学，从人与人造环境这个角度研究整个客观世界；文艺理论，从人的主观实践与客观实际的相互作用后，主客观达到统一得到美感这个角度研究整个客观世界。这个体系从纵向上打通了每个科学部门从实践经验（钱老称之为“前科学”）到工程技术、技术科学、基础科学、哲学桥梁直至马克思主义哲学的通道。这样，整个现代科学技术体系成为一个有着严密结构的有机整体。钱学森自己“用了70年的学习才悟到以上道理”，“真正做到触类旁通是在懂得了现代科学技术体系以后”。

这个体系有几个显著特点：第一是深。整个科学技术体系深深地扎根于工程实践，具有明显的“工程特色”。一切来自于实践，一切为了实践。所有上一层理论都是从下一层次提炼概括上来的，既对下一层理论进行指导，又要接受其检验，并最终接受工程实践的检验。第二是广。打通了所有科学技术领域之间的分隔，每项科学技术都是从不同角度的不同层次研究整个客观世界，从而在不同科学技术领域之间建立了广泛的联系。第三是高。从哲学上对认识“客观世界的普遍联系性”做出了开创性贡献，将认识客观世界的普遍联系建立在现代科学技术体系的基础上。将马克思主义哲学居于现代科学技术体系之首，是整个现代科学技术体系的最高概括，从而解决了马克思主义哲学的研究对象问题，并将其建立在深厚的科学基础上，使马克思主义哲学成为真正意义的科学哲学。现代科学技术要接受马克思主义哲学的指导，同时马克思主义哲学再也不是僵化的教条，而是要随着现代科学技术的发展而不断发展。

四

正是由于钱老在“立功”、“立言”和“立德”上达到了如此高的层次和境界，才成为迄今唯一获得国务院、中央军委授予“国家杰出贡献科学家”荣誉称号的科学家，最高荣誉背后承载的是他在科学上做出的卓越贡献及其在科学道德上的崇高境界。“未出土时先有节，待到凌云更虚心”，钱老本人在97岁高龄时仍然谦虚地说“自己只是赶上机会了，做了自己应该做的工作。”这一至高荣誉对钱学森是实至名归的，与钱学森并称“三钱”之一的钱三强在钱老受奖两个月后致信钱学森：“你在（1991 年）10 月 16 日得到‘国家杰出贡献科学家’荣誉称号和一级英雄模范奖章，完全符合全国科技工作者的愿望。”

“事理看破胆气壮，文章得意心花开”，这是钱老最喜欢的一幅对联，也是其一生品格的真实写照。钱老在《我们应该研究如何迎接 21 世纪》一文中，把中华人民共和国成立看作第一次社会革命，改革开放是中国第二次社会革命。在 21 世纪，由于互联网等信息产业革命、现代生物技术产业革命、人体科学带来人体功能提高、系统学引发的组织管理革命，将促发中国的第三次社会革命。这次新的社会革命包括产业革命、政治革命和文化革命。他断言当今全球已进入一个“世界社会形态”，除了经济一体化，还会迈向政治一体化，最终进入世界大同的共产主义社会。“一个真正的大国必须能在全世界传播本民族的文化，在人类价值观上拥有引导这个世界的文化力量。”钱老预言的中国第三次社会革命中的文化革命，将引发人类历史上第二次文艺复兴，也为全球文化一体化作准备，在保留世界文化多样性的同时在价值观上形成引领世界的新文明。钱学森是一位学贯中西、文理兼通的哲人，他晚年留下的这些著述、讲话、书信是党和人民的宝贵财富，值得一切关心国家和民族命运的人士认真一读。

中国古代将“立德、立言、立功”视为人生“三不朽”，宋代大儒张载认为读书人的最高目标是“为天地立心，为生民立命，为往圣继绝学，为万世开太平。”钱老正是这样一位为中华民族崛起建立了“三不朽”功德的人民科学家。半个多世纪以来，钱学森是中国科学的偶像，是中华民族奋发图强的标志，是中国知识分子的杰出典范，他理所当然地活在中国人的心中，钱老对“人民科学家”的称号是当之无愧的。

谨以此文纪念人民科学家钱学森归国六十周年。

附录三

纪念钱学森同志归国 60 周年大会情况

（一）会议议程

序号	时间	事项	发言人
1.	9:30-9:40	介绍会议背景和参会嘉宾	王维平 副局长
2.	9:40-10:00	观看纪念钱学森同志归国专题片	全体嘉宾
3.	10:00-10:15	钱学森同志同时期专家代表发言	孙家栋 院士
4.	10:15-10:30	新时期归国留学人员代表发言	林海青 主任
5.	10:30-10:45	钱学森同志家属发言	钱永刚 馆长
6.	10:45-11:00	中共中央组织部人才工作局领导讲话	孙学玉 局长
7.	11:00-11:15	中国航天科技集团公司领导讲话	雷凡培 董事长
8.	11:15-11:30	中共中央党史研究室领导讲话	高永中 副主任

（二）宣传报道情况

1. 纪念钱学森同志归国 60 周年大会在京举行——新华网

2015 年 11 月 20 日 18:43:56　来源：新华网

新华网北京 11 月 20 日电纪念钱学森同志归国 60 周年大会 19 日在人民大会堂举行，与会者共同回顾钱学森不懈奋斗的光辉历程，缅怀他的丰功伟绩，学习和弘扬钱学森的科学精神和崇高风范。

60 年前的 1955 年 10 月，钱学森在毛泽东、周恩来等党和国家领导人的亲切关怀下，冲破重重阻碍回到了祖国，从此开始了领导研制“两弹一星”、发展国防工业和科学技术的工作，为党和国家事业做出了卓越贡献。

会上，与会者共同观看了纪念钱学森同志归国专题片。中国航天科技集团公司高级技术顾问、中科院院士孙家栋，中国工程物理研究院北京计算科学研究中心主任、国家“千人计划”专家林海青，钱学森之子、上海交通大学钱学森图书馆馆长钱永刚，分别作为钱学森同时期专家代表、新时期留学归国人员代表、钱学森家属代表发言，从不同角度深情回忆了钱学森同志爱国、奋斗的一生。大家表示，钱学森同志赤胆忠诚的爱国情怀、卓尔不群的科学品质、无私无畏的价值追求，值得我们永远铭记。

这次大会由中央组织部人才工作局、中央党史研究室宣传教育局、中国航天科技集团公司所属中国航天系统科学与工程研究院联合召开，140 余人参加大会。

2. 纪念钱学森归国 60 周年大会召开——光明日报

2015-11-20 09:59　来源：光明网 -《光明日报》

光明日报北京 11 月 19 日电　（记者任欢）　纪念钱学森归国 60 周年大会 19 日在人民大会堂召开。该会议由中央组织部人才工作局、中央党史研究室宣传教育局、中国航天科技集团公司系统科学与工程研究院主办。

大会通过观看钱学森归国纪录片、钱学森同时期专家代表发言等形式，系统回顾了他一生对祖国的热爱、对事业的奉献和对科学的追求。大会同时强调，今年是钱学森归国60周年，进一步弘扬他崇高的科学精神，对推动我国航天事业不断创新发展具有重要意义。

据介绍，在纪念钱学森归国60周年之际，中央党史研究室与中国航天科技集团联合开展的“口述钱学森工程”系列文章在《百年潮》刊出。

3. 纪念钱学森同志归国60周年大会在人民大会堂举行——中国共产党历史网

2015年11月20日 14:59　来源：中国共产党历史网

今年是中国航天事业奠基人钱学森同志归国60周年，纪念钱学森归国具有重要的历史意义和现实意义。11月19日，经中央办公厅批复，中央组织部人才工作局、中央党史研究室宣传教育局和中国航天科技集团公司系统科学与工程研究院在人民大会堂隆重举行了纪念钱学森同志归国60周年大会。

会议由中央组织部人才工作局副局长王维平主持。中央党史研究室主任曲青山、中央党史研究室副主任高永中、航天科技集团公司董事长雷凡培、国防科工局副局长吴艳华、中国科协副主席张勤、中央组织部人才局局长孙学玉、中国航天系统科学与工程研究院长王崑声和副院长薛惠锋等领导出席了会议。总后勤部原政委张文台、军事科学院原副院长糜振玉、中国科协原副主席刘恕、上海交通大学钱学森图书馆馆长钱永刚、钱学森学术助手涂元季，孙家栋院士、王永志院士、郑哲敏院士、戚发轫院士、戴汝为院士、张履谦院士、汪成为院士、何德全院士，以及全国政协机关、总装备部、国防科工局、中国科协、中科院、工程院、中国航天科技集团、中国航天科工集团、中国航天系统科学与工程研究院、钱学森图书馆等单位代表，钱学森家属与亲友代表参加了会议。

首先，全体参会人员观看了纪念钱学森同志归国的专题片，回顾了钱学森归国的艰苦历程，缅怀钱学森的丰功伟业和高贵品质。

随后，孙家栋院士以“弘扬钱学森精神、建设航天强国”为题回顾了钱老崇高的科学风范和高尚的品德，国家“千人计划”专家林海青讲述了钱学森精神在我国留学人才中的巨大感召作用，钱永刚教授深情回顾了在父亲的引领下成长成才的难忘人生道路。

孙学玉局长在讲话中高度评价了钱学森归国的历史意义，并对大力加快人才强国战略、实现“两个一百年”奋斗目标等内容进行了阐述。雷凡培董事长在讲话中指出，要弘扬钱学森精神、进一步坚持中国特色的航天道路，进一步传承钱学森同志开创的系统工程思想，进一步发扬创新的科学精神。高永中副主任在讲话中回顾了钱学森同志的回国历程，高度评价了钱学森同志为中国的国防科技、科学技术等各方面做出的贡献，以及世界性的历史贡献。

本次会议的召开，掀起了中央党史研究室、中国航天系统科学与工程研究院、上海交通大学钱学森图书馆三家单位组织的“纪念钱学森同志归国 60 周年”系列活动的高潮。为了发掘并传承钱学森的学术思想和精神品质，中央党史研究室和中国航天科技集团公司从 2014 年开始，开展了“口述钱学森工程”，取得了丰硕的成果；从 2015 年开始，三家单位在“口述钱学森工程”的基础上，又组织开展了纪念钱学森归国 60 周年的系列活动，在北京、上海、西安、武汉等地组织了四十多场活动，这些活动在全国掀起宣传和学习钱学森同志的新一轮高潮。

（中国航天系统科学与工程研究院供稿）

4. 纪念钱学森归国 60 周年大会举行——中国航天报

来源：中国航天报　日期：2015/11/20

11 月 19 日，经中共中央办公厅批准，中央组织部人才工作局、中央党史研究室宣传教育局、中国航天科技集团公司所属中国航天系统科学与工程研究院在北京人民大会堂联合组织召开纪念钱学森同志归国 60 周年大会，共同回顾钱学森不懈奋斗的光辉历程，学习和弘扬其科学精神和崇高风范。

中央党史研究室主任曲青山、副主任高永中，中国航天科技集团公司党组书记、董事长雷凡培，中央组织部人才工作局局长、中央人才工作协调小组办公室主任孙学玉，国家国防科工局副局长吴艳华，中国科协党组副书记、副主席、书记处书记张勤，航天老领导、老院士、老专家以及中央组织部，中央党史研究室，全国政协办公厅、教科文卫体委员会，国防科工局，中国科协，中国科学院，中国工程院，解放军总装备部、总后勤部，航天科技集团、航天科工集团等有关方面的代表，钱学森家属代表等共计 140 余人参加大会。中央组织部人才工作局巡视员、副局长王维平主持大会。

60 年前的 1955 年 10 月，钱学森在毛泽东、周恩来等党和国家领导人的亲切关怀下，冲破重重阻碍回到祖国，从此开始了领导研制“两弹一星”、发展国防工业和科学技术的工作，为党和国家事业做出了卓越贡献。

会上，与会者共同观看了纪念钱学森同志归国专题片。中国航天科技集团公司高级技术顾问、中科院院士孙家栋，中国工程物理研究院北京计算科学研究中心主任、国家“千人计划”专家林海青，钱学森之子、上海交通大学钱学森图书馆馆长钱永刚，分别作为钱学森同时期专家代表、新时期留学归国人员代表、钱学森家属代表发言，从不同角度深情回忆了钱学森爱国、奋斗的一生。大家表示，钱学森同志赤胆忠诚的爱国情怀、卓尔不群的科学品质、无私无畏的价值追求，值得祖国和人民永远铭记。

高永中在讲话中指出，钱学森同志属于中国，也属于世界，属于人民，属于历史。在钱学森同志归国60周年之际，回顾其归国历程和卓越成就，学习其崇高品德和精神风范，对于我们实施科教兴国和人才强国战略，培育和践行社会主义核心价值观，实现中华民族伟大复兴的中国梦，具有重要意义。我们要学习钱学森同志坚定的共产主义理想信念、勇攀科技高峰的创新精神和德馨品高的大家风范，始终把祖国和人民放在心里，自觉把个人志向与民族振兴联系在一起，为实现“两个一百年”奋斗目标和中华民族伟大复兴的中国梦作出应有的贡献。

雷凡培表示，深切缅怀人民科学家钱学森的大师风范，进一步弘扬钱学森的崇高精神，对于推动我国航天事业的快速发展，建设航天强国，具有极其重要的意义。他指出，纪念钱学森归国60周年，要进一步坚持他领导开创的中国航天发展道路，传承他创立的系统工程思想，发扬他勇于创新的科学精神。中国航天科技集团公司将充分发扬钱学森的创新精神，聚焦重点技术发展方向，超前部署前沿科技研究；进一步完善体制机制，激发科技创新活力，形成科技创新合力，提升科技创新能力，实现创新驱动发展；大力推动生产经营模式创新、自主创新和人才机制创新，争做创业创新的主力军和引领者，为推动我国经济实现中高速增长、迈向中高端水平做出新的更大贡献。

孙学玉说，钱学森同志的伟大精神是实现中华民族伟大复兴的宝贵财富。党的十八届五中全会提出要加快建设人才强国的战略任务，钱学森归国重要历史意义启示我们，必须毫不动摇地把人才强国摆在突出重要的战略位置，加快推进人才强国建设；必须实施更积极、更开放、更有效的人才政策，聚天下英才而用之；必须大力推进人才发展体制改革和政策创新，彰显中国特色人才制度竞争优势；必须始终坚持党管人才原则，把各方面优秀人才团结凝聚到党和国家事业中来。

据悉，为多角度、深层次最真实地还原钱老波澜壮阔的一生和享誉世界的历史性贡献，中央党史研究室、中国航天科技集团公司于2014年4月联合在北京启动了“口述钱学森工程”，委托中国航天系统科学与工程研究院具体组织实施。截至目前，已累计访谈权威专家70余位，搜集钱学森书信、文集等100多份，积累音像资料100多小时，出版工作简报90多期，形成了有关钱学森同志的权威而宝贵的资料库。（刘淮宇供稿）

5. 纪念钱学森归国60周年系列活动自去年起有序开展——中国航天报

来源：中国航天报　日期：2015/11/20

9月12日，西安高新区举行教育20年创新发展论坛暨钱学森生平业绩展馆落成仪式，钱学森纪念群雕《期待》揭幕。

6月28日，中国航天系统科学与工程研究院以“迈向交通新高度——纪念钱学森归国60周年系列活动”为主题，举办了交通“7+1”论坛第39次会议。

2014年4月，中共中央党史研究室和中国航天科技集团公司联合启动“口述钱学森工程”，委托中国航天系统科学与工程研究院具体组织实施。该项工程旨在挖掘和整理钱学森的生平事迹和思想方法，还原当时科学发展过程中重大事件的原貌。

10月15日，上海交通大学举办纪念钱学森归国60周年座谈会暨钱学森与当代中国科技学术研讨会。

“钱学森代表中国在世界科技前沿说话；他在茫茫宇宙中为中国人标注了迈向航天的高度；他让一个曾经缺钙的民族有了争气的脊梁。”“口述钱学森工程”项目办公室主任、中国航天系统科学与工程研究院副院长薛惠锋表示，能把钱老的生平以这种方式记录并传承下来，是一种致敬更是一种责任。

今年，围绕钱学森归国60周年主题，“口述钱学森工程”办公室还组织全国各有关单位开展了系列纪念活动。（童轩供稿）

6. 1955年钱学森归国记——中国航天报

来源：中国航天报　日期：2015/11/20

1956年10月8日，新中国最早的导弹研究机构——国防部第五研究院成立，这标志着中国航天事业正式创建，钱学森被任命为首任院长。

恰巧是一年前的10月8日，钱学森携妻子和一双儿女跨过香港与大陆相连的罗湖口岸，回到祖国怀抱，开启了自己报效祖国的人生新旅程。

几乎是在钱学森脚踏大陆土地的同一时刻，周恩来总理与聂荣臻元帅通电话，兴奋地告诉他钱学森冲破重重阻挠，从美国回来的消息。周恩来叮嘱聂帅：“学森同志是爱国的，要好好对待他，要在政治上关心他，生活上照顾他，安全上保护他！”

后来，钱学森果然不负众望，领导了中国航天事业白手起家、发展壮大，实现了中国航天史上的多个第一，书写了中国航天事业的壮阔发展篇章。

蒙冤遭疑 心向祖国

二战结束后，“麦卡锡主义”在美国盛行。在随之而来的“大清查”中，钱学森不幸受到牵连。联邦调查局开始调查钱学森。调查人员问钱学森是不是共产党员，钱学森说：“不是。”他们不相信钱学森的话，在结果没有水落石出时就强行吊销了钱学森参加涉及美国军方机密科研项目的“安全许可证”。于是，钱学森向加州理工学院提出辞呈，决定返回中国。

而那个时候，正是钱学森在美国学术生涯的一个高峰期。在当时召开的美国火箭学会上，钱学森提出的“火箭客机”的概念，就是后来的航天飞机，他因此名噪一时，《时代》周刊刊登了钱学森当时的演讲照片。

在国内，解放战争“三大战役”结束后，中国共产党胜局已定。党组织开始考虑网罗人才，开展新中国建设的工作。1949年5月，党组织专门安排一名地下党员通过钱学森的朋友给钱学森递话，邀请钱学森回国。1949年10月，钱学森在报纸上看到了中华人民共和国成立的消息，对妻子蒋英说：“现在是应该回国的时候了。”

其实，早在钱学森出国的时候，他就向送行的同学表示：“我去美国是学习他们的最先进的技术，学好了回来报效祖国。”当钱学森递交辞呈，要把自己回国的想法付诸行动时，他发现问题没有那么简单。钱学森要回国的事，很快也被美国军方知道了，美国军方说：“钱学森不能走。”因为朝鲜战争战火已经燃起，美国人担心钱学森回国后会被苏联人利用。

后来，美国联邦调查局出示了所谓的“证据”：钱学森的回国行李中有美国“密码本”，那其实是对数本。钱学森对此十分气愤，回到家中，一个礼拜没有出家门。

横遭拘禁 坚持著述

美国司法部移民归化局负责监视钱学森，并在1950年9月将钱学森拘留在洛杉矶以南特米诺岛上的拘留所里。

钱学森被拘禁的事情成为新闻，在社会各界引起了轰动。迫于舆论的压力，美国当局在收到了一笔15000美金的保释金后，在拘留钱学森约半个月后将其释放，但要求钱学森承诺，不会未经允许离开美国。

联邦调查局对钱学森是不是美国共产党的调查还在继续。后来军方和联邦调查局交涉，如果说钱学森是共产党，就得驱逐出境，这是宪法规定的。但从美国的利益出发，军方不希望钱学森离开美国。他们最后做出一个结论，说钱学森曾经是共产党，言下之意是现在不是共产党了，以这样奇怪的说法为自己狡辩。

美国给钱学森划定了自由行动的区域，就是以家为中心、半径大约是

15 英里的范围。由于加州理工学院在这个范围内，钱学森被允许到学校里教书，子女也可以在这个范围内的学校上学。但若要走出这个范围，钱学森就要去移民归化局申请。

钱学森在被软禁的困难情况下，结合战争中得到大发展的伺服机理论，把控制论运用于工程中自动控制系统的设计、分析中，完成了经典工程控制论的综合，创立了以控制论命名的《工程控制论》。美国麦克劳·希尔图书公司出版了钱学森所著的这本书的英文第一版。这是世界上第一部系统讲述工程控制论的专著，引起了很大反响。

在等待回国的几年时间里，钱学森还经常通过阅读《大公报》和《华侨日报》等报刊，了解新中国成立后的发展建设情况。

多方营救 踏上归程

1955 年春，美国总统艾森豪威尔发表了拟对中国和东方红色阵营实行“大规模报复”的核讹诈演说。毛泽东主席询问周恩来：“在原子弹和导弹研制方面，我们的人才如何？”

周恩来答道：“我们有这方面的人才优势，钱三强与诺贝尔奖获得者约里奥·居里夫人曾在一起工作过，杨承宗和彭桓武是从法国、英国回来的著名放射物理学家，另一位在美国‘火箭之父’冯·卡门教授门下工作过的导弹专家钱学森博士，我们正在通过各种途径，争取他早日归国……”

1955 年 6 月 15 日，钱学森和夫人蒋英到一家餐馆去用餐。他们按照事先商量好的计划，由钱学森缠住联邦调查局人员，蒋英借口上洗手间，给在比利时的妹妹寄了一封信，请她把信转寄给杭州同乡、全国人大常委会副委员长陈叔通。

信写在一张小香烟纸上，信中写道：“被美国政府扣留，今已 5 年，无一日、一时、一刻不思归国参加伟大的建设高潮。”信上还说，“除去学森外，尚有多少同胞，欲归不得者”。陈叔通接信后很快交给了周恩来总理，周恩来立即转给外交部，并指示王炳南在中美大使级会谈中向美国提出严正交涉。

在中国政府的强烈要求和多方营救下，钱学森于1955年8月初接到美国移民归化局通知，被允许离开美国。

临行前，钱学森带着夫人和两个孩子来到恩师冯·卡门家里，向他告别。75岁的冯·卡门接过钱学森送给自己的《工程控制论》和《物理力学讲义》两本书，一边翻动书页，一边说："我为你骄傲，你现在在学术上已经超过了我！"

1955年9月17日，钱学森携妻子蒋英和儿子永刚、女儿永真登上了"克利夫兰总统号"，踏上了回国的旅途。

在轮船上，一家人拍摄了那张后来流传甚广的纪念合影。

钱永刚回忆，在轮船上的照相馆冲印照片价格不菲，那是唯一一张在船上洗出来的照片，承载了永恒的珍贵记忆。（刘淮宇供稿）

7. 纪念钱学森同志归国60周年大会召开——上海交通大学

[发布时间]: 2015年11月19日上海交通大学新闻网

为纪念享誉海内外的杰出科学家，中国航天事业奠基人钱学森同志归国60周年，11月19日，纪念钱学森同志归国60周年大会在北京人民大会堂北京厅隆重举行。中共中央党史研究室主任曲青山出席会议，中共中央党史研究室副主任高永中、中国航天科技集团公司董事长雷凡培、中共中央组织部人才工作局局长孙学玉分别讲话。航天工业部原副部长孙家栋院士，新时期归国留学人员代表、北京计算科学研究中心主任林海青，钱学森之子、钱学森图书馆馆长钱永刚分别发言。大会由中共中央组织部人才工作局副局长王维平主持。上海交通大学党委副书记朱健、钱学森图书馆党总支书记张凯参加会议。

中共中央组织部、中共中央党史研究室、中国航天系统的老领导、老专家、钱学森亲属和身边工作人员代表、上海交通大学、西安交通大学等单位的代表共一百余人出席了纪念大会。

高永中副主任回顾了钱学森留学美国期间的主要成就和科学贡献，以及他 1955 年回国的艰辛历程。他高度评价了钱学森同志为中国航天事业做出的突出贡献。他指出，晚年的钱学森在很多领域进行了广泛的研究与探索，提出了许多具有创新性、战略性的学术思想，如系统工程、总体设计部、综合集成方法等，为中国的社会发展与经济建设提供了宝贵的知识财富。他指出，钱学森始终把爱国爱人民作为自己的人生理想，他的事迹和崇高精神值得我们永远学习、怀念和发扬光大。人民不会忘记钱学森、历史不会忘记钱学森。

雷凡培董事长表示，钱学森作为中国航天事业的奠基人和开创者，为中国的“两弹一星”事业和航天事业做出了杰出贡献，新时期的航天人在老一辈科学家奠定的工作基础上，又实现了载人航天、探月工程、“北斗”导航等新的发展成就。在中国航天新时期的发展过程中，每一名航天工作者，都更加深切地感受到钱学森等老一辈科技工作者的远见卓识和卓越贡献。中国航天人要进一步弘扬中国特色的航天道路，进一步开拓钱学森同志提倡的系统工程思想，进一步发扬钱学森同志勇于创新的科学精神。

孙学玉局长表示，60 年前钱学森同志冲破重重阻力回到祖国，在党和国家的充分信任与支持下，勇敢担负起中国航天事业技术领导人的重任，为中国的导弹航天事业做出了卓越贡献。作为中国海外高层次人才归国效力的典范，钱学森在国家百废待兴之际，怀揣满腔热忱毅然回国，以一生的奋斗，为国家和民族贡献智慧，留下了宝贵的精神财富和思想遗产。在新时期，我们要进一步弘扬钱学森精神，大力加强人才强国战略的实施，为“两个一百年”和中华民族伟大复兴宏伟目标努力奋斗。

孙家栋院士介绍了钱学森在中国航天创建时期的主要贡献，回顾了几十年来，在钱老的关怀、领导和教育培养下，自己和一大批航天人才队伍的成长历程。他指出，钱学森提出的系统工程的管理方法、勇于创新的科学精神、敢于担责的博大胸怀，影响了一代又一代的航天人，也对中国特色航天事业的形成具有重要的指导意义。

林海青教授表示，对于每一位海外留学人员，钱老的事迹和精神都具有极强的感召力，也是鼓舞大家奋发图强、回到国内用所学所能报效祖国的强大动力。作为一名新时期的归国留学人员和中组部“千人计划”引进人才，他将在未来的工作中遵循钱老的精神和追求，为中华民族伟大复兴做出自己的贡献。钱永刚教授以“父亲牵着我的手”为主题，深情回顾了60年前一家人随父亲回国后的一个个小故事，从另一个侧面带领大家走近钱学森，了解这位人民科学家不为人知的感人细节。他表示，父亲在自己成长过程中的言传身教，以及为国家做出的非凡成就都成为自己最为宝贵的回忆和人生财富。

8. 各网站转载一览

1. 央视网
2. 人民网
3. 人民政协网
4. 中国日报
5. 中国社会科学网
6. 中国青年网
7. 解放军报
8. 中国大学生在线
9. 中国商务新闻网
10. 凤凰网
11. 东方网
12. 搜狐首页
13. 网易新闻
14. 中青在线
15. 21世纪新闻
16. 大河网
17. 海南史志网
18. 浙江党史网
19. 金华党史网

……

9. 报纸报道

中国航天报

弘扬钱学森崇高精神 推动航天强国建设

纪念钱学森归国60周年大会举行

聚焦核心业务 牵引航天发展

航天科技集团

加强信访维稳工作护航“十二五”

《中国航天报》

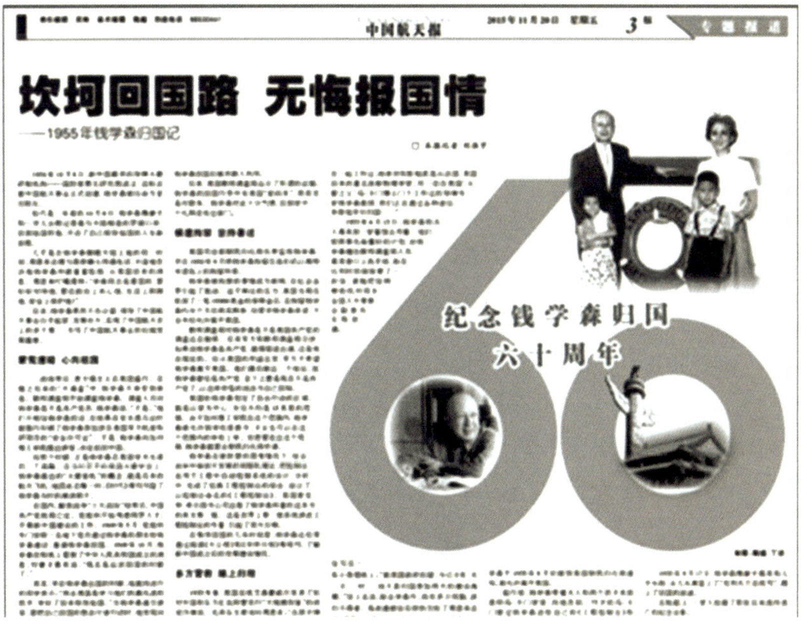

中国航天报

坎坷回国路 无悔报国情

——1955年钱学森归国记

纪念钱学森归国
六十周年

《中国航天报》

纪念钱学森归国60周年系列活动自去年起有序开展

《中国航天报》

SHANGHAI JIAODA BAO

4 校园 交大

钱学森精神是振兴科技的宝贵财富

纪念钱学森同志归国60周年大会在京召开

父亲牵着我的手

在纪念钱学森同志归国60周年大会上的讲话

上海开放数据创新应用大赛大奖

“扬州市青年企业家发展领航计划”开班

“英特尔杯”软件创新大赛特等奖

“海峡两岸口译大赛”二、三等奖

图片新闻

《上海交大报》

10.《中国航天报》对薛惠锋教授的访谈稿

薛惠锋教授

中国航天系统科学与工程研究院
“口述钱学森工程”获重大进展

中国航天系统科学与工程研究院组织实施党史资料征集“口述钱学森工程”一年来，取得了阶段性成果，得到了社会各界的高度评价。

“口述钱学森工程”由中共中央党史研究室和中国航天科技集团公司于2014年4月联合启动，并委托中国航天系统科学与工程研究院具体组织实施。今年，该项目将结合钱学森归国60周年积极推进，进一步发掘钱学森科学思想。

项目启动以来，中国航天系统科学与工程研究院自筹经费，成立了专门的项目领导小组、顾问组和项目办公室，重点开展了专家访谈、外景拍摄、资料收集等方面的工作。

至今，项目组已陆续访谈了院士、专家及有关人士30余人次；拍摄钱学森曾工作和生活过地方近20处，收集钱学森的手稿、信件、照片、录像和录音近百份。这些珍贵史料将为建设钱学森权威资料库奠定重要基础。

“口述钱学森工程”引起了社会各界的高度关注和积极评价。中央党史研究室有关领导指出：“口述钱学森工程取得阶段性重要成果，可喜可贺。”

“口述钱学森工程”办公室主任薛惠锋表示，中国航天系统科学与工程研究院将继续推进“口述钱学森工程”，进一步宣传钱学森的精神品质和学术思想，弘扬航天精神，为彰显航天软实力而不懈努力。

（王海宁）

——摘自 2015 年 4 月 10 日《中国航天报》二版

（三）会议材料

1. 纪念钱学森归国 60 周年徽章

徽章正面

徽章背面

徽章的图案及寓意：

徽章正面整体形象为“60”字样，寓意为纪念钱学森归国 60 周年；左边的图案为竹是对钱学森品格的象征；右边是钱学森头像；左上角的国旗图案则是体现了钱学森对共和国的杰出贡献。

徽章背面是钱学森生前最喜欢的一句话：“未出土时先有节，待到凌云更虚心”，这是对竹的赞誉，也是钱学森对自己品格的要求。

2. 纪念钱学森归国 60 周年专题片

（1）专题片定位：

该专题片的定位是以视频影像的形式，表达钱学森归国的历程和重要意义。

（2）创作专题片的组织机构：

策　划　高永中　雷凡培

顾　问　王崑声　郭京朝　钱永刚　陈大亚　顾吉环　李　明

总策划　薛惠锋

组织机构：

中共中央组织部、中共中央党史研究室、中国航天科技集团公司、总装备部科技委钱学森办公室、上海交通大学钱学森图书馆、中国航天系统科学与工程研究院、“口述钱学森工程”办公室

（3）专题片解说词[①]：

60 年前，也就是 1955 年 10 月 8 日，面对风云变幻的国际环境和对建设新中国的渴望，钱学森毅然放弃在美国的优越条件，历经五年的艰辛和屈辱，排除万难，携妻子和儿女回到了祖国的怀抱。

对于这个时刻，美国海军部副部长金贝尔曾说过：“钱学森知道美国所有导弹的核心机密，无论在哪里，一个钱学森抵得上五个海军陆战师。”中国人民在热烈的期盼中迎来了钱学森。周恩来则表示：“中美大使级会谈虽然没有取得实质性成果，但是我们要回了一个钱学森，会谈也是值得的。”毛主席对钱学森说：“对我们来说，你比五个师的力量大多啦！”2015 年 9 月 3 日，在“中国人民抗日战争暨世界反法西斯战争胜利 70 周年”阅兵式上，

① 本脚本由中国航天系统科学与工程研究院院长薛惠锋教授总策划并亲自指导，钱永刚教授、顾吉环秘书、陈大亚研究员、吕杰编导和中国航天系统科学与工程研究院有关人员共同讨论确定。马深教授审查了稿件并提出了改进意见。

“东风”系列导弹威风凛凛地通过天安门广场，这不禁让人想起为此做出杰出贡献的科学家钱学森。

钱学森的拳拳爱国之心，源自于从小就开始的家庭熏陶和自我觉悟，并贯穿了他光辉的一生。

钱学森上中学时就受孙中山《建国方略》的影响，高中毕业后报考了交通大学铁道机械工程专业，以求“铁道救国”；然而，在“一·二八”事变中，看到日军空袭上海，钱学森深感国家航空工业的落后，毅然决定改学航空专业。

怀着“航空救国”的理想，钱学森考取了第二届“庚款留美”公费生，于1935年前往美国继续深造。临行前，钱学森向同学表示：“我去美国是学习他们最先进的技术，学好了回来报效祖国。”

钱学森在美国的20年中，前三四年是学习，后十几年是工作；经过不到八年的时间，钱学森就被评为麻省理工学院最年轻的终身教授，后来又出任加州理工学院喷气推进中心主任并担任航空系教授，一跃成为世界著名的科学家。

他根据风洞原理提出了风力发电的设想；他参加了美国早期多种火箭和导弹的研制活动，参与研制了火箭助推起飞装置，为世界反法西斯战争做出了独特的贡献，被他的导师冯·卡门赞誉为“美国火箭技术领域最伟大的天才”。他加入美国“国防部科学顾问团”赴德国考察，亲自访问了德国火箭专家冯·布劳恩和空气动力学家鲁道夫·赫尔曼，巧合的是，鲁道夫·赫尔曼进行风洞实验的关键理论就来自钱学森的论文。钱学森还访问了冯·卡门的导师德维格·普朗特，这种情形使他坚信科技必须为正义服务。顾问团撰写了《迈向新高度》系列报告，为世界航空未来50年发展指明了方向，钱学森作为主要撰写人，得到了多位美军高层的褒奖。

虽然在美国有良好的待遇，但钱学森一直没有忘记回国效力的誓言。钱学森在美国没有买一美元的保险，他说：“我是中国人，我的事业在中国，我的归宿在中国，我根本没有打算在美国生活一辈子。”

在新中国成立前夕，中国共产党派专人动员钱学森回国参与新中国的建设。但是，灾难不期而至，美国“麦卡锡主义”势力掀起了反共排外运动，而美国军方则严禁钱学森回国，钱学森遭到了监视和软禁，曾一度失语。但是，钱学森并没有气馁，一边寻找归国的机会，一边继续开展研究工作，在物理力学和工程控制论方面取得了开创性的成果。《工程控制论》为自动化学科的发展指明了方向，引起了世界科学技术界乃至哲学界的广泛关注，被译为德、俄、中等多种文字，后来被评为中国科学院 1956 年度科学奖金一等奖；1960 年，国际自动控制联合会第一届代表大会在莫斯科举行，与会代表齐声朗诵《工程控制论》的名句，以表示对钱学森的敬意。

1955 年，钱学森想办法将希望回国的信件转给了中国政府，他在信中写道：“无一日、一时、一刻不思归国参加伟大的建设高潮”。在中美大使级会谈第二次会议中，中国代表团出示了钱学森的亲笔信，迫使美国同意钱学森归国。

1955 年 9 月 17 日，钱学森带着妻子和儿女，从美国洛杉矶码头启程回国。临行前，他对记者说：“今后我将竭尽努力，和中国人民一道建设自己的国家，使我的同胞能过上有尊严的幸福生活。”

钱学森回国后不久，就在中央的安排下考察了工业最为发达的东北地区。面对当时中国“一穷二白”的现状，当陈赓大将提出中国能不能自己搞导弹时，钱学森斩钉截铁回答道：“外国人能搞的我们中国人不能搞？难道中国人比外国人矮一截？”

钱学森的自信坚定了当时的国家领导人发展中国导弹事业的决心。按照周总理的建议，钱学森向国务院提交了《建立我国国防航空工业意见书》。

按照这个意见书，中央军委成立了我国第一个导弹研究机构——国防部第五研究院，钱学森任院长。

钱学森最擅长的是学术理论研究，但面对国家的迫切需要，钱学森毅然做出了人生的重要选择：从学术理论研究转向大型科研工程建设，投入到极具挑战性的航天工程实践之中。

钱学森担任《1956—1967 年科学技术发展的远景规划纲要》综合组的组长，支持中央将原子能、导弹列为国家发展的紧急任务；力主越过航空优先发展导弹。这个决策为中国迅速掌握世界尖端武器进而保障国家战略安全起到了重要作用。

钱学森领导制定了研制导弹的“八年四弹”规划和研制卫星的“三步走”规划，指明了我国航天工业的发展道路。

在中国航天的岗位上，钱学森一干就是 27 年。在他的带领下，我国科技工作者艰苦奋斗，在航天领域取得了一个又一个突破。

1960 年 11 月，仿制的东风一号导弹发射成功；

1964 年 6 月，我国自主研制的东风二号导弹发射成功；

1966 年 10 月，导弹和原子弹“两弹结合”试验成功，结束了中国“有枪无弹”的历史，中国拥有了真正的核威慑能力。业界普遍认为，由于钱学森的归国效力，中国导弹核武器的发展至少向前推进了 20 年；

1970 年 4 月，东方红一号卫星发射成功，中国的“两弹一星”工程圆满完成；

1975 年，中国第一颗返回式卫星发射成功；

1980 年 5 月，东风五号洲际导弹全程飞行试验成功，钱学森牵头制定的“八年四弹”规划全部实现；

1984 年 4 月，东方红二号地球同步轨道卫星发射成功，钱学森牵头制定的卫星研制“三步走”规划全部实现。

【邓小平原声：如果60年代，我们没有原子弹，没有发射卫星，中国现在就没有这样的地位，因为这些东西是反映一个民族的能力，也是一个民族，一个国家兴旺发达的标志。】

2004年元宵节，成功执行载人航天任务的“神舟五号”航天员杨利伟探望钱学森。航天人知道，正因为有钱学森三十年前领导研制返回式卫星、“曙光号”飞船和航天医学技术等成果，才有载人航天的成功。

1982年，钱学森再次做出人生的重要选择：从一线工作重新回到学术理论研究当中去，回到他钟爱的书桌旁，继续为国家和人民做贡献。

钱学森预见的信息技术革命，正在改变我们的生活；他预见的第六次产业革命，也就是知识密集型大农业，正在向我们走来，焕发蓬勃生机。

【胡锦涛原声：前不久，我到内蒙古的鄂尔多斯去考察，发现那个地方这些年沙产业发展得很好，钱老，你的那个设想现在已经变成现实了。】

钱学森根据周恩来的建议，将从事航天科研生产管理的经验和工程控制论的思想加以提炼总结，并推广到社会领域。他大力倡导系统工程，并在航天710所举办“系统学讨论班”，掀起了全国研究和应用系统工程的高潮。钱学森指出：“710所的‘系统学讨论班’是按正确指导思想搞的，很成功”。

钱学森对中国共产党怀有深厚的感情，在被授予“国家杰出贡献科学家”荣誉称号时，他回忆起了自己人生的三次激动。第一次激动是冯·卡门对他说“你现在学术上已经超过我了”；第二次激动是他成为一名正式的中国共产党党员；第三次激动是中央组织部将他与雷锋、焦裕禄、王进喜、史来贺等人定为优秀共产党员的代表。

当今以习近平同志为总书记的党中央认为钱学森的系统工程思想对于推进全面深化改革、实现“中国梦”具有无可估量的作用。

钱学森爱国、爱民、爱科学、终生奉献、敢于担责，在关键时刻能够发挥别人无法替代的关键性作用。他严于律己、艰苦朴素，一件蓝色中山装穿了十几年，破了以后照原样再买一件；从60年代开始，就一直住在一幢普通的三层楼房中，就再也没离开这里。

今天，钱学森的科学精神和科学思想正进一步传承和发扬，激励着中国人为实现中华民族伟大复兴的“中国梦”而努力奋斗。一个科学家改变了我们的命运，钱学森一生的成就对中国的国防、科技、经济影响之深远，使我们至今仍享受着他带来的巨大精神财富和物质利益，现在如此，将来仍将如此。

中央电视台将钱学森选为感动中国2007年度人物，颁奖词这样写道：

【CCTV颁奖词原声：在他心里，国为重，家为轻，科学最重，名利最轻。5年归国路，10年两弹成。开创祖国航天，他是先行人，劈荆斩棘，把智慧锻造成阶梯，留给后来的攀登者。他是知识的宝藏，是科学的旗帜，是中华民族知识分子的典范。】

蒋英代表钱学森上台接受表彰，领取了这个有着特殊含义的称号。

【蒋英原声：学森年迈体弱，今天不能和大家一起来参加这个颁奖大会，他为此表示歉意。当他听说他被选为感动中国十大人物之一时，他说不敢当，他说，“我只是恰如其实地做了一点我能做的工作，伟大的是中国人民。”】

钱学森为祖国争光，为世界添彩，更为中国人长脸！他代表中国在世界科技前沿说话；他在茫茫宇宙中为中国人标注了迈向航天的高度；高挂在太空的“钱学森星”永远照亮华夏儿女前进的征途，钱学森的名字永远镌刻在中华民族丰功伟业的历史长河之中！

3.《高山仰止 风范永存》专著

（1）专著定位：

该专著荟萃了各方面追忆、传承和发展钱学森的专题文章，作为纪念钱

《高山仰止 风范永存》封面

学森归国60周年的专著。它不仅是对钱学森一生在学术、工程实践、思想上作出的突出贡献和伟大成就进行的回顾，也是试图跨越时空，立体地展示这位大师的风范，让更多的人了解他、知道他、铭记他。

（2）专著的编写组织机构：

顾问组	高永中	雷凡培	吴燕生	涂元季	钱永刚	
编审组	王崑声	郭京朝	薛惠锋	顾吉环	李　明	张　凯
编撰组	薛惠锋	段　琼	马志国	王　奇	朱俊生	朱　里
	杨　越	孙　璞	鹿　智	曹世博	冉　讯	宋　超
	梁桂林	齐钢雷	郭江民	柯文浚	靳　骁	王馨慧
	陈佳玉					

（3）专著的主要篇目及介绍：

本书内容主要包括追忆、传承和新高度三个篇章。

追忆篇是对钱学森思想起源进行回顾。笔者怀着对钱学森的尊敬和怀念之情，在研读大量史料和文献的基础上，从不同视角来叙述钱学森为人类做出的杰出贡献，将钱学森一生最为闪光的时刻定格在历史和功绩的丰碑上，全方位、多侧面地呈现给大家。内容包括从钱学森一生5次重大选择的角度来展现这位人民科学家的不凡；从钱学森在美国谈起，经过20年的学习和工作，使得他成为世界空气动力学顶尖专家；从回国的波折到回国之后的航天伟业，再到系统工程的辉煌成就，来记叙钱学森的辉煌人生；在此基础上，跨越时空，细数钱学森一生的卓越成就，来探明这位始终站在时空巅峰的巨人从理论、工程实践到思想的伟大；接下来详细地介绍钱学森的三座人生高峰，第一座高峰是在美国为反法西斯战争所作出的伟大贡献，第二座高峰是在回国之后全身心地投入到中国航天事业的创建，第三座高峰是在理论结合实践的基础上，独领风骚地开创系统工程中国学派，继而将系统科学的思想进行发展，应用到社会建设的各个方面，形成钱学森系统思想。

传承篇是对钱学森科学思想的继承和发扬。钱学森在经过从理论到实践，从实践到总结提升，历经一生形成了他独特的思想模式，这是纵向的升华；而从空气动力学到工程控制论，从航天事业的奠基到系统工程中国学派的创建，再到将系统科学思想应用到建设社会主义伟大事业的各个方面，这是横向的拓展。从纵深到宽广，展现出了一个丰富立体的钱学森模式。该部分就是要学习和继承钱学森的成就，更加充分的挖掘钱学森的思想。主要内容包括：将在中国航天事业创业过程中总结出来的总体设计部思想发展到社会主义事业总体设计部智库设想；系统科学思想应用到军事领域之后对中国军事科学发展所发挥的重要作用；对科研人才培养的关注引发的对科学家共同体的思考；沙草产业讲述了钱学森对第六次产业革命阐述和在沙草产业上的实践；对互联网新生态的研究，实践钱学森对第五次产业革命的预见；将系统论应用到现代医学界中；对“口述钱学森工程”进行总结，从口述历史中发掘钱学森的科学思想之光。

新高度篇是对钱学森科学思想在当今时代意义下的发展。《迈向新高度》是钱学森对德国进行军事考察之后参与撰写的针对未来科技，尤其是航天技术发展蓝图的勾画，是对反法西斯胜利科技上的总结，同时也是对未来的人类文明发展的一个展望。转眼看当下，科学发展至今，各个学科都正在或已经发展到一个相对较为成熟的阶段，人类认识世界和改造世界的能力也已经到了历史最高的地步。但是单纯还原论的应用毕竟已经出现瓶颈，如何重新认识世界、改造世界，迈向人类文明的新高峰，是当下人类面临的空前挑战。钱学森提出的整体论和还原论相结合方法的有效性已经在实践中得到了充分的证明，为我们重新认识世界提供了另一种更加全面和系统的角度。我们将继承和发扬钱学森的这一思想，应用系统思维来重新解构各学科。本著作利用系统科学的思想和系统工程的方法，立足本学科，尝试着从思想、教育、法治、外交、社会治理、资源管理、交通等方面来研究系统科学在社会各子系统的应用，推动我国各项事业迈向新高度。

4.《纪念国家杰出贡献科学家钱学森归国60周年文典撷英》专册

（1）文典定位：

仅供纪念座谈会专用。

（2）文典的编写组织机构：

顾问组　高永中　雷凡培　吴燕生　涂元季　钱永刚

编审组　王崑声　郭京朝　薛惠锋　于景元　顾吉环

李　明　张　凯

编撰组　曹　宇　郑新华　王海宁　郭亚飞

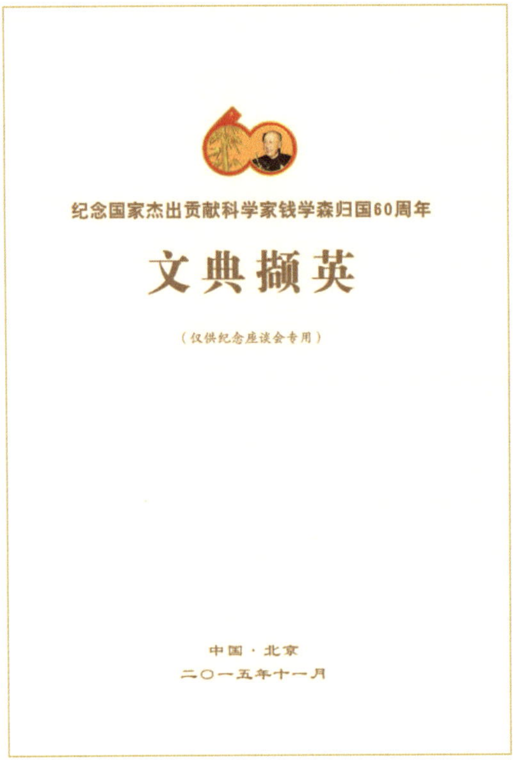

《文典撷英》封面

装帧设计　杨晨曲　申一茹　邢思萌

（3）文典的主要篇目及介绍：

第一部分

历届党和国家领导人对钱学森的赞誉及合影

钱学森不同阶段代表性照片影印件

第二部分

荣誉篇、国际篇、国内篇、自勉篇

第三部分

楹联、钱学森不同时期所涉足的学科领域

钱学森著作名录、钱学森学术思想书籍名录

钱学森生平业绩书籍名录、钱学森年表

5.《科学道德——钱学森的言与行》专著

《科学道德》封面

（1）专著定位：

本书在钱学森归国60周年之际如期出版，真实地反映了“国家杰出贡献科学家”钱学森在科学道德上的思想与境界，以言和行两种表现形式，汇集了钱学森在科学道德方面的想法、说法和做法，对于认识和研究钱学森科学思想这笔宝贵的精神财富具有重要的史料价值，对于提高全社会科学道德水平具有现实指导意义。

（2）专著的编写组织机构：

编　著　顾吉环　李明　涂元季

（3）专著的主要篇目及介绍：

第一部分　追求科学真理

第二部分　激励科学创新

第三部分　净化学术风气

第四部分　倡导学术民主

第五部分　淡泊名利地位

第六部分　勇担社会责任

第七部分　附录（短文章大智慧）

6.《百年潮》纪念钱学森归国 60 周年专辑

《百年潮——纪念钱学森归国 60 周年专辑》封面

（1）专辑定位：

该专辑是纪念钱学森归国 60 周年的专刊，刊载钱学森的同事、学生、秘书、亲人等对钱学森的回忆与评价。

（2）专辑的编写组织机构：

执行主编：王世英

编辑：潘鹏、黄艳、姚建萍、韩冬梅、王兵、王鸽子、王雪、杨琳

责任编辑：杨琳

主要撰稿人：郑新华、王海宁、郭亚飞、李琳斐、冉迅、鹿智、郭潇濛、郭斯龙、杨德伟、王为、曹世博、占敏、朱里、孙璞、朱俊生、杨越、宋超、王奇

（3）专辑的主要篇目及介绍：

卷首语

弘扬钱学森精神发展航天事业——雷凡培

楷模

学高为师 德高为范——郑哲敏

君子待人以礼——姜延斌

我的父亲钱学森——钱永刚

“口述钱学森工程”再现钱学森大师风范——“口述钱学森工程”项目办公室

良师

钱学森对我影响至深——王浣尘

对我影响特别大的一句话——李廷林

先生对我的悉心指导——李颐黎

钱老给我们上课——王秀喜

7. 人民科学家钱学森归国 60 周年纪念邮册

纪念邮册封面、封底

纪念邮册内页（1）

纪念邮册内页（2）

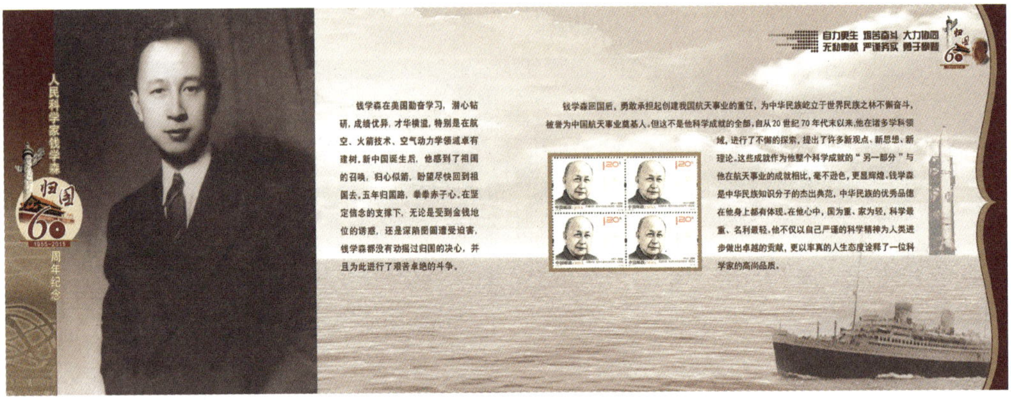

纪念邮册内页（3）

纪念邮册内页（4）

纪念邮册内页（5）

纪念邮册内页（6）

纪念邮册内页（7）

收藏证书

为隆重纪念人民科学家钱学森归国六十周年（1955—2015），上海交通大学钱学森图书馆特收集、设计、印制包括邮票、纪念张、纪念封、明信片等多种相关题材的邮品汇集成册。谨以此献给关心和支持航天事业的人们，特别珍藏纪念。

钱学森图书馆
二〇一五年十月

收藏证书

（四）主办单位介绍

1. 中央组织部人才工作局

在中央组织部人才工作局设立海外高层次人才引进工作专项办公室，作为工作小组的日常办事机构，负责“千人计划”的具体实施。2008年12月，中央决定实施引进海外高层次人才的“千人计划”，围绕国家发展战略目标，用5到10年时间，在国家重点创新项目、重点学科和重点实验室、中央企业和金融机构、以高新技术产业开发区为主的各类园区等，有重点的引进并支持一批海外高层次人才回国（来华）创新创业。截至2014年5月底，“千人计划”已分十批引进4180余名海外高层次人才，在科技创新、技术突破、学科建设、人才培养和高新技术产业发展等方面发挥了积极作用，正成为创新型国家建设的一支重要生力军。

海外高层次人才引进工作小组负责“千人计划”的组织领导和统筹协调。工作小组由中央组织部、人力资源和社会保障部会同教育部、科技部、中国人民银行、国资委、中国科学院、中央统战部、外交部、发改委、工业和信息化部、公安部、财政部、侨办、中国工程院、自然科学基金委、外专局、共青团中央、中国科协等单位组成。

2. 中央党史研究室宣传教育局

作为中央党史研究室局级机构，2010年初经中央编办批准成立。由原室内设部门宣传教育办公室、资料征集办公室、中共党史研究杂志社合并而成。主要职能为负责党史宣传教育、中国共产党历史网管理和运营、党史资料征集、编辑《中共党史研究》杂志等。

3. 中国航天系统科学与工程研究院

中国航天系统科学与工程院（中国航天科技集团公司第十二研究院，以下简称“十二院”）是经中央机构编制委员会办公室批复，在原航天707所、

710 所等单位的基础上重组成立的。十二院紧密围绕建设钱学森智库，支撑航天、服务国家，实现经济大发展的目标，开拓创新，科学发展。依托雄厚的情报资源和系统工程优势，十二院成为以航天为主的国防战略和技术情报的主力研究单位；作为我国首家开通国际互联网的单位，为众多航天内外用户设计了高水平的信息化总体解决方案。依托十二院建立的中国航天工程科技发展战略研究院，是我国航天领域首个国家级战略研究咨询机构。十二院汇聚了数百名院士和各领域的专家学者，拥有一支高水平的精英人才队伍；具备武器装备科研生产许可证等资质；荣获国家级、部级科技进步奖数百项；同时，十二院还是国家保密测评分中心、集团公司军民融合促进中心、系统论证中心等多个中心的依托单位。

附录四

纪念钱学森同志归国 60 周年的楹联

钱学森归国 60 周年之际，武汉生物工程学院组织开展了“纪念钱学森归国 60 周年楹联征集活动”。各方人士踊跃参与，表达对钱学森的赞颂。特别是，中国航天系统科学与工程研究院组织中国书法美术家协会副主席贺秉发老先生以及北京戎马情怀诗书画院的多位老将军创作及书写了部分楹联作品。

“学若森林书万卷；名留史册誉千秋。”

中国书法美术家协会副主席贺秉发书

“静思宇宙玄机，航天揽月；江山如此多娇，兴国扬帆。”

中国书法美术家协会副主席贺秉发书

“梦泊云天，星辰辉宇寰；亭开襟抱，世代仰高风。”

中国书法美术家协会副主席贺秉发书

“学贯中西，报国雄心昭日月；志存高远，惊天伟绩壮河山。”

中国书法美术家协会副主席贺秉发书

“航技兴邦，树千秋典范；丹心报国，共筑中国梦。”

中国书法美术家协会副主席贺秉发书

“借力东风，高天搏翼；献身中国，大梦托怀。”

中国著名书法家米南阳书

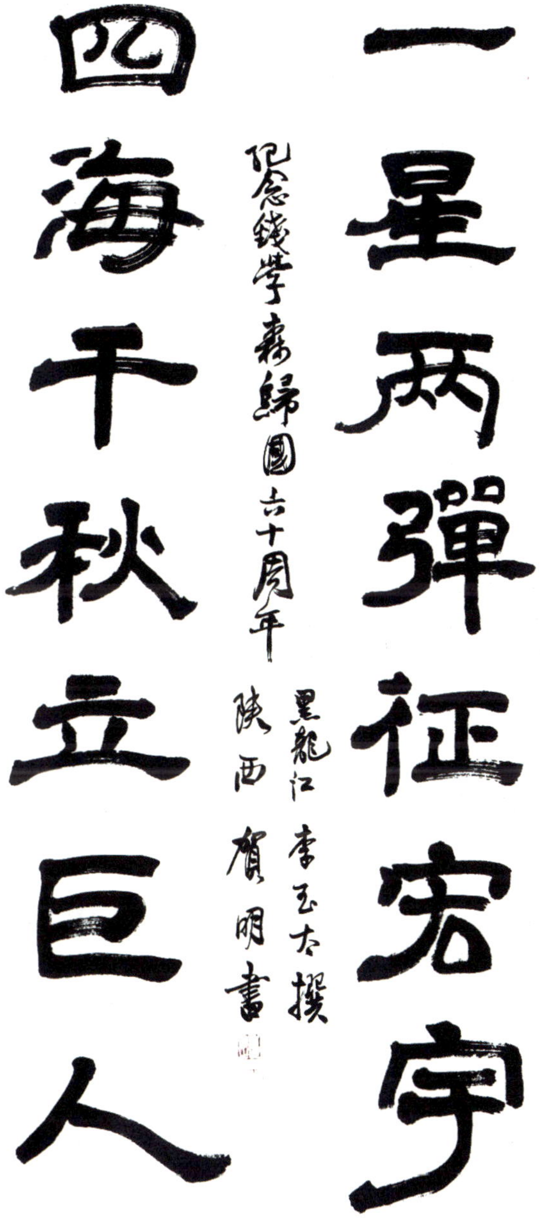

“一星两弹征宏宇；四海千秋立巨人。”

中国著名书法家贺明书

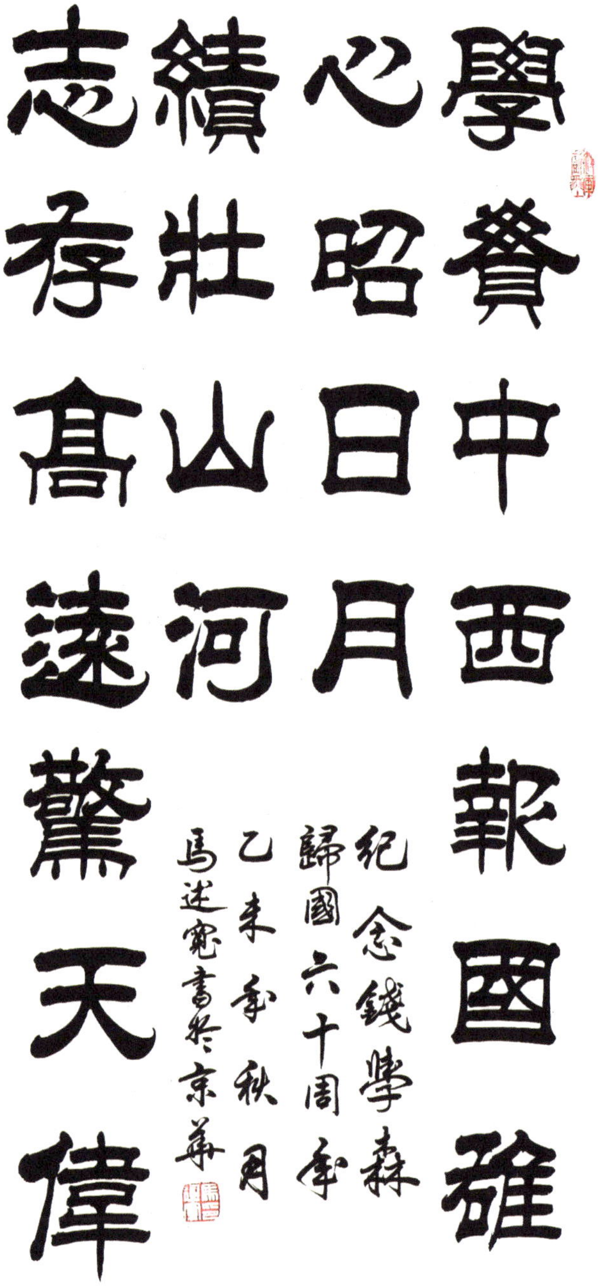

“学贯中西，报国雄心昭日月；志存高远，惊天伟绩壮河山。”

原北京军区政治部副主任马述宽少将书

“学贯中西，能向蓝天发导弹；森通今古，敢叫赤县舞东风。”

解放军电视宣传中心、中国书协会员刘建武书

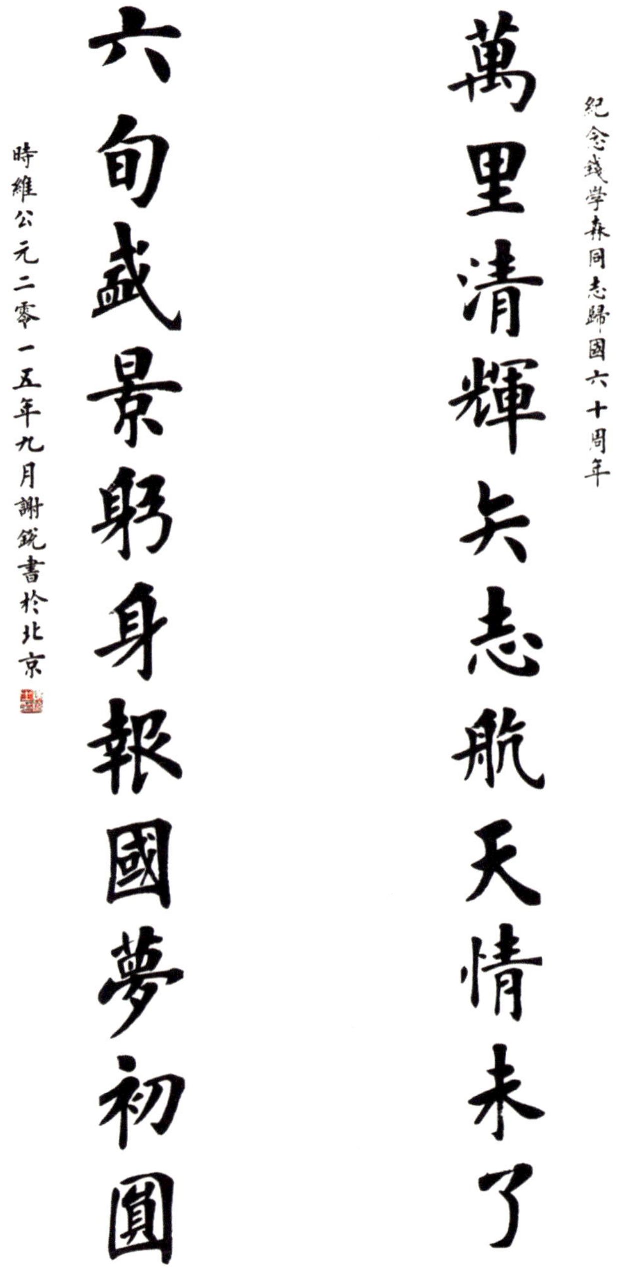

“万里清辉，矢志航天情未了；六旬盛景，躬身报国梦初圆。”

解放军老干部俱乐部、中国书协会员谢锐书

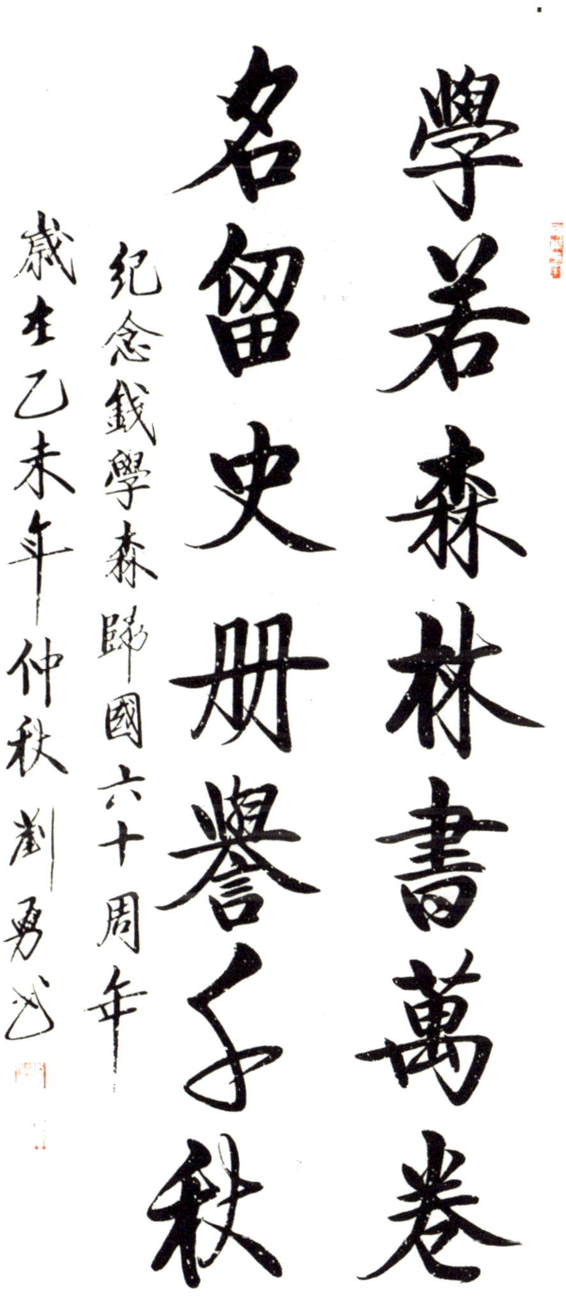

“学若森林书万卷；名留史册誉千秋。”

中国著名书法家刘勇书

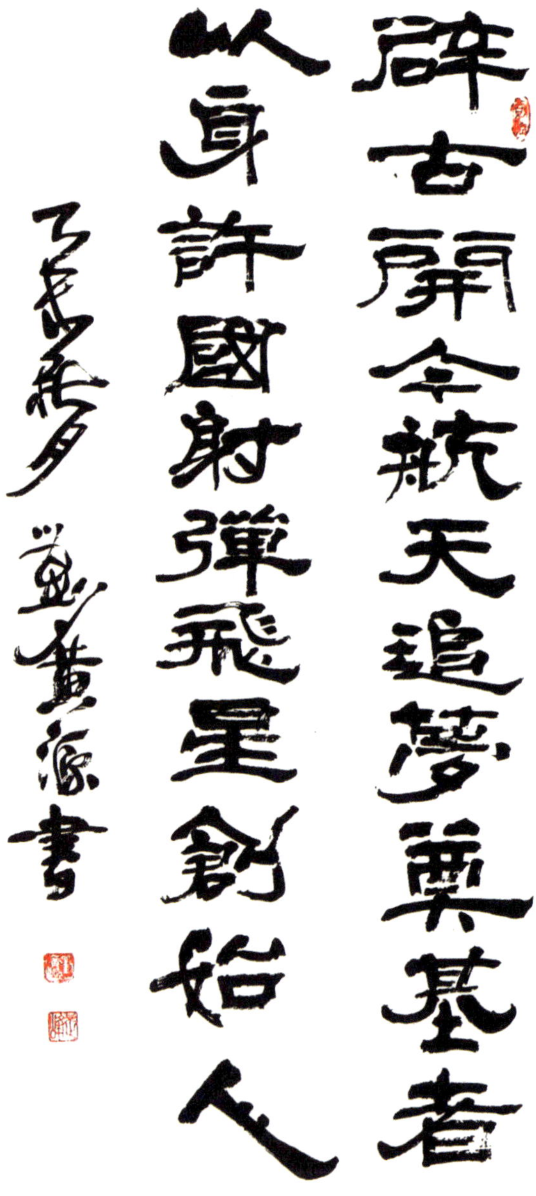

"辟古开今，航天追梦奠基者；以身许国，射弹飞星创始人。"

武警总部、中国书协会员刘广源书

结 语

一切为了国家的强大[1]

——纪念中国唯一的"国家杰出贡献科学家"钱学森同志诞辰105周年

【编者按】2016年4月24日是中国第一个航天日，2016年也是"国家杰出贡献科学家"钱学森同志诞辰105周年，2016年中央机构编制委员会正式批复撤销北京信息控制研究所、中国航天工程咨询中心、航天经济研究中心等五个局级单位，组建军工代号中国航天科技集团公司第十二研究院（中国航天系统科学与工程研究院）。为了纪念钱学森同志，中国航天科技集团公司第十二研究院院长薛惠锋教授撰写了此文章。

有人说，伟人和大师几百年甚至上千年出一个。作为杰出的科学家和伟大的思想家，钱学森真正是一代宗师，在中国百年难遇。面对国家需求，钱学森历经人生五次重大抉择，开创的中国"两弹一星"和航天事业的成就是中华民族复兴历程中的一座丰碑，是一百年来中华民族从衰弱走向富强的重要支撑，而他一生所追求的系统工程与总体部思想更是推进了人类的科学技术发展。在钱学森的引导下，中国学者开创了具有鲜明特色的系统工程"中国学派"，与国外同行相比较，独树一帜，屹立群伦。而这一切都离不开钱学森坚定的马克思主义革命信仰、扎实的理论功底、丰富的科学技术知识、长期的重大工程实践经验以及丰富多彩的文学艺术思考。今天，世界多极化和经济全球化趋势不断深化，信息社会飞速发展，我们愈加感受到钱学森哲

① 在本文撰写过程中，得到了杨道金、郭亚飞、李琳斐、杨景、郑新华、何银燕、王海宁等人的帮助，在此表示感谢！

学思想之光耀，更看到系统工程生命力之强劲。

一、铸就不朽航天丰碑

钱学森从小就心系祖国，始终从整个国家的全局出发，树立了振兴华夏的伟大志向和大局意识。钱学森怀揣报国理想，跨学科地从铁路工程专业转到航空工程专业、跨地域地从中国远渡重洋到美国留学、跨专业地从航空工程转学航空理论、跨领域地进入了火箭导弹等尖端新领域，他在不断融合、不断转换的过程中，一步一步地完善了他的思想体系，为之后形成其独特的科学思想奠定了基础。

留美 20 年间，钱学森为世界反法西斯战争做出的贡献无疑是他人生中的一座重要丰碑。他提出了若干重要概念、超前设想和科学预见，特别是在火箭与航空领域取得了许多重要成就，以《工程控制论》的出版为标志，“用不可靠的元器件可以组成一个可靠运行的系统”，开创了一门崭新的技术科学，这不仅是对自动化学科发展的重大贡献，也是对系统科学发展的重大贡献。

钱学森回国后不久，就面临中国是先发展航空还是航天的选择，他力荐先发展航天。钱学森在开创中国航天事业的过程中做出了巨大的贡献，塑造了他人生的另一丰碑，也正是中国航天事业为钱学森系统工程思想提供了实践的土壤。正如原航天 710 所的于景元研究员所说：“钱学森在开创我国航天事业的同时，也开创了一套既有中国特色又有普遍科学意义的系统工程管理方法与技术。”钱学森同志在进行导弹研制时，面临着如何把众多人员、众多单位组织起来，合理取舍系统局部，研制出用户满意的型号系统这一难题，这就要求有一套科学、有效的组织管理技术和方法。钱学森正是把人民解放军“大规模兵团作战”的那套办法，沿用到国防工程建设上，又将我们党所独有的民主集中制运用到研制的全过程中，团结所有可以凝聚起来的力量用在“两弹一星”的事业上，最终取得了成功。钱学森在主持原国防部五院工作时，意识到搞国防尖端技术，要指挥如此之大的群体工作，靠一个总工程师或总设计师，加上几个副总设计师，很难应付复杂的抓总工作，必须成立一个由很多学科配套、专业齐全、具有丰富研制经验的高技术科技队伍组成的部门，为领导提供技术参谋。这个部门就是现在航天系统的总体设计部的雏形。

中国共产党老一辈领导人在解放战争时形成的大兵团作战的组织管理方法和“集中力量办大事”的经验，对国防事业的发展具有极大的参考作用。正如钱学森说：“我国搞导弹、原子弹、氢弹、人造卫星都是周总理领导的。那是大规模的科学技术研究，那要几千、上万人的协作，组织十分庞大的。那时，周恩来总理总体负责，聂荣臻元帅具体执行，这个经验从前中国是没有的。我想，他们把组织人民军队指挥革命战争那套经验拿来用了。当然很灵，从而创造了一套组织领导‘两弹’工作的方法。这在新时代有很大意义。”

钱学森等老一辈航天人在系统思想指导下，对系统方案进行总体设计，在加强技术指挥的同时，还加强了行政指挥的作用，实现了统一领导、两套指挥保障系统（技术与行政）相结合的管理模式。国防科学技术研究与实践中的大协作模式发挥了不可替代的关键性作用，也为后来的中国系统工程发展提供了思想、理论、方法、技术、工程等方面的支撑。

1962 年 2 月，经聂荣臻元帅批准，国防部五院科学技术委员会（简称科技委）成立，钱学森任主任委员。科技委的建立，使党政领导耳聪目明，科学决策、民主决策有了有效的途径，特别是加强了预先研究，为进入型号工程研制提供了充分的技术储备。通过一大批航天型号设计、试制、飞行试验工作的锻炼，中国航天培养了一大批年轻技术骨干，实现了出成果、出人才的目标。在这些骨干中，入选两院院士的人员数量之多更是冠各工业部门之首。科技委这一组织形式一直沿用至今，核、航天、航空、电子、船舶、兵器等国防科技工业系统，部队的科研试验单位，甚至政府部门和公司企业也逐渐建立了这个机构。

1978年，钱学森在对早期航天事业实践深入总结和提炼的基础上，发表了《组织管理的技术——系统工程》一文，较为明确地阐述了对中国系统工程的早期认识，系统工程开始在中国快速发展。为创建系统学，钱学森亲自倡议和指导，从1986年1月起开始，在原航天710所组织由众多领域知名学者参与的“系统学讨论班”学术活动。大量的新思想、新观点开始涌现，在国内学术界引起了强烈反响，航天710所为系统工程的进一步发展提供了“根据地”，扛起了中国系统工程的大旗。

在航天事业的奋斗过程中，钱学森肩负着特殊的使命。他既是规划者，又是实施者，既是领导，又是老师。他带领航天人将不可能变成可能，但是过程又是困难重重。“八年四弹”规划是中国航天发展史上第一个目标明确、阶段清晰、时间跨度较长，最终得以全面完成的长远规划。钱学森以战略科学家的眼光从大处着眼，以技术科学家的缜密从细处着手，精心策划和组织实施了这一规划。

二、活学善用丰富马哲

钱学森的爱国情、爱民心坚定了他的马克思主义信仰。他始终认为马克思主义哲学是智慧的源泉、科学的真理，在广泛学习自然科学的同时，也一直在学习马克思主义哲学。他在给一个朋友的信中就说：“一个马克思主义者是绝不会不爱人民的，绝不会不爱国的。”“一个中国共产党员必须坚持马克思列宁主义毛泽东思想，这种‘执着’是正确的。”这充分体现了一名优秀共产党员的崇高信仰和高尚的爱国情操。

钱学森不仅用马克思主义哲学指导研究，也用历史唯物主义看待自己。钱学森在我国导弹航天事业中取得了巨大成就，国人尊称他为“导弹之父”

或“航天之父”，但却遭到了他的反对。他认为像导弹航天这样的“大科学”，远不是爱迪生时代的科学；爱迪生可以一个人在实验室里搞发明创造，而导弹航天是一项成千上万人的事业，没有党的领导，没有集体的努力是谁也干不成的。一切成就归于党，归于集体。他自己只是恰逢其时，回到祖国，做了他该做的工作；他只是党领导下的这个集体中的千分之一、万分之一。

钱学森总是试图用马克思主义哲学指导科学研究和工程实践。他曾说：“我近三十年来一直在学习马克思主义哲学，并总是试图用马克思主义哲学指导我的工作。马克思主义哲学是智慧的源泉。”他认为，马克思主义哲学能够指导科学技术的发展，而科学技术的新成果又必然深化和发展马克思主义哲学，马克思主义哲学处于科学发展的指导地位。1957 年，他在《技术科学中的方法论问题》中写道：“在技术科学的研究中，我们把理论和实际要灵活地结合，不能刻板行事。我想这个灵活地结合理论与实际，也就是辩证唯物主义的真髓了。”

可以说，钱学森之所以能取得如此巨大的成功，做到他人所不能做到的，在于他除了有广博的科学知识外，还能灵活运用辩证唯物主义和历史唯物主义。无论是在他开创中国航天事业的过程中，还是在后来的创建中国系统工程学派时，他总能在意见纷呈的讨论之后，集中大家的意见，提出一个综合的方案和结论，既统一了大家的认识，又将一般的意见上升到一个更高的层次，就如同在“系统学讨论班”上的最后总结。

钱学森在学习和实践马克思主义哲学的过程中，实现了科学与哲学的结合，用现代自然科学的成果论证马克思主义哲学的科学性，丰富了马克思主义哲学在科学上的内涵。同时，他又从哲学的高度，指出一些重大科学技术发展将对人类社会产生的影响和可能的发展前景。可以说，将马克思主义哲学植根于现代科学技术，既不存在马克思主义哲学以外的科学技术，也不存在科学技术以外的马克思主义哲学。从这一视角可以看出，钱学森思想是根于马克思主义哲学，又是对马克思主义哲学的一个升华。他的科学理论体现着辩证的哲学思维，他的哲学思维又有着深厚的科学底蕴。他的科学思想来自实践、又为了更好地指导实践，是自然科学与社会科学等多学科知识的综合集成。

他的科学观与方法论不仅汲取了中国传统文化的精华和当代世界最先进的科学技术、特别是信息技术革命的成果，而且凝聚着深厚的爱国热情和高度的社会责任感，一切为了祖国的强大、人民的幸福。可以说，钱学森完全脱离了“以我为中心”的主观唯心主义世界观的“有我”思想境界，并为中华民族的导弹技术和航天事业发展毫无保留地牺牲了自我，达到和实现了高级的主观唯物主义世界观的“无我”思想境界。他把一切成就归于党，归于集体。在国务院、中央军委于1991年10月授予钱学森“国家杰出贡献科学家”荣誉称号的大会上，他讲过一段话：“我认为今天的科学技术不仅仅是自然科学工程技术，而且是人认识客观世界，改造客观世界整个的知识体系，这个体系的最高概括是马克思主义哲学。我们完全可以建立起一个科学体系，而且运用这个科学体系去解决我们社会主义建设中的问题。”并强调：“我在今后的余生中就想促进这件事情。”

三、系统工程报效国家

钱学森开拓创建系统科学和系统工程的过程，始终紧密联系我国社会主义现代化建设，紧密联系国内外科学技术的发展，着重解决一些国家必须解决的重大难题。因此，钱学森系统工程思想不仅有重要的理论创新，更有着极其重要的现实指导意义，为我国的国家建设做出了重大贡献，如总体设计部思想、产业革命理论、人才培养理论等。

钱学森深深感到我国的“两弹一星”之所以能够取得举世瞩目的成就，总体设计部发挥了重要作用。于是，钱学森根据他在“两弹一星”研制中总体设计部的成功经验，研究了社会的发展规律，按照系统工程的设计原则，1979 年提出了建立国民经济总体设计部的建议。运用整体观和系统科学的方法，分析综合了我国社会主义建设的系统结构，即“社会主义政治文明建设，包括民主建设、体制建设和法制建设；社会主义物质文明建设，包括经济建设和人民体质建设；社会主义精神文明建设，包括思想建设和文化建设；社会主义地理建设，包括环境保护和生态建设、基础设施建设。”我国的社会主义建设是一个开放的复杂巨系统，要以经济建设为中心，又必须使各个方面协调发展，相互配合、相互促进。为此，钱学森提出设置专门从事社会主义建设的总体设计部，对国家建设进行顶层设计。这一建议受到了党和国家领导人的高度重视，并曾专门组织了讨论。虽然这一建议在钱学森生前没能最终实现，但我们认真研究会发现，中央成立的全面深化改革领导小组的一项重要职责就是负责改革的总体设计，体现了钱学森的系统工程思想。

1984 年 6 月 8 日，钱学森提出了利用现代科学技术和系统工程思想发展现代草业的设想。钱学森基于历史经验深刻认识到，西部大开发必须开拓一条经济、生态、社会协调发展的道路，适时提出了创建知识密集型草产业和沙产业的道路。这是“以草原为基础，利用日光，通过生物，创造财富”的产业；是用系统思想、整体观念、科技成果、产业链条、市场运作、文化对接来经营管理沙漠资源，实现“沙漠增绿、农牧民增收、企业增效”的良性循环的新型产业。沙草产业理论要求我们用科学的经营管理理念，把知识和产业对接起来，把“输血”和“造血”联系起来，开创 21 世纪的大农业。内蒙古在钱学森这些理论的指导下逐步形成了甘草、沙棘、肉苁蓉等沙产业系列和绒、肉、乳、药、薯等草产业系列。据内蒙古农牧业产业化办公室统计，早在 2008 年，全区沙草产业总产值就已超过 3000 亿元，特别是鄂尔多斯市、通辽市的绿化速度已超过沙化速度，实现了整体遏止、局部好转，“沙漠增绿、草原增值、农牧民增收、企业增效”的良性循环逐步形成。2008 年 1

月19日，胡锦涛同志看望钱学森时就说："前不久，我到内蒙古自治区鄂尔多斯市考察，看到那里沙产业发展得很好。沙生植物加工搞起来了，生态正在得到恢复，人民生活水平也有了明显提高。钱老，您的设想正在鄂尔多斯变成现实。"

不仅如此，钱学森还一直关注人才的培养。温家宝同志去看望94岁高龄的钱学森时，钱学森还感慨"为什么我们的学校总是培养不出杰出的人才？"钱学森认为："现在中国没有完全发展起来，一个重要原因就是没有一所大学能够按照培养科学技术发明创造人才的模式去办学，没有自己独特的创新的东西，老是'冒'不出杰出人才。"可以说，"钱学森之问"包括两个层面：一是学校培养创造发明型人才的模式；二是创新创业型人才在社会上发挥作用脱颖而出的机制。事实上，钱学森的一生也一直在探索人才培养模式，在系统工程思想的指引下提出了许多人才培养的理论。比如他认为人才的培养须走科学与艺术相结合的道路，他曾对温家宝同志说："培养具有创新能力的人才问题。一个有科学创新能力的人不但要有科学知识，还要有文化艺术修养。没有这些是不行的……"他还曾说："难道搞科学的人只需要数据和公式吗？搞科学的人同样需要有灵感，而我的灵感，许多就是从艺术中悟出来的。"他还提出大学生应该懂得系统科学，要用系统科学的知识培养和教育学生，让学生对客观世界有一个整体的认识，对于不同类别的系统，知道用哪一类方法论去面对。他还认为要用现代科学技术体系来教育培养学生；拔尖创新人才培养要专博相济，注重专深博广的统一；等等。钱学森在人才培养上倾注了大量心血，他的一些认识也逐步付诸了实践。

钱学森不仅将系统工程思想运用于了总体设计部的构建、沙草产业的发展和人才的培养，还将系统工程思想应用到了我国国家建设的各个方面，如交通问题、军事问题、社会治理问题、生态环境问题，等等，并且钱学森系统工程思想的传承者已把它推广到了我们国家建设的各个方面，已成为其重要的指导思想。

四、学森精神永放光芒

钱学森从马克思主义观点出发，总结了科学技术发展及其对推动社会发展的伟大作用，特别是第五次产业革命兴起以来，“科学—技术—产业—社会”一体化发展的趋势，深化与发展了马克思主义的科学观、技术观及科学技术与社会发展的关系的观点。钱学森指出科学革命、技术革命、产业革命与社会发展的区别及它们的相互联系和相互作用，指出它们之间的关系是网络式、反馈式的关系，提出了社会发展的规律是：“科学革命在先，然后导致技术革命，最后出现产业革命，产业革命引起社会形态的飞跃。”钱学森关于四种革命之间的相互联系、相互作用及其对社会发展的影响的论述，丰富了马克思“科学技术是推动社会发展的革命力量”的观点。钱学森站在历史唯物主义的立场上，从现代科学技术体系的整体观与动态观出发，深入地考察科学技术革命与人类社会发展的关系，提出了新的论点并预言社会发展的未来趋向。

20世纪80年代中期，科学技术突飞猛进，激发了世界急剧变化，国外未来学者提出了“后工业社会”、“第三次浪潮社会”、“信息社会”等学说。钱学森认为，这些新事物、新情况，马克思、恩格斯、列宁时代没有，需要我们用马克思主义哲学进行分析、概括与总结，发展马克思主义的社会形态的观念。钱学森认为，第五次产业革命（信息革命），有全世界的信息网络（通过信息数据库、计算机、全球通信）还有多媒体技术，人们进入了世界历史上一个新时代，进入了世界社会形态。这是“由于第五次产业革命的推动，世界范围内的市场经济的发展，经济上全球一体化趋势日益增强，世界正逐渐形成一个相互联系的大社会，哪个国家也不能闭关自守”。电子计算机的发明，掀起了一场以微电子、信息技术为基础，以计算机、网络和通信等为核心的信息革命。它使劳动的信息化、智能化程度大大提高，开创了人—机结合的劳动体系，世界经济开始从工业经济时代进入了信息经济时代，知识与技术的密集型产业将成为创造社会财富的主要形式，产生了新型的产业——信息业。信息业的兴起不仅改变了人们的生产方式、学习方式、生活方式，而且开创了人—机结合的精神生产力。钱学森从电子计算机是解放脑力劳动的工具的角度预言，信息革命将有可能最终导致消灭体力与脑力劳动的差别，而这一预言已经得以实现。

钱学森根据生物科学技术的最新进展，于 1984 年提出“第六次产业革命”，它是以现代生物技术为核心所引发的大农业革命，到 21 世纪将发展成以动植物工程、药物和疫苗、蛋白质工程、细胞融合、基因重组等的生物工程产业。钱学森认为，大农业革命是由现代生物技术的产业化引起的，它实质上是以太阳能为能源，利用生物（动、植物和菌类）、水和大气，通过农、林、草、畜、禽、菌、药、渔，加上工、贸等途径，形成新的知识最密集的产业。这样发展起来的大农业（包括农产业、林产业、草产业、沙产业和海产业），除生产的产品不同外，在生产方式上与工业已无实质上的差别，它的发展将可能最终导致消灭工业和农业、城市和农村的差别。

当前，世界经济正处于深度调整之中，复苏动力不足，地缘政治影响加重，不确定因素增多，推动增长、增加就业、调整结构成为国际社会共识。在国内，我国改革已经进入攻坚期和深水区，经济下行压力还在加大，发展中深层次矛盾凸显，各方面的矛盾和困难重重，面临着贫富分化、生态失衡、环境污染、城乡差异、地区差异等诸多问题，必须更加注重改革的系统性、整体性、协同性，以加强顶层设计和摸着石头过河相结合的方式来治理社会、建设国家。党的十八届三中全会对全面深化改革作出了总部署、总动员，勾画了到 2020 年全面深化改革的时间表、路线图，提出了经济、政治、文化、社会、生态文明、国防和军队建设以及对外开放等方面的具体改革目标。全面深化改革是实现中国梦的必经途径，也是一项复杂的系统工程，需以系统工程思想为指导。在新的历史条件下，面对新形势新任务，全面建成小康社会，进而建成富强、民主、文明、和谐的社会主义现代化国家，实现中华民族伟大复兴的中国梦。这需以钱学森系统思想为指导，坚持以经济建设为中心，发挥经济体制改革的牵引作用，从而推动生产关系同生产力、上层建筑同经济基础相适应，推动经济社会持续健康发展，使“中国号”巨轮驶得更稳、行得更远。

今天来看，钱学森的许多理论和观点极具超前性和预见性，他的很多预见性的理论和设想都已经变成现实。钱学森就像穿越时空的巨人，时间越长，越能体会到他的思想对于成就人类之伟大的重要意义；随着时间的推移，我们愈加感受到钱学森思想的耀眼光芒，愈加感受到他的智慧之光。

对党无限忠诚，对祖国无比热爱，是钱学森爱国主义情怀的核心要素和突出写照。钱学森一生始终将个人理想与祖国命运相结合。学生时代，他勤学精进，志在报国，树立“航空救国”的远大理想；留美期间，他潜心攻研，志在兴国，决心学成归国报效，将自己所学用于祖国建设需要；回国以后，他献身国防，志在强国，成就了“两弹一星”伟大事业；进入晚年，他老骥伏枥，志在富国，为国家和人民的利益倾注了毕生心智。晚年钱学森曾回忆说：“我为什么要走回归祖国这条道路？我认为道理很简单——鸦片战争近百年来，国人强国梦不息，抗争不断。革命先烈为兴邦，为了炎黄子孙的强国梦，献出了宝贵的生命，血沃中华热土。我个人作为炎黄子孙的一员，只能追随先烈的足迹，在千万般艰险中，探索追求，不顾及其他。”

后　记

《丰碑》一书试图从多维度展现钱学森先生一生杰出的贡献、伟大的科学成就、宽广的学术思想、高尚的精神风范，为读者呈现一个真实的钱学森：思考、研究与实践所涉范围之深、之广，令人叹服；许多思想都是历久弥新，今天看来仍具前瞻性、战略性。出版本书以纪念这位伟大的人民科学家、战略科学家和社会实践家钱学森。

本书由中国航天系统科学与工程研究院薛惠锋院长负责总体策划并亲自指导，中国航天系统科学与工程研究院决策顾问委员会主任委员和科技委顾问、上海交通大学钱学森图书馆馆长钱永刚教授为本书编写提供了许多资料与指导意见，中国航天系统科学与工程研究院、中国航天社会系统工程实验室和西安市高新一中的有关人员具体承担了编写工作。中国航天系统科学与工程研究院申一茹和研究生王晗、薛昱、占敏、郭潇濛、宋超、冉迅、孙璞、杨越、鹿智、朱里、曹世博、郭江民、杜兴林、罗婷、齐刚雷、康阳春、李士群、柯文浚、冯敏、李晴等人，以及西北工业大学资源与环境信息化工程研究所的各位同学审查了书稿，并提出了许多修改意见。

在此，谨向所有参与和支持本书写作、修订和出版的各单位、部门和个人致以最诚挚的谢意！特别感谢中国宇航出版社张铁钧副社长、黄莘、刘凯、马喆等人为出版此书所付出的辛勤劳动。

本书如有不妥及错误之处，敬请广大读者批评指正。

编　者

二〇一六年四月